教育部人文社科研究青年基金项目"免费师范生的就业流向及其引导策略研究"（项目批准号：12YJC880034）

蒋馨岚 著

免费师范生就业流向的影响因素及引导策略研究

中国社会科学出版社

图书在版编目（CIP）数据

免费师范生就业流向的影响因素及引导策略研究/蒋馨岚
著.—北京：中国社会科学出版社，2016.11
ISBN 978 - 7 - 5161 - 9435 - 5

Ⅰ.①免…　Ⅱ.①蒋…　Ⅲ.①高等师范教育—大学生—
就业—研究—中国　Ⅳ.①G657.38

中国版本图书馆 CIP 数据核字（2016）第 290706 号

出　版　人	赵剑英
责任编辑	刘晓红
责任校对	周晓东
责任印制	戴　宽

出　　版	中国社会科学出版社
社　　址	北京鼓楼西大街甲 158 号
邮　　编	100720
网　　址	http：//www.csspw.cn
发 行 部	010 - 84083685
门 市 部	010 - 84029450
经　　销	新华书店及其他书店

印　　刷	北京明恒达印务有限公司
装　　订	廊坊市广阳区广增装订厂
版　　次	2016 年 11 月第 1 版
印　　次	2016 年 11 月第 1 次印刷

开　　本	710×1000　1/16
印　　张	15.5
插　　页	2
字　　数	219 千字
定　　价	58.00 元

凡购买中国社会科学出版社图书，如有质量问题请与本社营销中心联系调换
电话：010 - 84083683

目　录

第一章　绪论 ……………………………………………… 1

第一节　研究缘起 ………………………………………… 2

第二节　研究意义 ………………………………………… 7

一　理论价值 ……………………………………………… 7

二　应用意义 ……………………………………………… 8

第三节　概念界定 ………………………………………… 9

一　师范生免费教育政策 ………………………………… 10

二　免费师范生 …………………………………………… 12

三　就业 …………………………………………………… 12

四　免费师范生就业 ……………………………………… 13

第四节　文献综述 ………………………………………… 14

一　免费师范生就业研究概述 …………………………… 15

二　免费师范生就业研究的内容 ………………………… 17

三　研究述评 ……………………………………………… 25

第五节　主要研究内容 …………………………………… 27

第六节　研究思路与研究方法 …………………………… 29

一　研究思路 ……………………………………………… 29

二　研究方法 ……………………………………………… 30

第七节　创新之处 ………………………………………… 32

第二章　免费师范生就业流向的理论基础 ······················ 34

　第一节　免费师范生就业理论分类的范式构建 ··············· 35

　第二节　供给—需求就业理论 ···························· 40

　　一　市场调节就业论 ································· 40

　　二　政府干预就业论 ································· 44

　　三　非均衡就业论 ·································· 45

　第三节　理性选择理论 ································ 46

　　一　理性选择制度主义 ······························ 46

　　二　有限理性 ··································· 47

　第四节　社会资本理论 ································ 49

　第五节　需求层次理论 ································ 56

第三章　免费师范生就业的历史考察 ······················· 60

　第一节　我国师范生免费教育的起源及就业 ··············· 61

　第二节　新中国成立之前师范生免费教育就业政策

　　　　　（1901—1949 年） ·························· 69

　　一　清末师范教育创建时期的就业政策

　　　　（1901—1911 年） ·························· 69

　　二　北洋政府时期师范教育就业政策

　　　　（1912—1927 年） ·························· 72

　　三　南京国民政府时期师范生免费教育就业政策

　　　　（1927—1949 年） ·························· 76

　　四　新中国成立前师范生免费教育就业政策特点 ·········· 79

　第三节　新中国成立以后师范生免费教育就业政策 ·········· 83

　　一　免费阶段就业政策（1949—1996 年） ············· 83

　　二　收费阶段就业政策（1997—2006 年） ············· 85

　　三　教育部直属师范大学免费教育就业政策

　　　　（2007 年至今） ·························· 86

第四章　免费师范生就业流向调查问卷的研究设计 ……………… 89

　第一节　调查问卷的设计和检验 …………………………… 89

　　一　调查问卷的编制 …………………………………… 90

　　二　问卷的信度检验 …………………………………… 94

　　三　问卷的效度检验 …………………………………… 95

　第二节　研究对象的选择 …………………………………… 96

　第三节　资料的收集与数据分析 …………………………… 99

　　一　问卷调查 …………………………………………… 100

　　二　开放式访谈 ………………………………………… 100

　　三　文件分析 …………………………………………… 100

　　四　数据分析 …………………………………………… 101

第五章　免费师范生就业流向的现状分析 ………………… 102

　第一节　免费师范生就业流向的现状 ……………………… 102

　　一　免费师范生流入生源地的意愿和流入生源地
　　　　就业的基本情况 ………………………………… 103

　　二　免费师范生的流向地区以中西部
　　　　省（市、区）为主 ……………………………… 105

　　三　免费师范生就业流入县城及以下地区中小学
　　　　任教情况 ………………………………………… 106

　　四　不同省（市、区）之间的免费师范生就业区域
　　　　流向的差异较大 ………………………………… 110

　　五　就业单位以高中学校为主 ……………………… 112

　　六　免费师范生攻读硕士研究生情况 ……………… 113

　　七　就业途径 ………………………………………… 114

　第二节　免费师范生就业满意度情况 ……………………… 115

　第三节　用人单位对免费师范生的满意度情况 …………… 118

　　一　用人单位对免费师范生的总体满意度现状 ……… 119

　　二　用人单位对免费师范生的满意度的差异分析 …… 120

　　三　回归分析 ……………………………………… 123

第六章　免费师范生就业流向的影响因素分析 …………… 126

　第一节　免费师范生就业流向的动力机制分析 ………… 127

　　一　免费师范生就业流向的外在拉力分析 ………… 127

　　二　就业政策是免费师范生就业流向的最重要的外部

　　　　推力 …………………………………………… 128

　　三　内在动力因素分析 ……………………………… 130

　　四　免费师范生就业流向影响因素的动力体系 …… 131

　第二节　影响免费师范生就业流向的因素 …………… 132

　　一　政策制度因素 …………………………………… 133

　　二　用人单位因素 …………………………………… 135

　　三　经济因素 ………………………………………… 136

　　四　个人因素 ………………………………………… 137

　　五　家庭因素 ………………………………………… 139

　第三节　免费师范生就业流向影响因素的实证分析 …… 140

　　一　调查数据基本情况 ……………………………… 141

　　二　数据初步分析 …………………………………… 141

　　三　免费师范生就业流向影响因素的主成分分析 …… 143

第七章　免费师范毕业生就业流向中的违约问题分析

　　　　——基于五位免费师范毕业生的个案分析 ……… 151

　第一节　研究背景 …………………………………… 152

　第二节　研究方法与结果分析 ……………………… 156

　第三节　讨论与结论 ………………………………… 168

　　一　违约学生：我也不想这样 ……………………… 169

　　二　违约原因 ………………………………………… 169

　　三　减少违约现象发生的措施 ……………………… 171

第八章　免费师范生就业流向的引导策略 …………………… 172

　第一节　国外免费师范生就业的启示与借鉴 ………… 173

　　一　免费师范生就业的国别考察 ………… 173

　　二　国外免费师范生就业政策的经验与启示 ………… 188

　第二节　免费师范生就业流向的引导策略模型 ………… 190

　第三节　免费师范生就业流向的引导策略 ………… 191

　　一　中央政府在就业政策的制定中加大有利于流向
　　　中西部基层的措施方法 ………… 192

　　二　各地政府提高就业吸引力的措施 ………… 199

　　三　各基层地区社会主体提高区域就业吸引力的
　　　措施 ………… 200

　　四　师范大学在免费师范生就业流向中的引导策略：
　　　加强教师职业信念教育 ………… 203

　　五　提高教师专业发展的引导策略 ………… 204

附　录 …………………………………………………… 206

参考文献 …………………………………………………… 218

第一章 绪论

研究工作的动力源于热切渴望理解大自然，探寻那种隐匿在复杂性当中的秩序之美。我们一次又一次地发现，研究过程中所获得的"没有用途的真理"，实际上对人类的实践活动具有最为重要的意义。[1]

—— 西蒙（Herbert Simon）

百年大计，教育为本；教育大计，教师为本。努力培养造就一大批一流教师，不断提高教师队伍整体素质，是当前和今后一段时间我国教育事业发展的紧迫任务。培养优秀教师的重要途径是师范教育[2]，因为师范教育是培养优秀教师的保证，是促进基础教育均衡发展和教育公平的关键要素之一。随着基础教育新课程改革的深入推进和教育现代化进程的加快发展，要求我们培养高素质的优秀教师。但是随着高等教育大众化进程的推进，我国的高等师范教育也面临着转型，我国的师范教育从三级层次向二级层次转变，给我

---

① 转引自肖卫《有限理性、契约与集体行动：中国农民合作的产生与效率研究》，博士学位论文，湖南农业大学，2011年。

② 随着师范教育的转型，师范教育概念逐渐被教师教育概念取代，但是对于两者的概念在学界并没有形成统一的共识。中国的国家文件中第一次使用教师教育这一概念是在2001年5月29日颁布的《国务院关于基础教育改革与发展的决定》中，决定提出，"完善以现有的师范院校为主体，其他高等学校共同参与、培养培训相衔接的开放的教师教育体系"，从此以后，师范教育提法被教师教育代替。对这两个概念内涵的理解主要存在两种观点：一种观点认为两者具有相同的内涵，另一种观点认为师范教育是一个范围更小的概念。本书认为，师范教育与教师教育两个概念属于同义，且在本书中这两个概念同时使用。

国的师范教育和基础教育带来了重大影响。一方面，由于社会对教师职业的认同不够，导致了优秀的考生不愿意报考师范教育专业；另一方面，收费的师范教育对我国师范教育的发展带来了很大的挑战，影响了高素质师资培养。在此情况下，国家于 2007 年重启师范生免费教育政策，为基层和农村的基础教育培养优秀师资，提升基础教育教师的教育教学质量。因为教师是教育质量的关键所在，要提高教育质量必须培养一批一流的教师。那么，师范生免费教育政策实施近十年来，其效果如何？是否真的为中西部农村地区培养了一批优秀师资？免费师范生的就业流向有什么规律？就业质量如何？就业以后的教师专业发展情况如何？这些问题是衡量政策绩效的重要方面。因此，研究免费师范生的就业流向及其影响因素对于衡量政策的效果就尤为重要。

第一节　研究缘起

国运兴衰，系于教育；教育大计，教师为本。师资配置不均衡是导致东西部地区基础教育不均衡发展的重要因素。教师是基础教育发展的关键因素，师资队伍的质量直接决定了基础教育的发展水平和质量。"而目前我国基础教育的整体水平不高，中小学教师的大头是在基层和广大农村，乡村小学老师有 352 万多人，占小学教师总数的 63%，他们为基础教育作出了贡献，但教育质量低，尤其是中西部农村地区。"[①] "农村小学代课教师大量存在。城市、县镇、农村代课教师比例分别为 2.9%、1.9%、4.4%，农村代课教师大多具有'工资低、学历低、素质低'等特点，不符合义务教育师资水平要求，严重阻碍了城乡义务教育均衡发展"[②]。这是中西部农村

---

① 何岫芳：《师范生免费教育的原因分析》，《科技咨询导报》2007 年第 10 期。
② 冯文全、薛梦琦：《城乡义务教育师资均衡配置：问题及对策探析》，《当代教育论坛》2013 年第 5 期。

基础教育教师现状。由于地处偏远地区及经济落后因素，决定了一部分优秀人才不愿意从事教师，而一部分进入农村教师队伍的优秀教师也想方设法离开农村和基层基础教育。因此，在中西部教师队伍中主要是依靠民办转正的教师或者是"地方粮票"来充实教师队伍，这些教师因为缺乏从事教师职业的基本素质而影响教师队伍的质量，这对师资力量本来就薄弱的农村基础教育无异于雪上加霜。农村中小学教师学历水平不高。城市、县镇、农村本科以上的普通初中教师人数分别占 82.7%、63.1%、54.8%，城市、县镇、农村本科以上的小学教师人数分别占 48.7%、26.1%、15.3%，明显看出农村教师整体的学历水平与城市教师差距较大，质量不高，农村教师整体学历水平合格率不高。①

从我国教师流失率的特点来看，呈现出农村学校教师流失率高的特点，要么流动到城市学校，要么转入其他行业，或更多地转为地方政府公务员。因此，农村学校始终存在教师短缺现象，即使在农村学生大量涌向县镇学校就读的情况下，有些农村学校仍然存在教师短缺。② 新教师在掌握了基本的教学技能之后，由于多种原因纷纷调入县镇或者城市学校，农村学校始终成为教师尤其是优质教师的短缺之地，农村学校的学生也始终享受不到优质的教师资源。相对地，县镇和城市学校的专任教师比较充足，教学能力娴熟，能够满足各种教学需要。虽然实施了教师均衡配置的一系列政策，包括对口支援计划、城乡教师交流制度、农村教师特设岗位计划等，但教师劳动力市场却仍然遵循着其自身的规律。这种现象的背后折射出更为深层的制度原因，如果不对这些制度进行改革和完善，那么义务教育教师资源的均衡配置将非常缓慢，义务教育均衡发展的步伐在达到一定阶段后也将举步维艰。

---

① 冯文全、薛梦琦：《城乡义务教育师资均衡配置：问题及对策探析》，《当代教育论坛》2013 年第 5 期。

② 安雪慧：《县域内城乡义务教育教师资源配置差异和政策建议》，《教育发展研究》2013 年第 8 期。

因此，在中西部基层和农村地区，中小学教师队伍建设应成为基础教育发展的重中之重。诸多研究都表明，中西部农村教师年龄结构老龄化、学历结构偏低，以及教师整体质量不高的事实是制约基础教育发展的"瓶颈"，因而加强中西部农村教师队伍建设迫在眉睫，国家决定实施师范生免费教育对缩小东西部地区师资队伍的差距和促进基础教育均衡发展有着非常重要的意义。

2007 年 5 月 9 日，教育部、财政部、人事部、中央编办联合下发了关于《教育部直属师范大学师范生免费教育实施办法（试行）》的通知（国办发〔2007〕34 号），正式决定从 2007 年秋季起，在教育部直属的北京师范大学、华东师范大学、东北师范大学、华中师范大学、陕西师范大学和西南大学（原西南师范大学跟原西南农业大学合并组建）6 所部属师范大学实行师范生免费教育。免费师范生在校学习期间将免除学费，免缴住宿费，并补助生活费，以促进教育发展，保证教育公平。《教育部直属师范大学师范生免费教育实施办法（试行）》规定："免费师范生入学前与学校和生源所在地省级教育行政部门签订协议，承诺毕业后从事中小学教育 10 年以上。到城镇学校工作的免费师范毕业生，应先到农村义务教育学校任教服务 2 年。国家鼓励免费师范毕业生长期从教、终身从教。免费师范毕业生未按协议从事中小学教育工作的，要按规定退还已享受的免费教育费用并缴纳违约金。省级教育行政部门负责履约管理，并建立免费师范生的诚信档案。确有特殊原因不能履行协议的，需报经省级教育行政部门批准。"[①]

作为国家主导的、按照自上而下的程序设计的师范生免费教育政策，对我国高等教育特别是高等师范教育和基础教育的发展具有重要的意义，必将影响我国基础教育优质师资培养，决定未来我国基础教育的发展水平。

---

① 教育部、财政部、人事部、中央办编：《教育部直属师范大学师范生免费教育实施办法（试行）》，http://sfs.ncss.org.cn/zcgg/255512.shtml，2009 - 10 - 18。

就业工作的落实情况是政策目标实现的重要指标。为了做好免费师范生的就业工作，2010 年国家针对免费师范生的就业制定了《教育部直属师范大学免费师范毕业生就业实施办法》（以下简称《实施办法》），规定免费师范毕业生一般回生源所在省份中小学校任教，鼓励到边远贫困和民族地区任教。到城镇学校工作的免费师范毕业生，由当地政府教育行政部门结合城镇教师支援农村教育工作，安排到农村学校任教服务两年。截至 2016 年 6 月，师范生免费教育政策已经实施了近 10 年。

《实施办法》对免费师范生的就业进行了明确的规定："免费师范毕业生一般回生源所在省份中小学任教。有关省级政府要统筹规划，做好接收免费师范毕业生的各项工作，确保每一位到中小学校任教的免费师范毕业生有编有岗；省级教育行政部门负责组织用人学校与毕业生在需求岗位范围内进行双向选择，切实为每一位毕业生安排落实任教学校。各地应先用自然减员编制指标或采取先进后出的办法安排免费师范毕业生，必要时接收地省级政府可设立专项周转编制。"2011 年 9 月，教育部在新闻发布会上透露：10597 名首批免费师范生全部到中小学任教，90% 以上在中西部的中小学任教，39% 到县镇及以下的中小学任教。"据统计，2011—2014 年陕西免费师范生毕业人数为 10776 人，70% 以上就业于西部地区。其中，省会城市的就业比为 22.4%—27.87%，地级市就业比为 34.53%—41.34%，县级及以下就业比为 30.79%—39.88%。"据了解，陕西师范大学免费师范生毕业时的违约率不足 0.8%。随着学费的增加，违约金的数额也逐年增加，今年违约金达到 8.4 万元。然而事实上，就业后中途违约的现象却比较常见。[1]

"今年我省有教育部直属师范大学免费师范毕业生 362 名，本次供需见面会共向免费师范毕业生提供就业岗位 1186 个，其中双向

---

[1] 《〈免费师范生，都去了哪儿?〉——陕西免费师范生状况调查》，http://www.sxdaily.com.cn/n/2015/0608/c266-5693154.html。

选择就业岗位 848 个，本地生源就业岗位 338 个。"①

从教育部新闻发布会和上面的调查统计的信息可以知道，在免费师范生中，下基层就业的意愿并不强烈，到农村学校任教的比例非常低，这跟师范生免费教育政策规定的免费师范生毕业以后服务农村的基础教育，促进义务教育均衡发展的目标存在较大的偏差。相关研究同时也表明：免费师范生就业政策旨在培养和鼓励更多的优秀师范生到中西部、到农村去长期执教、终身从教，从而弥补中西部地区和农村地区教师资源的短缺，促进基础教育的整体均衡发展和教育公平的政策初衷并没有如期实现。

那么，免费师范生的就业情况如何？他们的就业流向如何？是否真的按照协议流到了真正需要这些优秀教师的地方和区域呢？为什么免费师范生就业政策的实施结果会偏离政策初衷？② 作为政策制定者和政策执行者该如何针对就业流向的特点进行就业引导呢？产生这种现象的原因是就业流向东部发达地区或者在西部的城市流动，并没有如期流向农村和基础教育机构。产生这些偏差的原因是什么？这些问题需要在研究中进行详细的研究，以期为政策的完善和改进提供研究依据，因为就业流向将直接影响师范生免费教育政策的效果及评价。

对免费师范生的就业流向研究能为我们提供一个研究免费师范生的政策目标实现的有效性的视角。因此，对免费师范毕业生的就业流向的特征和影响因素进行调查研究，对师范生免费教育政策的推进和完善等具有理论和应用价值。

---

① 《湖南部属免费师范生吃香》，http：//www.zznews.gov.cn/news/2016/0201/201702.shtml。

② 崔波：《免费师范生就业为何偏离政策初衷——基于社会流动的视角》，《现代教育管理》2012 年第 9 期。

第二节　研究意义

一　理论价值

第一，对免费师范生的就业和就业流向的调查研究，有助于深化对师范生免费教育实质的认识。师范生免费教育是在我国教师教育转型和收费的师范教育对教师教育产生影响的背景下，由国家按照自上而下程序制定的一项关于教师教育发展的政策，具有强烈的价值选择性和目的性。以师范生免费教育的就业为理论出发点，探索师范生免费教育的本质和规律性的内容，必然有助于对师范生免费教育实质的认识，挖掘师范生免费教育的核心价值，使对师范生免费教育的认识上升到一个新的高度。

第二，拓宽免费师范生就业流向研究视角。国内外学者从不同角度对免费师范生就业问题展开了研究，国内学者的研究主要集中在免费师范生就业的趋势、成因和对策建议上，这些理论成果为本书的研究提供了有益的借鉴，但现有的研究大多站在促进免费师范生就业的角度，缺乏以免费师范生就业流向为视角的研究。

第三，可能对师范生免费教育政策实践发挥指导作用。基础理论研究具有对实践的指导性，对师范生免费教育的就业研究也同样如此。师范生免费教育政策从出台实施到现在已经近10年了，作为处在实施之中的政策，在最后的就业环节需要研究者对其在实施中存在的问题从多层面、多角度进行研究，从而发挥理论在师范生免费教育实践中的作用。本书的研究力争在一些重要问题上有所突破；通过研究师范生免费教育就业流向中存在的问题，探讨我国师范生免费教育在就业制度设计上存在的不足，为我国师范生免费教育政策完善和调整提出合理建议，为师范生免费教育政策的进一步发展和当前教师教育改革的突破提供一些理论上的指导。

第四，有助于丰富大学生就业的研究内容，拓宽大学生就业研究领域。师范生免费教育就业的研究现已经成为我国高等教育研究领域的一个重要方面，对它的研究可以丰富和拓宽我国大学生就业的研究领域。改革开放以来，作为教育事业的重要组成部分，师范教育在改革开放的进程中也取得了历史性成就，为支撑世界上最大规模的基础教育提供了师资保障，对师范教育的发展积累了自己的经验。随着我国社会的转型，我国的师范教育也面临着转型，师范教育的发展面临新的挑战和新的历史使命，师范生免费教育的实施，为我们研究师范教育的发展提供了另一个新的思路。

我国的师范生免费教育是由政府主导制定的，旨在通过政府的干预来修正因为收费师范制度对教师教育产生的消极影响，它体现的是国家意志，是为了实现教育公平，促进教师教育和我国基础教育的发展而出台的。师范生免费教育及其就业的研究是我国教师教育领域的一个重要方向，自师范生免费教育制度实施以来，公众对它的关注热情日益高涨，学者对它的研究越来越丰富。但是，将师范生免费教育的就业放在整个大学生就业的整体之下一起进行研究的还不多，目前关于免费师范生的就业大多集中在政策决策层面、培养学校的就业指导和免费师范生的违约等方面，对免费师范生就业流向的特征和规律的探讨、免费师范生就业在整个大学生就业背景下的分析探讨还十分有限，免费师范生作为当代大学生群体中的一个部分，他们的就业也是大学生就业研究的主要组成部分，除了具有大学生就业的基本特征，还具有特殊性。从免费师范生的就业流向特征和影响因素等方面来研究全面实施师范生免费教育对教育公平和教育均衡发展的价值，来重新认识师范生免费教育对教师教育发展具有重大意义。本书从免费师范生的就业流向立论，分析研究免费师范生就业流向的特征及其影响因素，并阐述师范生免费教育的实行对我国教师教育发展的积极作用，有助于丰富大学生就业的研究领域。

二　应用意义

首先，丰富免费师范生就业流向研究手段。现有的免费师范生就业的研究大多以定性研究为主，缺乏实证研究，对就业流向的研究更少，没有形成较为完整的研究思路和研究体系。因此，定量研究免费师范生就业流向趋势，找出影响免费师范生就业流向的主要因素，可以丰富免费师范生就业流向研究的手段，为研究的准确性和针对性提供了有效方法。其次，促进基础教育均衡发展，需要大家共同关注师范生免费教育。关注免费师范生教育必须要关注其就业问题。国家实施师范生免费教育政策的根本目的是为基础教育的均衡发展进行优质教师资源的配置，从而促进教育公平。国家通过自上而下的方式对中西部地区基层特别是农村的基础教育进行优质教师资源的配置，从而缩小教育差距。而免费师范生的就业流向最终决定了师范生免费教育政策在促进优质师资配置以实现教育均衡的目标方面的有效程度。因此，对免费师范生的就业流向的研究，可以为师范生免费教育政策的完善提供依据和参考。最后，通过研究免费师范生的就业流向特征和影响因素，根据就业流向的成因进行实证研究，具有很强的现实针对性。深入分析目前免费师范生就业流向存在的问题，探索影响免费师范生就业流向的影响因素以及这些因素对免费师范生就业流向的作用机制，找到免费师范生就业流向的引导策略，对实现基础教育优质师资配置，促进教育公平和基础教育均衡发展具有重要的现实意义。

第三节　概念界定

概念是对研究对象的抽象和描写，它是我们进行科学研究的基础。正如布列钦卡所言："无论是明确地表述问题，还是检验假设，一个根本性的前提，就是需要清晰的概念。假如人们对其正在寻找的东西没有清晰的认识，任何观察和实验都会于事无补。"① 本部分主要是对本书的概念进行厘清和界定。

一 师范生免费教育政策

在本书中，师范生免费教育政策特指 2007 年国家实行的师范生免费教育政策，也称师范生公费教育政策，其实就是国家师范专业全额奖学金制度。②

新一轮师范生免费教育与时任国务院总理温家宝密切相关。从 2013 年 10 月新出版的《温家宝谈教育》一书中，可以清晰地看出这项政策出台的来龙去脉。在书中第 112 页，有这样一段记述："我到北师大去，他们送给我一张我父亲在北师大的文凭，是 1937 年的。我回家仔细看了一下，我父亲写了一个保证书，毕业后一定要当老师。我注意到，那时要'具保'，就是一定要当老师，为什么？就是上学免费，全部都免费，甚至还发点衣服。"温家宝接着说，"我有一个想法，上师范大学可以免费。要做到全国的师范大学都免费，可能一步做不到，但是必须向社会发出一个积极的信号。因此我在考虑，首先在 6 所教育部直属的师范大学实行免费教育。叫学生签订责任书，毕业以后要当老师。这样我们就可能吸收一批家庭困难的，但很努力的、很优秀的学生进入师范学习。"当时的媒体报道，在 2006 年 8 月 22 日国务院召开的基础教育座谈会上，中国教育学会原会长、北京师范大学教授顾明远给温家宝送了两本书，当面提出"我们很担忧，现在优秀青年不报考师范。我建议还是要给师范生免费上学，贷款也行，毕业后当教师的，政府负责还贷"。顾教授没有想到，自己的这个建议和温家宝的想法不谋而合。2007 年 2 月 4 日，到长春参加亚洲冬季运动会闭幕式的温家宝突然出现在东北师大校园里，他以急切的口吻告诉学校的师生：

---

① ［德］沃尔夫冈·布列钦卡：《教育科学的基本概念——分析、批判和建议》，胡劲松译，华东师范大学出版社 2001 年版。

② 管培俊：《以免费师范教育为契机，推动师范大学改革和发展》，《当代教师教育》2009 年第 9 期。

"我今天利用这个时间，征求大家对师范院校实行免费教育的意见。因为这件事情一旦定下来就要实行。"紧接着，2007 年 3 月 5 日，国务院总理温家宝在十届全国人大五次会议《政府工作报告》中宣布，为了促进教育发展和教育公平，将在教育部直属的 6 所师范大学实行师范生免费教育。2007 年 5 月 9 日，总理温家宝主持召开国务院第 176 次常务会议，讨论并原则通过《教育部直属师范大学师范生免费教育实施办法（试行）》。《教育部直属师范大学师范生免费教育实施办法（试行）》明确规定，从 2007 年秋季起，在北京师范大学、华东师范大学、东北师范大学、华中师范大学、陕西师范大学和西南大学 6 所部属师范大学实行师范生免费教育。从实施的范围看，在 6 所教育部直属师范大学实施师范生免费教育带有明显的示范性，目的是积累经验、建立制度，为培养造就大批优秀教师和教育家奠定基础。《教育部直属师范大学师范生免费教育实施办法（试行）》要求，部属师范大学要抓住实行师范生免费教育的良好机遇，大力推进教师教育改革，特别要根据基础教育发展和课程改革的要求，精心制订教育培养方案；学校还要安排名师给免费师范生授课，选派高水平教师担任教师教育课程教学，建立师范生培养导师制度；按照学为人师行为示范的要求加强师德教育；同时还要完善师范生在校期间到中小学实习半年的制度。目的是进一步形成尊师重教的浓厚氛围，让教育成为全社会最受尊重的事业，同时培养大批优秀教师，鼓励更多优秀青年终身从事教育工作，为我国高等教师教育的全面改革起到示范作用。师范生在学期间无须向学校交纳学费、住宿费等费用，由政府为师范教育埋单，它表达的是国家的意志，对免费师范生来说，要有一种国家意识和责任意识，要有一种责任感、使命感、光荣感。[①]

师范生免费教育具有以下特征：第一，免费性。免费师范生就

---

① 管培俊：《以师范生免费教育为契机，推进教师教育创新》，《教师教育研究》2009 年第 2 期。

读期间的学费和住宿费统一由国家财政支付，体现的是国家公共财政对教师教育的支持。第二，提前招生。在高考招生中，将免费师范生的招生放在提前批次里面，不影响考生的其他志愿填报，给考生与学校更多的选择机会。第三，精心培养。部属师范大学的培养目标是优秀教师和教育家。第四，就业保障。将双向选择与就业保障政策有机地结合起来。第五，继续深造。政策规定免费师范生毕业工作一年以后，可以免试到原就读学校攻读教育硕士学位。

二 免费师范生

根据师范生免费教育政策的规定，在当年的高考中报考了教育部直属师范大学并被录取为国家免费的师范大学生，他们在入学前签订协议，承诺毕业以后回到生源地的中小学任教或者在教育行政部门进行相关教育工作，在学期间享受免费待遇，按照师范生的培养标准修完规定的所有课程取得毕业证和学士学位证。其特点是享受免费权利与毕业以后履行相应义务的对等。

三 就业

在中国人的传统理解中，就业是指"寻找合适的岗位和工作"、"找到赚钱的法子"等。在当今社会，就业已经被赋予了新的含义，是指人们在一定年龄阶段内所从事的为获取报酬或经营收入所进行的力所能及的活动。再做进一步分析，在我国就业需要满足一些要求，一是符合国家求职的有关规定，如一般年满 16 周岁；二是所从事的劳动是有偿的，义务性的无偿劳动不能称为就业。而在《中国百科大辞典》中，则把就业和失业联系起来阐释，就业和失业就是劳动力和生产资料是否相适应的两种对立的现象。就业，从一般意义上讲就是生产资料和劳动力相适应，有劳动能力的人们从事有益于社会经济和生活发展的活动而获取相应的报酬和收入的现象。失业就是指生产资料和劳动力不相适应，有劳动能力的人们通过某种方式而持续寻找工作赚取劳动报酬的现象。

综上所述，就业涉及人们的生存、生活和发展等问题，也包含着丰富的内容和层次。不仅具有较高的政治效益，而且具有较强的经济效益。就个体生存而言，就业与人的幸福息息相关。幸福是在丰富的物质基础上，人们精神生活得到满足的心理状态，包含肉体和精神两个方面。人们通过就业在保障基本生存条件的基础上，不断提高生活质量，从而提升幸福感。如果离开就业去谈论人生及人生幸福，高质量的生活品质便缺少了最基本的前提条件。因为对人性本身而言，就业是人的基本权利，追求幸福是人的天赋权利。马克思认为，"人的本质并不是单个人所拥有的抽象物，在现实性上，是一切社会关系的总和。"①

马克思就业理论指出，就业的本质是实现人的社会属性和自然属性的统一，社会属性是人区别于动物的本质属性，人总是生活在一定的社会关系中。自然属性是人之所以存在的基础。可见，对于就业来说，在处理好人际关系的前提下，要追求自己的理想，努力实现人的自由而全面的发展。

四 免费师范生就业

我国师范教育始于清末的上海南洋公学师范院，至今已有百余年历史。南洋公学对师范生免收学杂费并发放津贴，但师范生毕业后须履行相应的义务，必须完成一定年限的教育服务。高等师范教育始于京师大学堂，师范生也是免费的，同时有一定的服务年限和违约的处罚规定。从那以后至今，除了新中国成立前的北洋政府时期和新中国成立以后的市场经济开始建立之时没有类似规定，其余时间基本都是进行免费教育和定向就业规定，同时也有相应师范生就业退出方案和对未履行规定义务的师范生采取的处罚措施。

新时期的免费师范生是一个特殊的群体，他们承担教育均衡发展和为西部及农村地区提供强大的智力支持的责任，体现了国家意志和个人价值实现相统一的理念。他们是国家实施培养教育家和发展优质教育的主力军，免费师范生的就业不同于其他大学生的就业。目前，免费师范生就业是指免费师范生在完成自己的学业后，

① 《马克思恩格斯选集》第 2 卷，人民出版社 1995 年版。

运用自己所学习的知识和自己掌握的技能为我国教育均衡发展和教育公平的实现获得合法的劳动报酬和收入的过程。从这一概念出发，我们可以把免费师范生就业理解为在国家政策宏观调控与自身实际相结合的基础上，充分发挥主观能动性从完成学业到就业的过程。

第四节　文献综述

师范生免费教育及其就业研究是我国教师教育发展研究的重要组成部分，它与我国教师教育改革和转型的研究是紧密相连的。研究师范生免费教育就业必须结合我国教师教育的改革与发展进行。自改革开放以来，我国教师教育的改革与发展取得了举世瞩目的成就，教师教育和师范教育发展的研究也取得了丰硕的成果，已经成为当前教育研究关注的热点。这个领域著作颇丰，既有关于我国教师教育改革和发展的成就和历程的重要论著，也有关于国内外教师教育比较研究的专题著作；既有关于教师专业化的重大课题成果，也有包括现代教师教育制度的确立和构建、教师教育转型中存在的问题、教师教育发展的未来走向等成果。2007 年国家实施师范生免费教育政策以来，也涌现出了一大批研究成果，包括师范生免费教育政策背景、政策过程、政策价值与意义、政策实施中的问题、政策的发展和建议、免费师范生的就业现状和就业质量等，这些成果为师范生免费教育就业流向的研究提供了基础。

通过检索和查阅中国学术期刊网、中国优秀博（硕）士论文数据库、SSCI（社会科学引文索引）数据库、中国重要报纸数据库、中国重要会议论文全文数据库等多种电子数据库和其他各类文本文献。笔者发现，现有的对教师教育制度、师范生免费教育政策和免费师范生就业的研究的文献比较丰富，研究主要集中在一些专著、博（硕）士学位论文及期刊论文中。但从笔者掌握的文献来看，系统全面地将师范生免费教育就业研究放在整个师范生免费教育政策体系中进行研究的文献还相对不够，研究比较薄弱，现有的师范生免费教育就业研究大多集中在师范生免费教育政策本身。通过对现有研究的梳理，我们认为，已有的研究主要在师范生免费教育政策的本身，围绕着师范生免费教育就业存在的问题、未来发展的建议等方面，尤其是没有把师范生免费教育就业放在整个大学生就业体系中进行系统的研究，即使有一些大学生就业体系下的师范生免费教育就业研究，也只是停留在表面。本书针对当前教师教育发展与免费师范生就业研究的现状，对师范生免费教育的研究的相关文献进行梳理，并分析当前研究的现状和水平。

一 免费师范生就业研究概述

自 2007 年师范生免费教育政策实施以来，关于师范生免费教育的研究已经有许多成果，主要集中在师范生免费教育的政策过程分析，师范生免费教育政策实质研究，师范生免费教育存在的问题，师范生免费教育制度的历史演进及比较研究，师范生免费教育制度设计，对免费师范生的相关实证调查研究，师范生免费教育政策的利益与风险，师范生免费教育的权利与义务分析，师范生免费教育发展方向与培养模式，免费师范生的就业意向和职业规划、个人发展等，如我国百年的师范生免费教育的历史变迁历程、政策过程分析、免费师范生的报考动机调查研究、免费师范生的教育质量满意度的调查、免费师范生的学习动机、免费师范生的身份认同和免费师范生的就业意向的调查研究、师范生免费教育政策实施的矛盾和障碍分析等。随着近几年免费师范毕业生走向工作岗位，免费师范毕业生的就业问题开始得到大家的关注，相关研究也开始逐渐增多，反映了当今免费师范生就业研究的现状和水平。但是有关免费师范生就业的理论研究和实践探索还存在许多不足。鉴于此，本书以从中国全文数据库（CNKI）收集到的文献为研究对象，梳理免费师范生就业研究现状，探寻研究的特点和存在的问题，以期为今后的研究做一个基础性工作，从而丰富免费师范生就业的理论研究，以此来推动免费师范生就业的实践探索。具体见表 1 - 1、表 1 - 2。

表 1 - 1　　　　2007—2015 年国内关于"免费师范生政策及其
　　　　　　　　类属政策"相关文献研究成果统计　　　　单位：篇

	期刊论文	硕士论文	博士论文	主要报纸文献	会议论文
免费师范生教育政策	395	132	1	215	32
免费师范生招生政策	29	4	0	18	9
免费师范生培养政策	502	146	0	214	35
免费师范生就业政策	48	2	0	29	1
免费师范生职后发展	23	12	0	23	6

　　从表 1 - 1 中我们可发现，学界对于免费师范生教育政策和免费师范生培养政策的研究成果颇丰，主要是以期刊论文、硕士论文和报纸文献的形式呈现。相比之下，博士论文显得非常少。一方面体现了当前对免费师范生教育政策和免费师范生培养政策的研究方兴未艾，另一方面则显现了目前的研究还未成体系，研究深度还有待加强。

表 1 - 2　　　　2007—2015 年国内关于"免费师范生政策及其
　　　　　　　　类属政策"相关文献研究成果年度统计　　　　单位：篇

	2007 年	2008 年	2009 年	2010 年	2011 年	2012 年	2013 年	2014 年	2015 年
免费师范生教育政策	109	76	81	107	126	131	112	24	19
免费师范生招生政策	11	6	2	7	8	8	10	5	3
免费师范生培养政策	30	87	77	156	241	148	104	26	18
免费师范生就业政策	6	7	6	13	12	13	15	2	6
免费师范生职后发展	8	6	7	7	7	10	9	6	5

从表 1−1、表 1−2 中，我们知道自 2007 年免费师范生教育政策颁布以来，研究成果逐渐增多，2010—2013 年的研究成果最为丰富。同时也要看到，人们大都将注意力集中于免费师范生教育政策和免费师范生培养政策方面，免费师范生就业政策的研究成果还比较少，有关硕士论文仅 2 篇，博士论文为 0 篇。因此，当前研究免费师范生就业政策及其实施效果是有重要理论意义和现实需要的。

二　免费师范生就业研究的内容

根据"免费师范生就业"研究的实际，我们对免费师范生就业研究的内容主要从就业的现状、问题及政策建议、免费师范生就业政策存在的问题及建议、免费师范生就业改革和发展、相关理论研究、结合某一学科专业的免费师范生就业问题、免费师范生的就业指导与职业规划研究、其他等几个研究领域进行归类。在对研究文献进行归类出现交叉时按照上面顺序进行，不重复计算。从上述归类我们可以发现，免费师范生的就业研究是以免费师范生的就业现状、问题及对策建议、免费师范生就业政策中存在的问题及建议和免费师范生就业的改革与发展为热点问题。学界对免费师范生的就业研究的内容和视角涉及多个维度。通过对文献进行概括，我们可以分为以下六个方面。

（1）免费师范生就业的基础理论研究。任何政策都具有"价值承载"的特性，公共政策实质上是对政策利益作出分配以体现其倡导的价值取向。政策价值分析要回答"政策分配有限的政策利益或处理有冲突的利益诉求时所遵循的价值准则是什么"，就免费师范生就业政策而言，其政策价值分析包括免费师范生就业政策的公共价值、政策主体价值、利益相关者的价值诉求及其协调。澎虎、何春玲（2012）认为，我国免费师范生教育就业政策的价值回归应体现人文关怀，应是对个体生活的关注与道德理性的养成。[①] 徐自强

---

① 澎虎、何春玲：《免费师范生教育政策执行的价值回归》，《辽宁行政学院学报》2012 年第 11 期。

（2012）基于有限理性利益人的视角，对免费师范生政策过程中各方政策利益相关者的政策利益及可能存在的利益变化进行分析，认为政策利益相关者和政策环境是引起该政策利益变化的主要诱因。要从更新政策价值取向，考量政策利益及其变化；建立免费师范生退出机制；明晰教育行政机关的权利与义务；建立免费师范生教育评价指标体系等方面应对政策利益相关者政策利益可能出现的变化。① 唐小艳（2013）基于罗尔斯公平原则认为免费师范生教育政策是在对教育资源获得处于弱势地位群体的一种补偿，然而在这个过程中由于政策局限性造成了对免费师范生这个社会群体的不公平，使他们成为了新的弱势群体。国家、高校、基础学校和师范生之间的利益博弈是教育公平的自变量，为了实现教育公平，保障免费师范生政策顺利进行，在免费师范生处于弱势地位的情况下如何向他们进行一定的补偿应成为政策主体深入思考的现实问题。②

免费师范生的就业属于大学生就业的范畴，除了具有大学生就业的一些共性特征之外，还具有其本身的一些特性，有学者从相关理论进行了研究。主要是根据有限个人理性选择、社会流动理论、教师职业认同等理论进行相关研究，并提出了一些研究模型来进行解释。岳奎（2011）根据有限个人理性选择理论，阐释了阻碍免费师范生就业的因素。他认为阻断"刺激因素"的产生是降低免费师范生就业风险的有效出路。③ 崔波（2012）从社会流动的角度来分析免费师范生就业政策偏离政策目标的原因。④ 对免费师范生的协议进行就业理论研究是基础理论研究中的一个方面。彭兴蓬等

---

① 徐自强：《免费师范生教育政策过程中的政策利益分析——基于有限理性利益人的视角》，《高校教育管理》2012 年第 3 期。

② 唐小艳：《我国免费师范生教育政策的限度与完善向度——基于罗尔斯〈正义论〉伦理学视角》，硕士学位论文，华中师范大学，2013 年。

③ 岳奎：《免费师范生的就业冲突及其规避——基于一项关于免费师范生就业意向调查的分析》，《教育研究与实验》2011 年第 2 期。

④ 崔波：《免费师范生就业为何偏离政策初衷——基于社会流动的视角》，《现代教育管理》2012 年第 9 期。

（2012）认为，协议的签订使得免费师范生受到一定约束，使免费师范生的发展受到较大影响，丧失完全自主择业和未来若干发展机会的权利。[①] 赵宏玉和齐婷婷等（2012）首次明确提出了内在价值认同、外在价值认同、意志行为认同的教师职业认同三维模型，来反映免费师范生的职业认同特点，从而分析免费师范生的就业。[②]

（2）免费师范生的就业政策解读及问题的研究。免费师范生就业政策内容分析的研究集中探讨的是政策形成背景、政策文本内容合理性、政策目标等问题，主要是回答"政策为什么形成"，"政策要实现什么目标"这些实质性问题。张燕（2013）认为，首先，免费师范生政策设计的目的如"发展西部教育"，"实现教育公平"，"提升教师地位"等都过于宽泛和分散，欲求免费师范生政策实现诸多宏观的目的是很困难的。其次，政策设计的细节也存在缺陷，如服务期限合理性问题、跨省就业问题、履约问题等都缺乏周密的规划和考证。[③] 吴遵民、刘芳（2008）认为，制定免费师范生教育政策的主要目的是提高一线基层领域教师整体素质，在现实中若把培养国家一流师资的期待与支持西部基础教育的要求捆绑在一起势必会有损这一政策的有效贯彻和实施。[④] 何光全、廖其发、臧娜（2011）指出免费师范生政策定位偏高，相关政策规定表述不具体、不明确，相关政策不配套及政策宣传力度不够。免费师范生政策在招录、培养与任用方面存在问题，免费师范生的权责利界限模糊。建议实行灵活多样并更加科学的招生、奖惩与就业制度；免费师范生责权利的规定应更合理、具体。[⑤] 郭银（2011）基于新制度主义

---

① 彭兴蓬、邓猛：《免费师范生的合同研究》，《教师教育研究》2012 年第 6 期。

② 赵宏玉、齐婷婷等：《免费师范生的教师职业认同：结构与特点实证研究》，《教师教育研究》2012 年第 6 期。

③ 张燕：《论免费师范生政策的理想与现实差距》，《内蒙古师范大学学报》（教育科学版）2013 年第 5 期。

④ 吴遵民、刘芳：《免费师范生教育政策刍议》，《杭州师范大学学报》（社会科学版）2008 年第 6 期。

⑤ 何光全、廖其发、臧娜：《师范生免费教育政策存在的问题及改进建议——基于实证调查的分析》，《教育发展研究》2011 年第 15 期。

理论认为，每一种社会制度的发展都受到技术和经济发展水平的制约，技术体系的进步必然导致制度体系的进步，纵观我国免费师范生教育的历史演进过程，认为我国免费师范教育政策变革是与我国的经济体制改革相适应的举措；并以当前我国社会主义市场经济体系为背景从教师供给市场的建立、教师供给市场的不平衡、教师需求市场等方面阐述了我国免费师范生政策的必要性。[1] 为了做好免费师范生就业，2010 年教育部等四部门专门下发了关于免费师范生就业的通知要求，来落实免费师范生的就业事项。对免费师范生的就业的要点概括起来就是"落实责任、落实编制、落实岗位、服务农村、履约管理、加强监督"。[2] 尽管这样，人们对免费师范生就业还是存在一些误读，这些误读主要表现为四种，即"一般回生源所在省份中小学任教"就等于"必须到西部贫困地区任教服务"，"任教服务"就等于"上山下乡"，"一般不得报考脱产研究生"就等于"考研受限制"，"签订协议"就等于"定终身"等。[3] 一些专家学者针对这些误读进行了解读，使得就业政策的认同得以提升，为免费师范就业政策的完善打下基础。丁烈云（2011）认为，人们对免费师范生就业政策存在误解，必须加以澄清，平衡国内师资只是该项政策的一个方面，国家的主要目的是培养出高素质的教师、教育家。[4] 马敏（2011）对免费师范生就业政策中三个主要问题——自主选择就业学校、跨省就业的可行性和专项编制的保障进行解读。[5] 还有研究指出免费师范生就业中存在两方面政策障碍，即国家层面因为制度供给不足引发的退出机制缺失和地方政府在实施就

---

① 郭银：《新制度主义视角下的免费师范生政策分析》，硕士学位论文，上海师范大学，2011 年。

② 宋永刚：《首届免费师范毕业生就业保障政策出台》，《教育与职业》2010 年第 8 期。

③ 马敏：《免费师范生就业政策解读》，《教育与职业》2011 年第 31 期。

④ 丁烈云：《理解免费师范生就业政策的真正含义》，《教育与职业》2011 年第 31 期。

⑤ 马敏：《免费师范生就业政策解读》，《教育与职业》2011 年第 31 期。

业政策设计的差异性所引发的政策公平缺失。① 潘小春（2014）对政策实施情况进行研究时发现："免费师范生就业政策的'确保免费师范毕业生就业'及'优化师范院校生源、提高教师教育质量'等目标得到了有限实现。同时，就业政策实施中存在政策部分失真问题，体现在以下几个方面：就业政策目标多重，易导致'目的失真'；仅靠就业政策，难以实现教育均衡发展、促进教育公平和提升教师职业的社会地位等目标；政策存在'免费'与'优秀'、'有志'与'优秀'两对错位的矛盾。"② 周维华、王峰涛（2016）以华东师范大学 2013 届免费师范生为调查对象，基于免费师范生就业政策解读对免费师范生就业个体选择与政策目标的一致性进行考察与分析，结果表明：免费师范生就业个体选择与政策目标一致性较高；政策目标中的"到农村学校任教服务两年"和"鼓励免费师范生到偏远贫困地区和民族地区任教"基本处于流产状况，对"一般回原籍所在省份就业"、"不得报考脱产研究生"两项政策认可度较低，"鼓励免费师范生长期从教、终身从教"有待相关配套措施的完善。政府、高校应基于其相关因素研究，出台相应的配套完善制度，以促进免费师范生就业个体选择与政策目标一致性的实现。③ 商应美、王香丹、周冰等（2014）采用问卷法和访谈法以一所部属师范大学首届免费师范生和用人单位为调研对象，通过对调研结果进行量化与质化分析，探究当前免费师范生就业与政策执行现状及其存在的问题，并从政府、高校、用人单位、学生四个层面提出一系列建议对策。④

---

① 刘海滨、王智超：《免费师范生就业中的政策障碍及对策思考》，《国家教育行政学院学报》2011 年第 5 期。

② 潘小春：《首届免费师范生就业政策实施情况研究》，《教育理论与实践》2014 年第 1 期。

③ 周维华、王峰涛：《免费师范生就业个体选择与政策目标一致性实证调查》，《教育教学论坛》2016 年第 1 期。

④ 商应美、王香丹、周冰等：《首届免费师范生就业与政策执行现状及其对策研究——以一所部属师范大学首届免费师范生和用人单位调研为例》，《国家教育行政学院学报》2014 年第 6 期。

（3）免费师范生就业的现状与问题研究。对免费师范生就业的现实问题的研究采用实证方法的比较多。多是通过对相应学校的免费师范毕业生进行调查和访谈，从就业协议签订的情况、就业的满意度和影响就业因素等几个方面对免费师范生就业的现实问题和矛盾进行研究。付卫东等（2012）通过调查认为个人素质和国家相关政策是决定免费师范毕业生顺利就业和就业满意度高低的关键因素。[①] 高巍（2012）通过调查发现大部分毕业生对自己的就业结果满意。[②] 还有学者研究其他媒体诸如人民网的调查发现，免费师范生教师职业规划和教师职业意愿不明确。[③] 还有通过对免费师范生的教师信念研究来反映就业现实问题的，少数免费师范生的教师职业理想信念不够坚定，以成为一名免费师范生而自卑。[④] 李新（2013）通过研究教育部直属师范大学与地方师范大学就业认为，让免费师范生下基层就业，是一个涉及从招生到就业的大问题，招生数量与质量的把关、就业协议的落实、就业政策的适时调整以及免费师范生发展渠道的多样性等都对免费师范生下基层就业产生重要影响。[⑤] 李心悦（2015）通过分析就业政策问题后认为，当前免费师范生就业政策主要存在免费师范生政策目标与个人就业期待的不一致、免费师范生政策退出机制的不完善、免费师范生编制问题没有得到完全解决等问题。[⑥] 王乃一、何颖（2014）以华东师范大学为例，深入考察与了解免费师范生对培养体系、就业过程和签约

---

① 付卫东、付义朝：《首届免费师范毕业生就业影响因素实证研究——基于全国六所部属师范大学的调查》，《复旦教育论坛》2012 年第 2 期。

② 高巍：《首届免费师范生就业状况及就业心理研究——基于某部属师范大学的调查》，《国家教育行政学院学报》2012 年第 6 期。

③ 姜涛：《浅析免费师范生就业中存在的问题》，《白城师范学院学报》2012 年第 2 期。

④ 王华敏、黄良勇：《免费师范生职业理想现状调查与对策思考》，《学校党建与思想教育》2011 年第 4 期。

⑤ 李新：《如何让免费师范生下基层就业——基于部属与地方师范院校免费师范生就业政策的比较分析》，《南京晓庄学院学报》2013 年第 5 期。

⑥ 李心悦：《关于免费师范生就业政策的问题分析及对策研究》，《佳木斯职业学院学报》2015 年第 2 期。

结果的满意程度，结果显示，免费师范生对高校整体培养体系较为满意；对教育部免费师范生政策和学校就业工作的满意度显著高于各省的政策和举措；对已落实工作满意度较高，其中就业城市类型、单位性质、单位类型和单位具体情况均会对就业满意度产生相关影响。[①] 何颖、王乃一（2013）以华东师范大学 2011 届和 2012 届免费师范生作为调查对象，将其求职历程分为求职初期、中期和末期三个阶段（横向），对两届免费师范生（纵向）就业状况进行动态对比分析。结果显示，2012 届免费师范生在求职初期比首届免费师范生预期更积极，获取就业信息的需要更强烈，定位更理性；在中期，2012 届免费师范生签约率大幅度提高，未签约学生的心态更趋乐观；在末期，两届免费师范生对签约结果均较满意，2012 届免费师范生从教态度更为坚定。[②] 高雪春、陈伟华（2014）通过研究认为免费师范生进校后，面对政策条款约束和对未来自身发展的迷茫，理想与现实呈现出多重博弈，使其在就业之际面临着两难选择，潜在的违约风险不可避免地存在着，不利于政策的有效推行，需要相关管理主体的有效疏导和正确对待。[③]

（4）免费师范生就业的发展战略的研究。作为一项自上而下由国家设计并主导的公共教育政策，免费师范生政策处于不断完善之中，需要对其发展战略进行研究。相当部分学者对政策的完善和未来设计进行了战略发展研究，提出了发展方略。有学者提出应从充分关注师范毕业生的工作转接和自身发展问题、强化政府责任、对师范生免费教育产生长期激励效应、实事求是地设定免费师范生的

---

① 王乃一、何颖：《免费师范生就业满意度调查及其思考——以华东师范大学为例》，《教师教育研究》2014 年第 2 期。
② 何颖、王乃一：《免费师范生就业状况与求职心态对比研究——基于华东师范大学 2011 届、2012 届免费师范生的调查》，《上海教育科研》2013 年第 3 期。
③ 高雪春、陈伟华：《理想与现实的博弈：免费师范生就业的两难选择及应对》，《中国成人教育》2014 年第 5 期。

基层服务期限四个方面对就业环节进行制度创新。① 贾建国（2008）认为，在免费师范生就业中，中央政府和地方政府出台相关政策共同协调解决免费师范毕业生的编制和岗位问题。② 杨聚鹏（2009）认为，政府应该建立免费师范生政策的退出机制。③ 除了从政府层面提出发展战略，还有学者从学校和免费师范生本身探讨了发展战略。免费师范生应提前做好职业生涯规划，学校应建立有利于免费师范生成长的机制和平台，使免费师范生愿意留在基层从教，奉献教育事业。④

（5）免费师范生就业的成效研究。成效的研究在相关研究中是十分重要的，因为有效性是评价公共教育政策成败的重要因素。研究表明，免费师范生对就业年限规定认同低，教师信念不强不是选择免费师范生最主要的因素，这都在一定程度上影响政策的成效。姚云等（2012）通过调查研究发现，在免费师范生的报考动机中，经济因素对报考动机影响显著增大，教师信念逐渐减弱，对义务履行就业规定认同度逐渐降低，政策执行出现低期望。⑤ 潘小春等（2012）研究发现大多数免费师范毕业生不认同学生毕业后应从事中小学教育工作不少于 10 年和违约公布其不诚信记录等规定。⑥

（6）免费师范生就业的对策建议研究。对就业问题的研究最终是要解决就业中的实践困境和矛盾冲突，以便更好地实现师范生免费教育政策的目标。因此，现有对策建议研究是一个重要的内容。

---

① 方增泉、孟大虎：《师范生免费教育中的招生与就业制度设计》，《清华大学教育研究》2007 年第 4 期。

② 贾建国：《我国免费师范教育制度存在的问题及建议》，《高教发展与评估》2008 年第 5 期。

③ 杨聚鹏：《免费师范生退出机制设计研究》，《黑龙江教育》（高教研究与评估）2009 年第 7、8 期。

④ 路正社：《免费师范生就业定向化分析及对策研究——如何使免费师范生走向基层留在基层》，《山西大学学报》（哲学社会科学版）2010 年第 5 期。

⑤ 姚云、马龙、李小红：《师范生免费政策实施效果的研究——基于首届免费师范生的入学与毕业调查》，《教师教育研究》2012 年第 3 期。

⑥ 潘小春、芮敏、万静娴：《首届免费师范毕业生对就业政策态度的调查分析——以北京师范大学为例》，《教育理论与实践》2012 年第 23 期。

何颖、刘继亮（2012）研究发现进一步细化政策和完善退出机制是完善就业政策的重要方式手段。[①] 付卫东等（2012）提出加大对高中毕业生宣传力度、适当调整直属师范大学课程设置和师范生免费教育政策等建议。[②] 郭昌荣（2012）提出从增加就业政策的灵活性；建立省级统筹机制，减少就业的差异性；科学制订招生计划，建立健全的选拔、准入和退出机制；以"实习带就业"为导向，合理布局实习基地建设；健全就业工作队伍，增加就业工作经费投入等方面进行。[③] 刘海滨、王智超（2011）提出合理设计准入、退出机制；调整学生服务年限；引导学生多元就业；扩大政策惠及范围；保证政策实施一致性等。[④]

三　研究述评

通过文献分析可知，有关免费师范生就业的研究呈现出以下几个特征：第一，研究具有很强的现实针对性和实用性；第二，注重对国家有关免费师范生就业政策的研究，受政策影响较大，突破现有政策的创新研究显得相对不足；第三，比较关注免费师范生就业的改革与发展方向。

从现有的免费师范生就业研究的现状与内容来看，我国免费师范生就业研究已取得了相当的成果，但还存在一些不足，需要我们进行反思，对下一步研究发展趋势进行展望。现有的关于就业的研究只是根据对免费师范生的就业意向和职业规划的调查，而对免费师范毕业生的就业进行预测和政策建议等。这些研究以定性研究为主，缺乏系统性、逻辑性与前瞻性，因此相关的研究十分欠缺。而

---

① 何颖、刘继亮：《免费师范生就业政策的实施情况调查》，《上海教育科研》2012年第6期。

② 付卫东、付义朝：《首届免费师范毕业生就业影响因素实证研究——基于全国六所部属师范大学的调查》，《复旦教育论坛》2012年第2期。

③ 郭昌荣：《免费师范毕业生就业情况调查研究——以西南大学为例》，《兰州教育学院学报》2012年第16期。

④ 刘海滨、王智超：《免费师范生就业中的政策障碍及对策思考》，《国家教育行政学院学报》2011年第5期。

且研究者对相应就业政策的研究大都从政策文本和工作实践的角度出发，更多的是停留在理论探讨阶段，缺乏理论支撑，所以，这些研究成果对实施中的免费师范生的就业指导作用不明显。现有研究的不足和值得进一步研究的问题主要表现在：

第一，影响免费师范生就业流向的因素研究比较欠缺。现有关于免费师范生就业流向的影响因素研究中，虽然也涉及了政府、用人单位和个人等因素对大学生就业的影响，但主要是从大学生就业难的角度进行的，直接对大学生就业区域流向的影响因素进行研究的文献很少。因此，免费师范生就业流向的影响因素研究有待进一步丰富。

第二，研究内容和主题狭窄且缺乏理论深度。现有大多数研究单纯围绕免费师范生就业这一主题，集中在免费师范生就业的政策内容、就业问题、现状政策建议等方面。研究的内容和主题比较狭窄和单一。免费师范生就业问题不仅仅是教育方面的问题，还牵涉到社会的其他方面，诸如社会公平、社会和谐以及新农村建设等。为了推动免费师范生就业研究的深入开展，应该拓展免费师范生就业研究领域和主题，从多层面、多学科进行理论研究，充分发挥理论研究的先导作用。

第三，免费师范生就业流向成因缺乏实证研究的支持。虽然研究免费师范生就业流向成因的文献较多，但大多是定性的理论或逻辑分析，缺乏实证研究的支撑。免费师范生就业流向的成因是国家政策、地方环境、用人单位情况和个人选择等多方面作用的结果，是一个复杂的问题，相关研究需要进一步深化。

第四，研究视角单一，交叉研究缺失。现有的免费师范生就业问题的研究大多数都是从教育学和教育管理学的视角进行的。而从经济学、历史学、社会学、法学和管理学等学科视角交叉进行研究的文献比较少，研究的视角缺乏独特性和广阔性，从而导致就教育来研究免费师范生就业。就业问题是一个实践性很强的研究领域，研究视角的缺失必然会影响研究质量和水平。

第五，研究质量有待提高。现有的免费师范生就业的研究重复的文献比较多，比如在就业的问题和建议的研究中大多采用调查的方法进行相似的研究，得出的结论也存在相似性；对政策和就业的研究还存在一些局限，主要集中在免费师范生就业的现状、存在的问题、就业的满意度及影响因素和对策建议这样的相似的框架之内。比如，以"首届免费师范生就业状况及影响因素的研究"为主题的论文占有相当的篇幅，在总共 79 篇中占了近 10 篇。另外，研究的问题缺乏国际意识和历史感，对发达国家的先进经验和历史上有益的借鉴的研究比较缺失，从而导致研究的质量不高。

第五节　主要研究内容

本书利用教育学、经济学和社会学分析的方法对我国师范生免费教育就业流向的主要特征和影响因素进行剖析，揭示免费师范生就业中存在的问题，彰显师范生免费教育对国家实施人才强国战略和办人民满意的教育具有重要意义，以及对我国教育特别是基础教育均衡发展的作用，并提出免费师范生就业流向的引导策略。基于这一根本目的，本书主要从以下几个方面进行：

第一，梳理我国免费师范生就业的历史考察。师范生免费教育在我国有一个曲折的历史形成和发展历程，经历了"免费—收费—免费—收费—免费"的制度变迁过程，实行不同的师范生收费制度对我国的高等师范教育发展产生了不同的影响。与此相适应的是，我国的免费师范生的就业在享受免费的权利同时也必须履行相应的义务，如定向到生源地就业及违约处罚规定等。历史是与现在相联系的，而且还具有很强大的现实意义。梳理免费师范生就业的历史发展，对我国历史上师范生免费教育的发展变迁进行文献分析和研究，试图厘清师范生免费教育就业的历史传统，以及在当前教师教育转型背景下，我国免费师范生就业定向流动的历史依据是什么？

影响免费师范生就业的动因主要有哪些？通过对这些问题的分析，可以对当前的免费师范生就业政策的形成有一个较为全面的认识和理解。

第二，确定影响免费师范生就业流向的特征和影响因素。虽然《实施办法》规定了免费师范生实行定向就业，但是对定向的范围规定是到生源地所在省、自治区和直辖市，免费师范生需要在省一级范围内进行双向选择，还会有少数毕业生的就业流向是跨省市区的。根据最近几届免费师范生的就业状况，包括到各个省、市、自治区就业的免费师范生的实际数量，免费师范生就业的区域分布特征，就业数量占招生数量的比例，违约数量占招生数量的比例，免费师范生的教师信念跟就业流向的更新，免费师范生就业地区省、市、自治区的教师待遇状况，免费师范生就业所在省、市、自治区基础教育发展教师的实际需求等，全面总结免费师范生就业流向的具体特征，分析这些就业流向特征对师范生免费教育政策目标实现中产生的偏差。免费师范生毕业后具体到哪里就业，即向哪些区域流动，是一个很复杂的问题，会受到多方面的因素如政策规定的限制、免费师范生的教师信念、就业价值观、家庭因素以及前往就业单位和地区的经济、社会等因素的影响，只有确定了这些影响因素、明确这些因素的影响机理，才能在免费师范生就业区域选择时进行有针对性的引导，促进免费师范生就业区域的流动。因此，研究影响免费师范生就业流向的影响因素和成因是本书的目的之一。

第三，免费师范生就业流向中违约问题的个案分析。个案分析是通过深度访谈来实现的，以此从更深层次挖掘免费师范生违约背后的动机是什么？是什么原因让他们宁愿被记上不诚信也去违约，这对政策的下一步完善可以提供依据。

第四，提出引导免费师范生的就业区域流向的策略。研究免费师范生就业流向特征、影响因素和成因并提出引导策略，才能使本书有实践意义。免费师范生就业流向存在的问题主要是区域流向的差异性，具体体现在两个方面：其一，不同的省级的免费师范生的就业流向存在很大的差异。在西部欠发达地区免费师范生主要流向集中在中心城市的基础教育部门，而流向农村基础教育的相对较少，在东部发达地区或者中部教育发达地区则主要集中在县级及县级以下。其二，在同一省内，免费师范生都倾向于向经济比较发达的省会城市或者中等城市流动，而向政策规定的基层特别是农村基础教育欠发达地区流动倾向不明显。根据研究结果，免费师范生一般认为省会城市或者中心城市相对于基层地区对免费师范生的吸引力大，个人发展空间和机会会更多，所以大都愿意前往这类地区就业，而向基层欠发达地区尤其是农村地区流动的意愿不足。因此，解决免费师范生就业区域流向问题应该在政策设计上从改善就业环境入手，提高基层特别是农村教师的经济待遇和社会地位，以此来提高基层特别是农村基础教育欠发达地区对免费师范生的就业吸引力、个人发展机会；从加强免费师范生的教师信念等方面入手，以解决免费师范生向基层基础教育流动不足的问题，从而解决免费师范生就业流向问题。

因此，在影响因素和成因研究结果的基础上，有针对性地提出引导免费师范生朝着既定的目标进行就业流向的策略，为师范生免费教育政策的完善和推进提供参考，是本书的又一个研究目的。

第六节　研究思路与研究方法

一　研究思路

2015 年是师范生免费教育政策实施的第 9 年，需要对政策的实施效益进行评价，免费师范生的就业问题作为政策的最后也是最重要的一个环节，应该成为我们关注的重点，对就业的研究有很多角度，对免费师范生就业的区域间差异和区域内差异进行分析有助于更加全面而具体地研究师范生免费教育政策实施的有效性。本书主要是通过对免费师范生就业流向的影响因素、成因进行研究，提出引导免费师范生就业流向的策略。为此收集相关统计数据，建立数据库并将其与调研数据库结合，使用相应的方法进行研究。基本思路框架见图1-1。

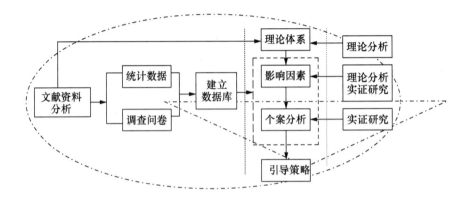

图1-1　本书的基本思路框架

二　研究方法

选择什么样的方法是由研究问题的性质决定的。本书在研究师范生免费教育就业流向问题时，采用了历史研究、现状研究和未来研究相结合，实证研究和理论研究相结合的方法，在量的研究方法中，以问卷调查方法为主。这样，在研究中就可以把宏观与微观、外显与内隐等方面比较好地结合起来，以利于规律的探讨。

（1）文献研究法。任何一项研究都是在梳理和分析文献资料基础上进行的，文献研究不仅提供了选题的依据，而且在整个研究过程中，有助于研究者知悉相关研究的动态并使研究过程更趋有效。笔者广泛收集和阅读国内外相关资料，从大量资料中获取有用的信息，收集我国教师教育研究和师范生免费教育的文本文件、资料并对资料的原始形式进行整理、分析和综合，改变为本书所需要的形式。

（2）问卷调查法。通过编制调查问卷，对免费师范生的就业流向的地区进行抽样调查，调查对象为免费师范毕业生。为了研究免费师范生就业流向影响因素和就业区域流向成因，本书设计"免费师范毕业生就业流向情况调查问卷"、"免费师范毕业生就业情况调查问卷"、"用人单位对免费师范毕业生满意度情况调查问卷"，调查对免费师范毕业生就业流向影响的因素、对就业流向的影响及成因。问卷在设计过程中既考虑因素的全面性，又注重被调查者的心理因素，以便使调查更趋科学且有助于统计分析。

（3）比较研究法。这是在国际与比较教育研究中普遍使用的方法，在本书中也将广泛运用，对免费师范生的就业流向和地方性的非免费师范生的就业流向的对比，为我们的研究提供一个参照；对历史上我国免费师范生的就业跟现行的免费师范生的就业流向进行比较研究；对我国现行的免费师范生的就业跟发达国家师范生就业情况进行比较研究。

（4）访谈法。访谈法是通过研究者与被研究者的直接接触、直接交谈的方式来收集资料的研究方法。这种方法相对于观察法，可以更直接地了解受访者的思想、心理、观念等深层内容；与问卷法相比，可以更直接地询问受访者本人对研究问题的看法，并提供机会让他们用自己的语言和概念来表达他们的观点。

本书在对违约和履约的免费师范生对违约的看法的个案研究中采用了访谈法。对免费师范毕业生进行直接访谈。为了使访谈更加深入，调动被访者的积极性和参与热情，以期待在访谈过程中能获得更多的有价值的资料，本书采用了非结构式的访谈方式。在调动他们的积极性后，了解他们对师范生免费教育政策的看法，探究当前落实改革政策和实施各项方案过程中的成绩以及存在的问题。

采用此研究方法的主要原因在于非结构式访谈弹性大，能充分发挥笔者与五位免费师范毕业生的正面交流效果。访谈中围绕违约这一话题，就有关问题、事件、现象和原因，从政策实施之初到今天，从原因到结果，从动机到行为，从个人到他人及重大的社会环境等进行深入广泛的交谈与讨论。在此次交谈与讨论中，五位免费师范生提供的许多想法是笔者没有料到的，因而受到了很大的启发。

采用此研究方法的另一个原因在于非结构式访谈有助于对免费师范生就业流向问题作全面、深入的了解。这不仅是调查问题的过程，也是研究问题的过程，不仅是搜集资料的过程，同时也是评价解释资料的过程。通过这种方法深入了解了改革的复杂情况，同时也了解了免费师范生对于政策的态度和认识等无法直接观察的问题，因此相对于问卷法，该方法能够更好地实现对意愿及其背后意义的探寻。

但采用此方法也有一定的缺点，主要在于与结构式访谈相比，非结构式访谈比较费时，使得调查的规模受到很大的限制，访谈过程是非标准化的。因此，访谈的结果难以进行量化分析。而且，访谈的结果更依赖访谈员的素质、经验和技巧，对访谈员的要求更高。所以，为了弥补上述不足，本书在访谈前做了如下准备：（1）访谈前对访谈的主要目标和要了解的主要内容有明确和清晰的认识；（2）访谈前对被访者的各方面的情况和特征有清楚的了解；（3）访谈时间和地点的确定以被访者方便为主要原则；（4）向访谈者陈述清楚访谈的具体原因和理由，并告知在研究中不会出现具体的个人姓名；（5）在访谈过程中，认真做笔记。

第七节　创新之处

首先，从就业流向的视角来研究我国师范生免费教育政策，有助于深化对师范生免费教育政策的重要意义和发展前景的认识。师范生免费教育政策实施近十年以来，有关研究非常丰富，但从就业流向视角切入对师范生免费教育制度进行全方位的系统研究极少。师范生免费教育政策是在我国教育改革和收费的师范教育对教师教育产生影响的背景下，由国家按照自上而下程序制定的关于教师教育发展和基础教育发展的教育政策。本书选择免费师范生就业流向作为研究对象，不仅有助于深化对师范生免费教育政策的认识，同时也为分析师范生免费教育政策的未来发展提供了必要的依据。

其次，采用问卷调查分析法和深度访谈法对免费师范生就业流向的现状和问题进行分析研究，有助于加深对免费师范生就业问题的认识。利用问卷调查作为研究方法，在教育研究的运用是很普遍的，问卷法具有适用范围广、效率高等优点，能以精简的统计描述来分析价值主体之间的价值冲突和问题，能较好地分析各研究变量之间的关系。本书通过对免费师范生和用人单位进行问卷调查，在此基础上结合解读免费师范生就业流向问题。访谈法相对于观察法，可以更直接地了解受访者的思想、心理、观念等深层内容；与问卷法相比，可以更直接地询问受访者本人对研究问题的看法，并提供机会让他们用自己的语言和概念来表达他们的观点。本书运用访谈法对部分免费师范生进行调查，通过访谈了解他们对免费师范生就业的看法等，对免费师范生就业问题作进一步的解释和证实。

最后，将免费师范生就业研究置于国家教育改革的整体互动之中，以整体性思维来考察免费师范生就业流向。在诸多关于免费师范生的相关研究之中对其就业流向及教育改革背景的联系探讨不够，本书力求在这方面有所突破。

第二章 免费师范生就业流向的理论基础

经济学是一种选择理论，要改善人类的前景，我们必须理解人类决策的来源，这是人类生存的一个必要条件。……过去 30 年里，一些经济学家和社会科学家曾就新古典理论的假设进行推敲与修正，以期发现这种理论解释的疏落。直白地说，这种理论解释所疏落的，是一种对人类协调与合作之本质的理解。①

——诺思（North）

免费师范生就业及其流向是衡量师范生免费教育政策绩效的重要维度，它直接关系到师范生免费教育政策的目标实现程度，就业的流向结果跟政策规定的定向就业在多大程度上相符合除了政策规定的刚性要求外，还跟社会需要、培养单位引导和免费师范生本身的众多因素相关，从某种程度上讲，政策规定的就业流向要求在一定程度上主导就业流向，因为政策规定了就业的大的区域流向——流回到生源地所在省市区，在这一大的前提上，我们分析区域流向的差异，免费师范生就业流向的内外因。因此，要研究中心因素需要进行相关的理论分析。目前关于大学生就业理论的研究非常丰富，但是免费师范生的就业作为大学生就业中的组成部分具有其独特的一面，需要构建新的理论研究范式进行分析。

---

① 道格拉斯·C. 诺思：《制度、制度变迁与经济绩效》，杭行译，格致出版社、上海三联书店、上海人民出版社 2008 年版。

第一节　免费师范生就业理论分类的
范式构建

范式（Paradigm）是托马斯·库恩（Thomas Kuhn）哲学的核心。"'范式'一词无论实际上还是逻辑上都很接近于'科学共同体'这个词。一种范式是也仅仅是一个科学共同体成员所共有的东西。反过来说，也正由于他们掌握了共有的范式才组成了这个科学共同体。"① 所以，一般来说，范式是指某一科学共同体在某一方向上所具有的共同信念，这种信念规定了他们的基本理论、态度、观点和方法，为他们提供了解决问题的理论平台和共同的理论模型。② 这里，借用范式这一概念，用来说明免费师范生就业流向理论的研究方式和模式框架。

当前常用的分析就业理论的范式是以"时间顺序"为主线的，即按照时间顺序挖掘经济学历史上不同时期所形成的流派关于就业的观点。这种研究的范式比比皆是，胡学勤在《劳动经济学》中的阐述具有代表性，以时间顺序产生的诸多"西方主要经济学派"，如古典经济学、新古典经济学、凯恩斯主义、新古典综合派、新剑桥学派、货币主义、理性预期学派、供给学派等，展开研究就业理论。③ 这种研究范式的突出优点在于，以清晰的历史脉络展示了整个就业理论的发展历程，也清晰地说明了理论产生之间的因果联系，即后一种流派的产生是在前一种流派的基础上诞生的。也就是说，当此种理论不能解决当前社会就业现象和问题的时候，就促生另外一种能够说明和解释当前社会就业现象和问题的理论。比如，

---

① 库恩：《必要的张力》，福建人民出版社 1981 年版。
② 王海滨：《反思与建构：当代中国马克思主义政治哲学的研究范式》，《理论与现代化》2010 年第 2 期。
③ 胡学勤：《劳动经济学》（第二版），高等教育出版社 2007 年版。

19 世纪以前的资本主义国家就业问题并没有凸显出来，也很少有经济学家注意到就业问题，即使在 1825 年英国爆发资本主义世界第一次经济危机，造成大量失业者，失业现象日益严重时，当时在英美等资本主义国家占据支配地位的新古典经济学家们依旧乐观地认为，资本主义经济是一部可以自行调节的"美妙"机器，自由竞争的市场机制完全能够保证全社会的经济资源（资本、土地、劳动力）得以充分地利用和合理配置，保证社会的每个成员都得到最大的满足，即从理论上排除了失业存在的可能性。1929 年资本主义世界爆发了一场规模空前的经济大危机，它造成工业、农业、商业和金融部门的危机，使整个资本主义世界生产下降了 1/3 以上，贸易总额缩减了 2/3，各国经济陷于长期萧条，失业问题严重。面对这场史无前例的经济危机，传统的资产阶级经济学理论显得无能为力了。英国经济学家凯恩斯（1883—1946）在资本主义经济大危机时期所具有的各种经济矛盾（尤其是失业问题）大大尖锐化的形势下，为了使资产阶级经济学能够适应历史条件的变迁，不得不对以前的资产阶级经济学作出了重大的修正，提出了所谓的"有效需求"理论，从理论上论证了资产阶级国家对经济生活实行干预的必要性，为资产阶级经济学的发展开辟了一个新的方向，致使凯恩斯的理论在 20 世纪 40 年代后半期到 60 年代中期，成了占据支配地位的"主流经济学"。以凯恩斯主义为依据的各种经济政策在资本主义国家经济生活中的作用大大增强了，资本主义世界各国经济相对持续稳定地增长了。然而，到了 20 世纪 60 年代后期，资本主义各国出现了严重的通货膨胀和大量失业同时并存的"停滞膨胀"局面，凯恩斯主义陷入束手无策的境地，凯恩斯主义理论受到来自各方的批评，也催生了为解决"滞胀"困境的其他理论。新古典综合学派开始重新审视市场作用，并提出了结构性失业理论，意图解释经济停滞与通货膨胀并存的生成机理；供给学派从供给方面寻求医治经济停滞、就业不足的途径和对策，在微观经济学的基础上为失业问题提供了一种全新的解释；货币主义则认为"滞胀"问题完全是政府盲目推行赤字财政政策的恶果；理性预期学派则把理性预期假说引入了对失业理论的分析中，认为劳动力的供给行为依赖于人们对工资水平的理性预期。当凯恩斯主义面临越来越多的指责和挑战的时候，新凯恩斯主义于 20 世纪 80 年代应运而生。所以，这种以"时间"为主线的研究范式清楚地展示了就业理论发展的历程，揭示了就业理论产生的深刻背景以及各派之间相互抨击、相互借鉴、相互融合的发展过程。但是这种研究范式越来越不能有力地解释、指导当今复杂的社会就业现实情况。当今社会的就业问题，变得越来越复杂，尤其是对于免费师范生就业这种既具有政府主导又处于劳动力市场双向选择下的就业，具有计划经济时代就业的痕迹特征的不完全市场经济就业的就业流向情况的影响因素既具有共性又拥有个性，就业流向演变越来越复杂，这就要求我们找寻免费师范生就业问题的理论与方法。

鉴于此，免费师范生就业理论范式构建的研究采取了以"影响就业流向的因素"为主线的研究范式 。"影响就业流向的因素"指哪些因素影响了免费师范生的就业流向，能帮助他们实现双方都满意的就业；哪些因素对免费师范生就业流向是不利的。其实，影响免费师范生就业流向的因素是多种多样的、复杂的、多变的。本书采用了其中四类影响免费师范生就业流向的关键性因素，即供给—需求、理性选择、社会资本和需求层次。相应地，本书构建出四类免费师范生就业理论，即供给—需求就业理论、理性选择理论、社会资本理论和需求层次理论。

供给—需求就业理论是围绕影响就业流向的关键性因素之一——"劳动力供求"因素展开分析的理论，它包括市场调节就业论、政府干预就业论和非均衡就业论。之所以将市场调节就业论、政府干预就业论和非均衡就业论归结为供给—需求就业理论，是因为它们都认为可以通过劳动力市场的供求法则实现均衡就业，只是在劳动力供求平衡的调节手段上有所不同。有的人认为，在自由竞争市场经济条件下，可以通过工资杠杆自发调节，只要人们愿意接受现行的工资水平，就都能够找到工作，从而实现充分就业，这就是"市场调节就业论"；有的人认为，自由竞争的资本主义社会并不是总能达到充分就业，"充分就业"只是一个特例，非充分就业才是常态，非充分就业的根源在于有效需求的不足和工资向下刚性，所以，仅仅靠市场调节是不能解决需求不足问题的，必须实行国家对经济生活的干预和调节，政府应当担负起调节社会总需求的责任，运用政策，以保证社会有足够的有效需求，实行充分就业，这就是"政府干预就业论"。但是，在现实的劳动力市场有不同的失业形式，如古典失业均衡、凯恩斯失业均衡、抑制性通货膨胀均衡和消费不足均衡，所以，应该根据失业的不同原因，把市场调节和政府调节作用结合在一起进行考察，才有利于实现劳动者就业，这就是"非均衡就业论"。

理性选择理论是围绕影响就业流向的个体的关键性因素之二——免费师范生就业是理性选择的结果来展开分析的理论，它包括理性选择制度主义和有限理性。之所以理性选择制度主义和有限理性都归结于理性选择理论，是因为免费师范生的就业都是个体的有限理性条件下的理性最大化的结果。

社会资本理论是围绕影响免费师范生就业的关键性因素之三——社会资本与就业质量展开分析的理论，社会资本是法国的布尔迪厄提出的，它是以关系网络的形式存在，社会资本是"个人拥有的社会结构资源"；"和其他形式的资本一样，社会资本也是生产性的，可以使某些特定的目的的实现成为可能，而且在缺乏社会资本时，这些目的将不可能实现或者实现的代价非常昂贵"；"与其他形式的资本不同的是，社会资本内嵌于人与人之间的社会关系结构中"，在免费师范生的就业中，社会资本是影响其就业的重要方面，在某种时候甚至比人力资本更重要。当一个人在正式劳动力市场渠道中无法获得有效就业信息时，往往借助于非正式的求职渠道——社会关系网络来实现工作岗位的找寻；而工作搜寻论关注的是获得就业信息的搜寻过程，它认为在劳动力市场存在着职工技能和偏好差异，在非完全信息条件下，对劳动者来说，不断持续寻找合意的工作是一种必要的投资，而大量职业搜寻者的存在必然提升失业水平，并且随着搜寻次数的增加，从搜寻获得的边际收益总是下降的，当搜寻活动使搜寻的预期边际收益等于边际成本时，搜寻活动就应当停止。

需求层次理论是围绕影响免费师范生就业的关键性因素之四——免费师范生自身的职业发展的需求因素展开分析的理论，ERG 理论、成就激励理论都表明，个体在获得生理安全需求满足后，会进一步追求高层次的需求，即自我价值的实现。免费师范生作为高水平教师资源，在追求较高物质回报的同时，也在进行自我能力与工作挑战性的平衡。

在政府对全国的农村基础教育有一个充分了解以后，农村基础教育师资队伍的需求缺口很大，尤其是高水平师范教育培养的教师，但是全国的高水平的师范教育大学提供的教师备选却是有限的，特别是在西部没有教育部直属高校的地区，这种供需矛盾特别突出。教师的供需是供不应求的不均衡现实，国家希望通过免费师范生政策来实现这种平衡。同时市场的供需存在地区的差异，如何有效缓解就需要供给—需求就业理论作出解答。由于我国教育资源配置的不均衡，尤其是高等学校资源配置的失衡导致教师需求结构不平衡，进而影响整个社会的教师总量和教师布局结构，中西部教育资源的不均衡，使免费师范生在就业时进行利益最大化的选择，同时这种利益最大化是有限的，在免费师范生就业流向中什么因素影响选择，这是理性选择理论所要解决的问题。但是，现实的教师就业市场并不"理想"，并不存在充分竞争，而存在信息不对称等情况，比如有的地区教师基本达到饱和，而有的地区可能存在较大的缺口，导致免费师范生就业市场的差异明显，使就业出现问题。这是社会资本理论所要解决的。因为免费师范生当初签订协议并不只是为了能上教育部直属师范大学后回到家乡，他们还有更高层次的需求，比如自我价值的实现，这是需求层次理论要解决的问题。

故此，供给—需求就业理论、理性选择理论、社会资本理论和需求层次理论以宏观与微观相结合的方式构成了一个分析就业问题的"完整系统"，有力地解释了免费师范生就业市场上的就业流向问题。正如托马斯·库恩所言，"取得了一个范式，取得了范式所容许的那类更深奥的研究，是任何一个科学领域在发展中达到成熟的标志"[1]，也必将为解决当前我国大学生的就业问题提供有益的分析思路和理论借鉴。

第二节　供给—需求就业理论

供给—需求就业理论是从劳动力供给量与需求量之间的均衡程度来研究劳动力就业的理论。在劳动力市场上，单纯地谈论劳动力供给数量的多寡是没有价值的，只有结合劳动力需求量分析才有价值。这样，劳动力供需数量的均衡程度与其就业情况便有了密切的因果关系：劳动力供需均衡、供给量小于需求量的情形之下，能很好地实现充分就业；劳动力供给量大于需求量的程度，决定了就业的困难程度。同时，需要一些手段调节劳动力供需量的变动，一般地认为市场和政府是比较理想的手段。但是，究竟靠哪种机制能够实现充分就业在供给—需求就业理论中却有不同的观点，大致分成了三种意见：第一种意见认为仅仅靠市场机制的自动调节就能够很好地解决就业问题，即市场调节就业论；第二种意见认为要依靠政府干预来帮助劳动者充分就业，即政府干预就业论；第三种意见认为要将市场自动调节与政府干预结合起来能够更好地实现充分就业，即非均衡就业论。

一　市场调节就业论

市场调节就业论是以研究市场机制与就业变动之间相关性的理

---

[1] 托马斯·库恩著：《科学革命的结构》，金吾伦、胡新和译，北京大学出版社2003年版。

论。市场调节就业论认为，资本主义经济是一部可以自行调节的
"美妙"机器，自由竞争的市场机制完全能够保证全社会劳动力资
源得以充分地利用和合理配置，保证社会的每个成员都得到最大的
满足。也就是说，失业是劳动力市场上劳动力的供给大于需求的结
果，工资的充分调整可以使之趋于均衡；而政府的失业补贴、福利
措施、工会的干涉，却是导致失业的原因。失业可以在资本主义经
济体制下通过市场机制自行解决。主要包括新古典经济学派、瓦尔
拉斯均衡、货币主义和供给学派等关于就业的观点。

新古典经济学派的就业理论主要包括萨伊定律、马歇尔的均衡
工资论、庇古的失业论。

萨伊定律是由 19 世纪初法国经济学家萨伊（1767—1832）提
出的，他认为任何一种商品的市场价值必然等于生产此种商品时所
耗费的劳动力、资本、土地三大要素之和（生产三要素论），而这
个生产费用"就是生产给产品创造需求"。[①] 或者说，"供给创造其
自身的需求"，这就是著名的"萨伊定律"。这一定律实际上隐含着
这样的就业理论：只要市场机制在劳动力市场上充分发挥作用，市
场机制的自发调节可以使劳动力供求缺口趋于平衡，就会让所有自
愿就业的劳动者就业；如果有失业，也只是"自愿失业"和"摩擦
性失业"，而且是暂时的、偶然的。

均衡工资论认为，劳动力的需求量与劳动力的工资成反比例关
系，劳动力的供给量则与工资成正比例关系。当劳动力市场上工资
水平较低时，对劳动力的需求会增加，出现劳动力供不应求，从而
使工资水平提高；而当工资水平过高时，对劳动力的需求则会减
少，出现劳动力供过于求，从而使工资水平下降。劳动力的使用量
即就业量是由均衡工资决定的，而均衡工资是由劳动力的需求和供
给决定的。这种"古典失业"不是市场经济自身运行的结果，而是
由于政府干预劳动力市场的结果。庇古失业论认为，决定就业量有

---

① 萨伊：《政治经济学概论》，商务印书馆 1982 年版。

两个因素：一个是工资等于劳动的边际产品；另一个是工资的效用恰好等于该就业量的边际负效用，即劳动力的生产成本。

瓦尔拉斯学说认为，既然一切交易（包括劳动力市场上的交易）都在均衡价格条件下进行，供给（包括劳动力的供给）和需求（包括对劳动力的需求）通过市场上的反复减价，最终会相等，市场的一切货物都可以得到销路，充分就业也会实现。因此，在瓦尔拉斯均衡条件下，滞销的货物和失业是不存在的。西方传统就业理论研究所依据的就是这个瓦尔拉斯均衡。瓦尔拉斯均衡需要四个假设，即要求市场的参与者有关于市场的完全信息，假定经济中不存在不确定因素，不存在虚假交易，所有交易都是在市场均衡价格形成时达成，经济系统符合"无剩余条件"。

瓦尔拉斯的这些假设肯定是不切合实际的，在实际的经济生活中不可能有这样一种"拍卖商"，不可能没有不确定性，任何一个交易者都不可能有完全的信息。因此，不可能设想每一次交易都是在均衡价格条件下进行的。

货币主义的"自然失业率"假说学派提出"自然失业率"和"适应性预期"概念，以反对凯恩斯的非充分就业理论。如弗里德曼认为："所谓'自然失业率'是这样一种失业率，它可以根据瓦尔拉斯的全面均衡方程体系计算出来，只要给予这些方程式以劳动力市场和商品市场的现实的结构性的特征，这些特征包括市场不完全性，需求和供给的随机变化，获得有关工作空位和可利用的劳动力的情报的费用，劳动力的流动的费用，等等。"[①] 其实，弗里德曼所说的"自然失业率"就是新古典经济学所说的摩擦性失业和自愿失业。弗里德曼还运用"适应性预期"的定义，对菲利浦斯曲线持否定态度，菲利浦斯曲线所反映的通货膨胀与失业率之间的交替关系，只有在短期内一定条件下才存在，在长期中是根本不能成立

---

① M. 弗里德曼：《货币政策的作用》，载《现代国外经济学论文集》（第一辑），商务印书馆1979年版。

的。由于自然失业率的存在，凯恩斯主义以充分就业为目标的扩张性财政政策和货币政策，不仅不能消除失业，反而因增加货币供应量引起通货膨胀。所以，弗里德曼关于治理失业的政策主要是想发挥市场机制的自发调节作用，依靠降低自然失业率的水平来增加就业。

供给学派的就业观点认为在市场供给与需求的关系中，供给是主要方面；强调自由放任，让市场机制自发调节经济。供给学派关于就业的主要观点是：（1）减税是刺激经济增长和就业扩大化的最重要手段。"税收政策要能有效地影响实际收入，其唯一办法在于改变对供应者的刺激。用改变报酬的方式来使人们喜欢工作胜过闲暇，乐意投资胜于消费，使生产源泉胜过财富的洼坑，并使纳税活动胜过不纳税的活动，这样政府就能直接而有力地促进真正的需求和收入的扩大。这就是供给学派的使命。"① 所以，供给学派认为20世纪70年代至80年代美国经济的主要问题是供给不足。如果降低边际税率，工人就会愿意加班加点，努力工作，即使在生产资源接近充分利用时，通过降低边际税率的减税，也可以增加产量和就业量，而且不会产生严重的通货膨胀。（2）政府庞大的社会福利支出会使失业增加。供给学派具体分析了高福利的危害，在他们看来，高额的失业保险津贴制度实际上鼓励了失业者延长失业时间，并诱使雇主和雇员以加剧临时解雇和失业的方式来组织生产。他们主张经济自由，反对政府的不适当干预；削减社会福利支出中的失业保险津贴，严格规定失业救济的发放条件，停办公共服务就业计划，取消最低工资的规定，充分发挥市场机制的作用。供给学派主张减少政府对经济生活的干预，调整政府干预的内容与作用方向，更多地发挥市场机制的调节作用，鼓励储蓄、投资和工作的积极性，促进经济发展，在一定程度上反映了商品经济的内在规律；同时，肯定了生产对消费的支配作用，继承了资产阶级古典经济学中某些合

---

① 乔治·吉尔德：《财富与贫困》，上海译文出版社1985年版。

理的成分。供给学派从一个极端走向另一个极端，强调增加供给。

二 政府干预就业论

政府干预就业论认为市场调节就业理论强调单纯依靠市场机制实现劳动力供给和需求自动均衡的观点是站不住脚的，现实的就业情况也说明了这一点，仅仅靠市场的自动调节是不能解决好就业问题的，需要国家干预。政府干预就业论强调只有加强政府对就业的干预程度、内容和作用方向上的研究，才更有利于解决就业问题。政府干预就业论就是研究政府调节机制与就业变动之间相关性的理论。其中以凯恩斯为开创人形成的凯恩斯主义关于就业的观点是政府干预就业论的典型代表。

英国经济学家凯恩斯（1883—1946）提出了所谓的"有效需求"理论。他的就业理论主要包括充分就业和有效需求与就业两个方面。充分就业是指仅有市场机制的作用不能实现充分就业，实现充分就业还需有政府的干预；传统就业理论认为充分就业仅限于自愿失业和摩擦性失业之内，而他认为充分就业就是消除了非自愿失业。[①]

有效需求是，"总需求函数与总供给函数相交点之值"，即商品的总供给与总需求达到均衡状态时的需求。（1）总就业决定于总需求。凯恩斯认为总需求增加，总就业则增加，总需求减少，总就业则减少。因为当总需求大于总供给时，这对雇主有利，于是必然扩大生产，使就业人数增加；当总需求小于总供给时，这对雇主不利，于是必然缩小生产、解雇工人使就业人数减少。（2）失业是由于有效需求不足造成的。有效需求包含两方面的内容，即对消费品的需求和对投资物的需求，前者取决于边际消费倾向，后者取决于资本的边际效率和货币利息率；而有效需求最终是由"消费倾向"、"对资本资产未来收益的预期"和"流动偏好"这三个"基本心理因素"与货币数量决定的。凯恩斯认为，正是由于三个基本心理因

---

① 凯恩斯：《就业、利息和货币通论》，商务印书馆1981年版。

素的作用，一方面随着收入的增加，边际消费倾向递减，消费的增加总跟不上收入的增加，引起消费需求不足；另一方面，随着投资的增加，资本边际效率下降，同时由于流动偏好的作用，利息率的下降受到限制，从而吸引资本家投资的诱惑力减弱，造成投资不足，结果是社会经济在未达到充分就业之前就停止增加生产，导致大量失业。因此，政府应当担负起调节社会总需求的责任，运用财政政策和货币政策刺激消费，增加投资，以保证社会有足够的有效需求，实现充分就业。

三　非均衡就业论①

非均衡是相对于瓦尔拉斯均衡而言的，因此，非均衡又被称为非瓦尔拉斯均衡。其主要观点有：名义需求受工资率及其变动的限制，有效需求受产量和收入及其变动的限制；对实际就业率起作用的，并不是受工资率及其变动限制的对劳动力的名义需求（即名义劳动需求），而是受产量和收入及其变动限制的对劳动力的有效需求（即有效劳动需求），但是产量和收入及其变动不是在劳动力市场上决定的，而是由商品市场、劳动力市场以及其他市场共同决定的；非自愿失业是由劳动力市场与其他市场之间缺乏协调机制而造成的，不能通过实际工资率的调整来消除；货币作为经济的传导机制是造成市场脱节的一个重要方面；劳动力市场的非均衡性，即价格刚性的存在，使失业状况更加难以改善。

非均衡就业论把古典、新古典就业理论同凯恩斯就业理论综合在一起，为宏观就业理论提供了一种微观经济学的基础，促进了宏观经济学与微观经济学之间的结合，同时，把市场调节和政府调节两种方式结合在一起进行考察，从而使西方就业理论提到了一个较高的层次。

---

① 厉以宁：《从均衡到非均衡：西方就业理论的发展》，《世界经济》1988 年第 4 期。

第三节　理性选择理论

作为一个重要的社会学理论学派，理性选择理论运用经济学方法研究社会问题，成为社会学最为重要的理论成果之一。理性选择理论既继承了古典经济学家亚当·斯密提出的"经济人"概念，又与经济学的经济理性不同。理性选择理论中的"理性"强调为最大限度地获得效益而进行有目的性、有意图的行动，其基本假设是"理性人"假设。自理性选择理论提出以来，经过不断修正与扩充，已经被运用到社会生活的各个方面。[1] 国内学者近十年也将理性选择理论引入对中国诸多社会现象研究分析领域，如农民工流动、人口迁移、村庄兼并与乡村社区重建、集体行动、生育行为、大学生宗教信仰以及大学生考研等，并取得了不错的效果。[2] 理性选择理论主要包括理性选择制度主义和有限理性。

一　理性选择制度主义

理性选择制度主义是新制度主义的分析流派[3]，它把理性选择理论和新制度主义经济学结合起来，考察行动者如何在制度的限制和约束下追求自身最大利益。理性选择制度主义的基本假设主要包括以下三个方面：第一，个体是政治过程的核心行动者，个体展开理性行动的目标是个人效用最大化；第二，制度是形塑着个体行为

① 岳昌君：《中国高等教育与劳动力市场研究综述》，载《2004 年中国教育经济学学术年会论文——北京大学论文集》2004 年第 7 期。

② 周长城：《理性选择理论：社会学研究的新视野》，《社会科学战线》1997 年第 4 期。

丘海雄、张应祥：《理性选择理论述评》，《中山大学学报》（社会科学版）1998 年第 1 期。

杨善华：《当代西方社会学理论》，北京大学出版社 2004 年版。

［德］韦伯：《经济与社会》，商务印书馆 1997 年版。

③ John L. Campbell, *Insititutional Change and Globalization*, UK：Princeton University Press，2004.

的规则集合体；第三，个体对于制度（约束或激励）能够作出理性的反应，并且大多数个体都会以同样的方式对制度作出反应。[①] 根据盖伊·彼得斯的分析，理性选择制度主义又可分为若干分支。其中一个分支是印第安纳学派，以 2009 年获得诺贝尔经济学奖的美国学者奥斯特罗姆（Ostrom E.）为代表，她的模型特别适用于分析公共政策。奥斯特罗姆引入了行动舞台、行动情境、行动者等概念建立了分析框架。"制度分析和发展框架的一部分是确认行动舞台、相互作用形成的模式和结果，并对该结果进行评估"，他们聚焦于制度规则如何改变受物质自利推动的特别理性的个人行为。[②] 根据奥斯特罗姆的分析框架，我们可以做如下相应分析：第一，从微观上分析具体制度安排下行动者特有的相互作用模式；第二，分析这种相互作用模式的结果；第三，通过评估这种作用模式的结果来评价这种具体的制度安排；第四，可以分析行动者如何通过行为来改变制度安排。

因此，利用理性选择制度主义来分析免费师范生就业流向可以获得一些深刻的见解。国家根据农村教育发展现状、东西部经济发展不均衡现状、教育制度、中西部地区基础教育师资水平等因素制定师范生免费教育政策。在政策系统的行动舞台中，行动舞台与制度之间是互动的关系，形成相互作用模式，产生行动结果，行动舞台中的行动者会对政策进行反馈与评价，从而实现制度互动。

二　有限理性

有限理性（bounded rationality），是经济行为主体通过其现实的经济行为所表现出来的理性，由于人们面临的是一个复杂的、不确定的、信息不完全的世界，并且人们对所生存环境的认知能力和计算能力是有限的，所以人的行为尽管是有意识的理性行为，但这种

---

① 彼得斯·G.：《理性选择理论与制度理论》，何俊志等编译，载《新制度主义政治学译文精选》，天津人民出版社 2007 年版。

② 朱华：《浅析埃莉诺·奥斯特罗姆的制度理性选择框架》，《科教文汇》2009 年第 2 期。

理性又是有限的。这是阿罗对有限理性概念早期的认识（Arrow，1951）。也就是说，由于外界环境的不确定性，作为个体认知来说其行为已经是"理性"的，但是作为经济学逻辑所要求的假设，这种"理性"是有限的。

有限理性是从经济理性或完全理性概念演绎而来。在经济理论中，经济理性包含自利性假设、一致性假设、极大化原则三个基本条件。理性决策者是深思熟虑并回答如下三个问题而后行为：（1）什么是可行的？（2）什么是想要的？（3）给定可行性约束，根据愿望，什么是最好的方案？根据著名的 Savage 公理，满足如下三个条件的决策被认为是完全理性决策：（1）选择及给定；（2）每种选择结果的主观概率分布已知；（3）给定效用函数使期望值最大化。广义的有限理性可以理解为，偏离了以上三个条件中的一个或者一个以上的行为模式。

西蒙对有限理性决策做了开创性工作，在其 1955 年的论文中提出了有限理性的重要思想，为人们认识组织打开了一扇面向阳光的窗户。西蒙深刻指出新古典经济学理论两个不现实的前提：（1）假定目前状况与未来变化具有必然的一致性；（2）假定全部可供选择的"备选方案"和"策略"的可能结果都是已知的。这种不现实直接导致整个新古典经济学和以此为基础的管理学理论失去了前提性基础。西蒙提出以有限理性的管理人代替完全理性的经济人。两者的差别在于：经济人寻求最优，从可为他所用的一切备选方案当中，择其最优者。管理人寻求满意，寻求一个令人满意的或足够好的行动程序（Simon，1955）。西蒙的有限理性和满意准则这两个命题纠正了传统的理性选择理论的偏激，拉近了理论与现实生活的距离。

理性人不仅追求经济利益最大化，还要追求社会效益最大化。理性人在理性行为过程中需要理性地考虑对其目的有影响的各种因素，而且其中多种因素是相互制约的。因此，理性人只能在众多因素的权衡中寻求一个"满意解"，无法达到最优。

本书论及的有限理性作为本书展开的前提假设，主要是指由于免费师范生就业面临着一个复杂的、不确定的、信息不完全的教育环境，并且对所生存环境的认知能力和计算能力是有限的，所以他们的就业尽管是有意识的理性行为，但这种理性又是有限的。

第四节　社会资本理论

20 世纪 70 年代以来，经济学、社会学、行为组织理论以及政治学等多个学科都不约而同地开始关注社会资本（Social Capital）。[1]

现代经济学和社会学意义上的社会资本概念的首次提出是在 20 世纪 70 年代后期，但是首次对社会资本进行系统研究和阐述的则是 1980 年法国社会学家皮埃尔·布尔迪厄（P. Bourdieu），他在其《社会资本随笔》（发表于《社会科学研究》杂志）的短文中将社会资本定义为：社会资本是资本的三种形态之一[2]，是一种通过对体制化关系网络的持久占有而获取的实际或潜在的资源集合体。布尔迪厄关注的也是社会资本的工具性，强调个人通过参与团体活动不断增加的收益以及为了创造这种资源而对社会能力的精心构建。[3]他把资本划分为三种类型：经济资本、文化资本和社会资本，并集中研究了资本之间的区分及相互作用，认为资本之间可以相互转换。布尔迪厄提出，所谓社会资本就是"实际的或潜在的资源的集合体，那些资源是同对某些持久的网络的占有密不可分的。这一网络是大家共同熟悉的、得到公认的，而且是一种体制化的网络，这一网络是同某团体的会员制相联系的，它从集体性拥有资本的角度为每个会员提供支持，提供为他们赢得声望的凭证"。社会资本以

---

① 庄洁：《"社会资本"理论研究综述》，《发展论坛》2003 年第 1 期。

② 布尔迪厄定义的三大资本形态分别是经济资本、文化资本和社会资本。

③ 卜长莉：《布尔迪厄对社会资本理论的先驱性研究》，《学习与探索》2004 年第 6 期。

关系网络的形式存在，而对于声望则可以有各种各样的理解。① 虽
然布尔迪厄早在1980年就提出了社会资本概念，但是美国著名的社
会资本理论大师科尔曼在1988年写作的《社会资本在创建人力资
本过程中作用》一文时，自始至终都没有引用过布尔迪厄的任何观
点和思想，难怪人们谈论社会资本时必称科尔曼。按照社会资本的
功能，科尔曼认为，社会资本是"个人拥有的社会结构资源"；"和
其他形式的资本一样，社会资本也是生产性的，可以使某些特定的
目的的实现成为可能，而且在缺乏社会资本时，这些目的将不可能
实现或者实现的代价非常昂贵"；"与其他形式的资本不同的是，社
会资本内嵌于人与人之间的社会关系结构中"②，但是能够为结构中
的个体行动提供方便。科尔曼认为，社会资本的表现形式最起码包
括了如下几类：义务、期望和信任结构、信息渠道、规范和有效约
束等。詹姆斯·科尔曼（James Coleman，1999）认为，社会资本研
究的目的就在于通过社会资本来研究社会结构，他以微观和宏观的
联结为切入点对社会资本做了较系统的研究。科尔曼指出，"蕴含
某些行动者利益的事件，部分或全部处于其他行动者的控制之下。
行动者为了实现自身利益，相互进行各种交换。其结果是，形成了
持续存在的社会关系"，"这些社会关系不仅被视为社会结构的组成
部分，而且是一种社会资源"。社会资本是与物质资本和人力资本
相并存的，每个人生来就具有这三种资本。其中物质资本是有形
的，社会资本和人力资本是无形的，它们三者之间可以相互转换。
社会资本的形式有义务与期望、信息网络、规范与有效惩罚、权威

① 庄洁：《"社会资本"理论研究综述》，《发展论坛》2003年第1期。
　张广利、桂勇：《社会资本：渊源·理论·局限》，《河北学刊》2003年第3期。
　王晓明：《社会资本理论发展演化的探析》，《生产力研究》2005年第6期。
　布尔迪厄：《文化资本与社会炼金术》，上海人民出版社1997年版。
　刘少杰：《后现代西方社会学理论》，社会科学文献出版社2002年版。
② Coleman, James S., "Social Capital in the Creation of Human Capital", *American Journal of Sociology*, 1988, 94：S95 – S120.

关系、多功能社会组织和有意创建的组织等。①

　　与布尔迪厄和科尔曼的社会资本的概念的定义角度不同，美国另外一个社会学家罗伯特·普特南（Robert Putnam）则从宏观层面将社会资本从个人层面上升到集体层面，他在科尔曼的研究基础上，把社会资本引入政治学研究中，从自愿群体的参与程度角度来研究社会资本。他的概念主要集中在1993年发表的《让民主政治运作起来：现代意大利的公民传统》以及1995年发表的《孤独的投掷手：美国下降的社会资本》两篇文章中。他认为："与物质资本和人力资本相比，社会资本指的是社会组织的特性，例如信任、网络和规范等。他们能够通过推行协调和合作行动来提高社会效率，社会资本可以提高投资于物质资本和人力资本的收益。"② 普特南还认为，长期民众对本地的社会经济和政治生活的参与，使社会资本逐渐演变成一种能够使人们互相信赖并恩恩相报的经济资源，人们为了共同的利益而相互合作。社会资本是经济发展的先决条件，社会资本的强弱将直接决定经济发展水平的差异。③ 普特南强调，如果认识到充分资本是重要的，那么他的重心不应该放在增加个人的机会上，而必须把注意力放在社群发展上，为各种社会组织的存在留下空间。因此，在普特南那里，社会资本是一种团体的甚至国家的财产，而不是个人的财产。④

　　继布尔迪厄、科尔曼和普特南从集体活动或团体关系角度研究之后，林南开始从个体行动的立场出发研究社会资本。林南（2005）通过对社会网络的研究提出了社会资源理论，并在此基础上提出了社会资本理论。他将资源分为个人资源和社会资源。个人

　　① ［美］詹姆斯·科尔曼：《社会理论的基础》，社会科学文献出版社1999年版。庄洁：《"社会资本"理论研究综述》，《发展论坛》2003年第1期。
　　② Putnam, Robert D., "The Prosperous Community ：Social Capital and Public Life", *The American Prospect*, 1993, 13：35 – 42.
　　③ 黄进：《社会资本：经济学与社会学的对话》，《天府新论》2005年第1期。
　　④ 孙祥：《大学生就业区域流向及其引导策略研究》，博士学位论文，合肥工业大学，2010年。

资源指个人拥有的财富、器具、自然禀赋、体魄、知识、地位等可以为个人支配的资源；社会资源指那些嵌入于个人社会关系网络中的资源，如权力、财富、声望等，这种资源存在于人与人之间的关系之中，必须与他人发生交往才能获得。社会资源的利用是个人实现其目标的有效途径，个人资源又在很大程度上影响着他所能获得的社会资源。林南（1999）在社会资源理论的基础上又提出了社会资本理论。他在定义社会资本时强调了社会资本的先在性，它存在于一定的社会结构之中，人们必须遵循其中的规则才能获得行动所需的社会资本，同时该定义也说明了人的行动的能动性，人通过有目的的行动可以获得社会资本，社会资源仅仅与社会网络相联系，而社会资本是从社会网络中动员了的社会资源。林南认为，社会资本是"投资在社会关系中并希望在市场上得到回报的一种资源，是一种镶嵌在社会结构之中并且可以通过有目的的行动来获得或流动的资源"。①

　　真正在中国提出并具体研究社会资本的是中国社会科学院社会学所的张其仔博士。他在其专著《社会资本论：社会资本与经济增长》中，将社会资本定义为社会网络，认为社会资本的存在和产生是由于行动者的外部影响的存在而产生的。"从功能角度看，社会资本是一种将行动者的外部影响内部化的社会资源；从结构的角度看，社会资本为结构内的行动者提供便利的资源，包括规范、信任和网络等形式。"张其仔（1997，2001）结合了经济学、社会学和人类学的研究成果，把社会网络视为一种重要的人与人之间的关系，同时，他把社会网络资源视为资源的一种重要方式，力图建立一个分析社会网络的规范体系。"在新自由主义经济学中虽然已经出现了社会资本的影子，但是在经济学家的视野中只存在两种配置

---

① 吴江、黄晶：《社会资本理论剖析》，《理论学刊》2004 年第 5 期。
　　林南：《社会资本——关于社会行动与结构的理论》，上海人民出版社 2005 年版。
　　Lin Nan，"Social Networks and Status Attainment"，*Annual Review of Sociology Palo Alto*，1999（25）：467 - 488.

资源的形式：市场和等级结构。人类学家和社会学家发现，除市场和等级之外还有第三种资源的配置机制：社会网络。"可以看出他将社会资本简单定义为社会网络关系。① 但是社会资本不仅仅是社会网络关系，正如李惠斌、杨雪冬（2000）在《社会资本与社会发展》一书中所说，"张其仔第一次在国内系统地研究了社会资本理论，并对社会资本与经济效益的关系做了比较成功的量化研究。但是，社会资本的含义不仅限于社会网络，社会资本不仅与经济发展有关，而且对社会各方面的发展都具有十分重要的意义。他无疑忽视了制度、规范、信任以及社会道德等因素在社会资本概念中的重要影响"。②

在对社会资本功能的研究中，许多中国学者对"弱关系理论"进行分析和实证研究，但是很多人得到与"弱关系力量"相反的结果。费孝通老先生早在 20 世纪 40 年代研究中国社会结构的时候，就论述了中国社会结构的差序格局，他指出中国人的社会关系"像水的波纹一般，一圈圈推出去，愈推愈远，也愈推愈薄"，"在差序格局中，社会关系是逐渐从一个一个人推出去的，是私人联系的增加，社会范围是一根根私人联系所构成的网络"。③ 他描述的实际上就是强关系问题，但他只是对现象的描述，没有进行深入的论证。

边燕杰（2000）主要关注社会资本功能方面的研究。他认为，"社会资本是个人通过社会联系摄取稀缺资源并由此获益的能力"。边燕杰在《社会网络与求职过程》中认为，在伦理本位的中国社会条件下，信息的传递往往是人情关系的结果而不是原因。他认为人情关系对求职信息的传达和求职结果的影响是由"义务问题"和"信任问题"决定的。而且他还指出在义务问题上，"人情的实质是情意、实惠的交换，强关系往往表明这种交换已经在主客双方长久存在，相互欠情、补情的心理，使得有能力提供帮助的人尽力在对

---

① 张其仔：《社会资本论：社会资本与经济增长》，社会科学文献出版社 2002 年版。
② 李惠斌、杨雪冬：《社会资本与社会发展》，社会科学文献出版社 2000 年版。
③ 费孝通：《乡土中国、生育制度》，北京大学出版社 1998 年版。

方请求下提供帮助"；在信任问题上，"人情关系的交换是违背正式组织原则的，但如果是强关系，主客双方的信任度提高，就能降低由'东窗事发'所引来的不必要的麻烦"。[①] 这样的理论分析加上他之后的实证研究都说明：求职者经常通过强关系而非弱关系寻求工作渠道；直接和间接关系都用来获取来自分配工作的实权人物的帮助；求职者和最终帮助者与中间人双方都是强关系而非弱关系，中间人与求职者和最终帮助者的关系越熟，则最终帮助者的资源背景越高，对求职者的工作安排也越有利；求职者使用间接关系比直接关系更可能得到较好的工作。其他学者如阮丹青、张其仔等也都证实了这一点，中国的关系网络不同于西方，"弱关系力量"的假设在中国不成立，不管在搜寻、获得就业信息方面还是获取就业机会方面，强关系的力量都更大。从强调人们对资源的占有转变成强调人们对资源的摄取能力。

郑洁（2005）在学位论文《家庭背景、社会资本与大学生就业——关于中国的实证研究》中用家庭社会经济地位，包括父母的受教育水平、父母的职业和家庭收入几个关键性指标来描述探讨家庭背景的不同影响大学生的社会资本存量，进而对大学生就业产生影响。[②]

郑会霞（2006）在学位论文《社会资本对就业的影响——对郑州市2005届大学毕业生的调查分析》中认为，大学生的社会资本有组织社会资本、关系社会资本、专业社会资本、公共社会资本。所以，她用家庭社会经济这一指标仅仅分析了个体的家庭背景对其关系社会资本（父母、亲属等）的影响，即分析的是先赋型的社会资本在大学生就业中的作用。[③]

---

① 边燕杰、丘海雄：《企业的社会资本及其功效》，中国社会科学出版社2002年版。
② 郑洁：《家庭背景、社会资本与大学生就业——关于中国的实证研究》，硕士学位论文，北京师范大学，2005年。
③ 郑会霞：《社会资本对就业的影响——对郑州市2005届大学毕业生的调查分析》，硕士学位论文，郑州大学，2006年。

　　而经济学家波茨则干脆将社会资本定义为："处于社会网络或更广泛的社会结构中的个人动员稀有资源的能力。获取（社会资本）的能力不是个人固有的，而是个人与他人关系中包含着的一种资产。社会资本是嵌入的结果。"① 波茨把个人在社会网络中的嵌入区分为理性嵌入和结构性嵌入。波茨认为，"这二者都是借助于人们对约束因素的恐惧来推行，它们的存在形成了两种不同的社会网络，构成了两类社会资本：由双方互惠预期调节、以个体自我为中心的社会资本和由可强制推行的信任约束的、受更宏观社会结构影响的社会资本"。

　　目前，对于社会资本，人们大多是从以下几个方面来加以理解：（1）社会资本是一种无形资源，它属于社会资源中符号化的意义体系（如权力、社会地位、威望、信任等），它对任何人或者任何组织来说都是一笔巨大的无形资产。（2）社会资本与物质资本、人力资本相比较，在使用上可以达到互惠效果，具有相对封闭性和可再生性，其作用的发挥是直接通过不同主体的合作来实现的。（3）社会资本的拥有主体可以是个人、组织（如企业、事业单位）、社会甚至一个国家，不同层次的主体拥有不同的社会资本。（4）个体在社会化过程中拥有的一部分社会资本是通过其父辈等承继的，而大多数是其自致谋得的。认同感、价值观是社会资本形成的自生性要素，法律、制度及规范以及社会的惩罚能力是社会资本形成的外生性要素。（5）社会资本是一种和谐的社会关系网络，对外而言，其拥有主体可以运用它来获取稀缺资源，提高发展能力；对内而言，其拥有者可以运用它来减少内耗、降低交易成本，提高整体运行效率，从而使构成网络的共同体利益最大化。

　　在大学生就业流向问题上，徐晓军（2002）结合人力资本和社会资本分析了大学生的就业机制，对两类资本在不同学历层次上对

---

① Alejandro Portes，"The Social Origins of the Cuban Enclave Economy of Miami"，*Sociology Prospect*，1987（30）：340 - 372.

就业贡献率的变化做出了理论的阐释；并指出社会资本在大学毕业生的求职过程中发挥作用的空间将越来越大，但是他的研究没有给出经验数据的证明。[①] 沈悦萍（2003）直接讨论了社会资本与大学生就业的问题，指出随着市场经济不断深入、就业体制的不断推进，社会资本即毕业生拥有的社会网络、信息网络在大学生求职就业的过程中发挥出越来越明显的作用，但也只停留在理论的讨论中。[②] 丁小浩（2003）讨论了人力资本和社会关系网络对高校毕业生找工作的影响，文中以学习成绩、工作能力、性别、所学专业、学历层次等反映人力资本的维度；以党员、干部、家庭背景、社会关系、送礼买人情、户口和用人指标等反映社会关系网络的维度。利用北京大学"高等教育规模扩展与劳动力市场"课题组数据得到这样的结论：处于"强势"的毕业生所感受到的人力资本比社会关系网络的相对重要性强于"弱势"毕业生群体。[③]

第五节 需求层次理论

需求层次理论亦称"基本需求层次理论"，是行为科学的理论之一，由美国心理学家亚伯拉罕·马斯洛提出。马斯洛需求层次理论的建立基于以下四个假设：①已经满足的需求，不再是激励因素。人们总是在力图满足某种需求，一旦一种需求得到满足，就会有另一种需求取而代之。②大多数人的需求结构很复杂，无论何时都有许多需求影响行为。③一般来说，只有在较低层次的需求得到满足之后，较高层次的需求才会有足够的活力驱动行为。④满足较

---

① 徐晓军：《大学生就业过程中的双重机制：人力资本和社会资本》，《青年研究》2002 年第 6 期。

② 沈悦萍：《论社会资本与大学生就业》，《煤炭高等教育》2003 年第 6 期。

③ 丁小浩：《人力资本与社会关系网络对高校毕业生工作找寻的影响》，《北大教育经济研究》（电子季刊）2003 年第 3 期。

高层次需求的途径多于满足较低层次需求的途径。①

马斯洛把需求分成生理需求、安全需求、社交需求、尊重需求和自我实现需求五类，依次由较低层次到较高层次说明。

（1）生理需求：对食物、水、空气和住房等需求都是生理需求，这类需求的级别最低，人们在转向较高层次的需求之前，总是尽力满足这类需求。一个人在饥饿时不会对其他任何事物感兴趣，他的主要动力是得到食物。即使在今天，还有许多人不能满足这些基本的生理需求。管理人员应该明白，如果员工还在为生理需求而忙碌时，他们所真正关心的问题就与他们所做的工作无关。当努力用满足这类需求来激励下属时，我们是基于这种假设，即人们为报酬而工作，主要包括收入、舒适等，所以激励时试图利用增加工资、改善劳动条件、给予更多的业余时间和工间休息、提高福利待遇等来激励员工。

（2）安全需求：安全需求包括对人身安全、生活稳定以及免遭痛苦、威胁或疾病等的需求。和生理需求一样，同样属于低级别的需求，在安全需求没有得到满足之前，人们唯一关心的就是这种需求。对许多员工而言，安全需求表现为安全而稳定以及有医疗保险、失业保险和退休福利等。受安全需求激励的人，在评估职业时，主要把它看作不致失去基本需求满足的保障。如果管理人员认为对员工来说安全需求最重要，他们就在管理中着重利用这种需要，强调规章制度、职业保障、福利待遇，并保护员工不致失业。如果员工对安全需求非常强烈时，管理者在处理问题时就不应标新立异，并应该避免或反对冒险，员工将循规蹈矩地完成工作。

（3）社交需求：社交需求包括对友谊、爱情以及隶属关系的需求，属于较高层次的需求。当生理需求和安全需求得到满足后，社交需求就会凸显出来，进而产生激励作用。在马斯洛需求层次中，

---

① 马斯洛：《马斯洛人本哲学》，九州出版社 2003 年版。

这一层次是与前两个层次截然不同的另一层次。这些需求如果得不到满足，就会影响员工的精神，导致高缺勤率、低生产率、对工作不满及情绪低落。管理者必须意识到，当社交需求成为主要的激励源时，工作被人们视为寻找和建立温馨和谐人际关系的机会，能够提供同事间社交往来机会的职业会受到重视。管理者感到下属努力追求满足这类需求时，通常会采取支持与赞许的态度，十分强调能为共事的人所接受，开展有组织的体育比赛和集体聚会等业务活动，并且遵从集体行为规范。

（4）尊重需求：尊重需求属于较高层次的需求，既包括对成就或自我价值的个人感觉，也包括他人对自己的认可与尊重。有尊重需求的人希望别人按照他们的实际形象来接受他们，并认为他们有能力，能胜任工作。他们关心的是成就、名声、地位和晋升机会。这是由于别人认识到他们的才能而得到的。当他们得到这些时，不仅赢得了人们的尊重，同时就其内心因对自己价值的满足而充满自信。不能满足这类需求，就会使他们感到沮丧。如果别人给予的荣誉不是根据其真才实学，而是徒有虚名，也会对他们的心理构成威胁。在激励员工时应特别注意有尊重需求的管理人员，应采取公开奖励和表扬的方式。布置工作时要特别强调工作的艰巨性以及成功所需要的高超技巧等。颁发荣誉奖章、在公司的刊物上发表表扬文章、公布优秀员工光荣榜等方法都可以提高人们对自己工作的自豪感。

（5）自我实现需求：自我实现需求的目标是自我实现，或是发挥潜能。这是最高层次的需求，是针对真善美至高人生境界获得的需求，具体包括认知、审美、创造、发挥潜能的需要等，在前面各低层次四项需求都能满足时，最高层次的需求方能相继产生，是一种衍生性需求。达到自我实现境界的人，接受自己也接受他人。解决问题能力增强，自觉性提高，善于独立处事，要求不受打扰地独处。当然自我实现的人可能过分关注这种最高层次的需求的满足，以至于自觉或不自觉地放弃满足较低层次的需求。达到自我实现需求点支配地位的人，会受到激励在工作中运用最富于创造性和建设性的技巧。重视这种需求的管理者会认识到，无论哪种工作都可以进行创新，创造性并非管理人员独有，而是每个人都期望拥有的。为了使工作有意义，强调自我实现的管理者，会在设计工作时考虑运用适应复杂情况的策略，会给身怀绝技的人委派特别任务以施展其才华，或者在设计工作程序和制订执行计划时为员工群体留有余地。

马斯洛的需求层次理论，在一定程度上反映了人类行为和心理活动的共同规律。在马斯洛看来，人类价值体系存在两类不同的需要：一类是沿生物谱系上升方向逐渐变弱的本能或冲动，称为低级需要和生理需要；另一类是随生物进化而逐渐显现的潜能或需要，称为高级需要。人都潜藏着这五种不同层次的需要，但在不同的时期表现出来的各种需要的迫切程度是不同的。人的最迫切的需要才是激励人行动的主要原因和动力。人的需要是从外部得来的满足逐渐向内在得到的满足转化。低层次的需要基本得到满足以后，它的激励作用就会降低，其优势地位将不再保持下去，高层次的需要会取代它成为推动行为的主要原因。有的需要一经满足，便不能成为激发人们行为的起因，于是被其他需要取而代之。高层次的需要比低层次的需要具有更大的价值。热情是由高层次的需要激发。人的最高需要即自我实现，就是以最有效和最完整的方式表现他自己的潜力，唯此才能使人得到高峰体验。[①] 从需求层次理论看，当免费师范生的基本就业都能得到保障时，免费师范生的就业就向更高层次的需求发展，这就可以解释影响免费师范生就业流向的因素和成因。

[①] 刘敏：《基于马斯洛需要层次理论的人力资源战略》，《大众科技》2005 年第 12 期。

严乐：《马斯洛需要层次理论对调动职工积极性的启示》，《社会科学动态》2000 年第 11 期。

第三章　免费师范生就业的历史考察

> "历史"并不是把人当作达到自己目的的工具来利用的某种特殊人格。历史不过是追求着自己目的的人的活动而已。①
>
> ——马克思

　　师范生免费教育政策已经实施 10 年，已经有了六届毕业生，通过就业基本能反映出政策绩效。因此，对就业的研究是政策研究中的重要内容，从就业的角度来分析政策的目标越来越多，因为免费师范生最终会落实在就业的效果，通过就业以后的预期来评估政策的实效，就业流向就是一个非常重要的方面，就业流向反映了政策目标的达成度。那么，历史上师范生免费教育政策的实施成效如何，当时政策是如何对就业流向进行规定的呢？从历史的角度分析就业就显得尤为重要。"无古不成今"，从历史的角度审视师范生免费教育政策的就业很有必要，因为师范生免费教育政策的实施，并不是一段无根无由的"新历史"，正如费孝通所说："任何变迁过程必定是一种综合体，那就是：他过去的经验、他对目前形势的了解以及他对未来结果的期望。"② 从历史的变迁中是最能发现事物的本质及规律的。就如著名历史学家汤因比指出的："人类的生活是生活在时间的深度上的，现在的行动的发生不仅在预示将来，而且也根据了过去。如果你随意忽视过去，不去思考甚或反思过去，那么

---

① 《马克思恩格斯选集》（第二卷），人民出版社 1995 年版。
② 费孝通：《江村经济——中国农民的生活》，商务印书馆 2004 年版。

你就妨碍自己在现在去采取有理智的行动。"① 同样，杜威在《民主主义与教育》中同样有这样一段意味深长的话："过去的事情让它过去，不再是我们的事情了。如果过去的事情全都过去，一切完了，那么对待过去只有一个合理的态度。让死亡埋葬它们的死者吧。但是，关于过去的知识是了解现在的钥匙。历史叙述过去，但是这个过去乃是现在的历史。"② 费孝通、汤因比和杜威的这些话，深刻地揭示了认识、研究历史的意义与价值。在当前我国教育改革和教师教育转型的背景下，实事求是地研究、评析我国师范生免费教育政策和就业规定的历史发展脉络，探索师范教育改革的历史经验及其背后的深层原因，不仅仅是认识历史的需要，更对当今我国师范生免费教育政策的顺利推进具有重要的借鉴与启发意义。

第一节　我国师范生免费教育的起源及就业

教师工作是一项有着悠久历史的职业，它是伴随教育的产生而产生的，对人类文明的传承和知识的生产意义重大，我国和世界历史上都出现了十分著名的教育家，他们培养了很多弟子，例如，我国的教育家孔子，古希腊的教育家苏格拉底等。但是作为专门培养教师的机构——师范教育的出现时间并不长，只有 300 多年时间，大规模培养教师的师范教育源于现代社会——工业革命出现以后。因此，现代意义上的师范教育萌芽于欧洲，是近代文明的必然产物。世界上最早的师范教育机构是 1684 年法国拉萨尔在兰斯（Rheims）创办的教师训练机构和 1696 年德国法兰克在哈雷（Halle）创办的教员养成所，它们是私立性质的师资训练机构，是近代的师范教育雏形。世界上最早的公立师范教育机构当属法国的

---

① 田汝康、金重远：《现代西方史学流派文选》，上海人民出版社 1982 年版。
② ［美］杜威：《民主主义与教育》，王承绪译，人民教育出版社 1990 年版。

巴黎师范学校。1789 年法国爆发了大革命，1795 年 1 月正式成立巴黎师范学校，1810 年在原巴黎师范学校基础上成立高等师范学校，1845 年改为巴黎高等师范学校。

作为跟师范教育发展紧密相连的师范生免费教育，是随着师范教育的产生和发展而形成的，是近代普及义务教育的产物。工业革命后，社会化大机器生产代替了个体手工劳动，这要求数以百万计的生产者有文化、能够懂得机器和正确地使用机器。要提高劳动者素质必须通过发展教育来实现，发展教育必须要有合格的教师，师资培养就成了这一时期的重要话题。新的社会条件对劳动者提出了懂得初步的读、写、算知识的要求，于是普及初等教育的思想应运而生。① 于是，在最早实行工业革命的欧洲发达国家和地区，普及义务教育的口号被提出，而普及义务教育需要有充足、合格的师资作保障。于是，19 世纪七八十年代，西方许多国家颁布法令设置师范学校，近代的师范教育随之制度化、系统化，专门培养师资的独立的师范教育体系产生了。但是，由于历史上西方国家教师的待遇和地位低下，人们选择师范教育的意愿不强。为了吸引合格学生报考师范学校，并确保其毕业后服务于义务教育，师范生免费待遇和履行服务相结合的师范生免费教育产生了。师范生免费教育作为一种特殊的待遇吸引了寒门学生免费接受师范教育，并履行教师职责以满足普及义务教育对师资的需求。因此，师范生免费教育的实施对西方资本主义国家义务教育的普及有着重要的意义。

在中国，现代意义上的师范教育萌芽于甲午战争之后的戊戌变法时期，清末有识之士基于对师范教育的重要地位与巨大作用的认识，提出师范教育是"群学之基"② 和"教育造端之地"③，"为国家担负培养次代国民的责任"④，师范教育"直接关涉青年学生之全

---

① 袁锐锷：《世界师范教育的过去和未来》，《教师教育研究》1997 年第 1 期。
② 梁启超：《变法通义·学校总论》，载《饮冰室合集》，中华书局 1989 年版。
③ 张之洞：《创建三江师范学堂折》，河北人民出版社 1998 年版。
④ 乐嗣炳、程佰群校订：《近代中国教育实况》，上海世界书局 1935 年版。

整的生活，间接影响民族生命之前途"①，"师范教育影响及于一切
教育，教育的建设必以师范教育为基础"，"师范教育是配合政治的
工具，国家民族的动态是系于师范教育的动力"② 等观点与主张。
在诸多的倡言师范教育的有识之士之中，最著名的就是资产阶级维
新派的代表人物梁启超。在《变法通义·师范论》一文中，他系统
论述了中国师范教育存在的诸多问题，形成了较为完整的师范教育
思想，代表了当时中国教育思想领域对师范教育认识的最高水平。
他认为"中国之衰弱，由于教之未善。……亡而存之，废而举之，
愚而智之，弱而强之，条理万端，皆归本于学校。"③ 他以"开民
智"对教师素质的要求为准绳，对那时候中国教师的现状进行了分
析，即认定只有广兴学校，大育人才以开民智，才能使国家强大，
摆脱民族危机。从这一必须普遍设学以"开民智"的基本要求出
发，他较全面地论述了在中国兴办师范教育的迫切需要和意义。他
批评当时中国"师范不立"，没有专门培养师资的学校，那些书院
山长、蒙馆学究，十有八九都是"六艺未卒业，四史未上口，五洲
之勿知，八星之勿辩者"，如果让这样的人去担负"开民智"的重
任，结果必然是"欲开民智而适以愚之，欲使民强而适以弱之
也"。④ 同时，他也不无偏颇地认为以洋务派所办的同文馆、水师学
堂等所请的洋教员都不过是一些滥竽充数之辈，在他看来，以这样
的洋教习去"开民智"，实际上是，"驱人而焚毁诗书，阁束传记，
率天下士而为一至粗极陋之西人。夫国家岁费巨万之帑，而养无量
数至粗极陋之西人，果何取也?"⑤ 他认为，主要依靠请外国教习的
做法不可行。正是在此基础上，梁启超认定兴办师范教育是中国近
代教育完成"开民智"任务的前提和关键，指出了在中国近代教育

　　① 常导直：《师范教育论》，北平和济书局1933年版。
　　② 张达善：《师范教育的理论与实际》，商务印书馆1946年版。
　　③ 同上。
　　④ 同上。
　　⑤ 璩鑫圭、童富勇：《中国近代教育史资料汇编·教育思想》，上海教育出版社
1997年版。

发展中建立师范教育的重要而不可替代的意义。他说："故欲革旧习，兴智学，必以立师范学堂为第一要义。"① 因此，他认为在我国必须要大力发展师范教育。

在全面论述发展师范教育的意义的基础上，梁启超认为进行师范生免费教育是发展师范教育的重要举措。"今国家而不欲自强则已，苟欲自强，则悠悠万事，惟此（指筹措教育经费）为大，虽百举未遑，犹先图之。吾闻泰西诸大国学校之费，其多者八千七百余万，其少亦八百万；日本区区三岛，而每年所费，亦至八九百万。"② 这一思想也成为师范生免费教育制度的思想基础和来源。梁启超有感于英、法、德、俄、美、日等发达国家充足的教育经费对教育发展的重要性，更感于中日甲午战争失败的沉痛教训，他指出，假如中国能早一点拿出甲午战争的战败赔款二万万两白银的百分之一二用于兴学育才，二十年间人才大成，那么，甲午战争便不至于落得如此惨痛的结局。所以，只看到敌人的坚船利炮，而看不到其所以有坚船利炮的原因，只不惜重金以治海军，而舍不得拿出薄金以营学校，如此便是知末不知本，治末不治本，最终必是一无所成。"前事不忘，后事之师。及今不图，恐他日之患，其数倍于今之所谓二万万者，未有已时。"③

教育理念引导教育实践。在当时师范教育理念和思想影响之下，直接借鉴日本的师范生免费教育做法，间接学习德、法的师范教育制度，中国的第一所师范学校——"南洋公学师范院"于 1897 年创立，对学生实行免费教育。

1896 年年末，盛宣怀依据自己"人才之盛皆由于学堂"的思想，从所管辖的轮船招商局和电报局中，商准股东拨银十万两，以自己为督办，以何嗣为总理，以张焕纶为总教习，禀明两江总督刘

---

① 璩鑫圭、童富勇：《中国近代教育史资料汇编·教育思想》，上海教育出版社1997 年版。
② 梁启超：《变法通义·学校总论》，载《饮冰室合集》，中华书局 1989 年版。
③ 同上。

坤一在上海筹建南洋公学。盛宣怀（1844—1916），江苏武进人，字杏荪，号愚斋，晚年号止叟，是洋务派的核心人物、洋务运动的骨干分子，尤其是洋务经济活动的实际操办者。按照盛宣怀的设计，南洋公学主要包括中院（二等学堂）和上院（头等学堂），公学所教"以通达中国经史大义厚植根柢为基础，以西国政治家日本法部文部为指归，略仿法国国政学堂之意"，最终让学生"在公学始终卒业者，则以专学政治家之学为断"的学堂①，即是一所以中院施行普通教育，以上院完成专门教育的法政学堂。

　　不过，南洋公学的筹建既不是从中院也不是从上院，而是从师范院开始的。因为他认识到要办好南洋公学必须先要解决好师资问题，先要自己培养合格的教习，所谓"惟师道立则善人多，故西国学堂必探原于师范"。② 于是，他着手先筹办南洋公学师范院，首年南洋公学师范院招收学生 40 人，1897 年 4 月正式开学。南洋公学师范院制定了较为明确而切合师范教育特点的宗旨和教学目标等。学校"视西国师范学校肄习师范教育管理学校之法"，"延定华洋教习，课以中西各学，要于明体达用，勤学善诲为指归"。③ 学生班级等级"分格五层"，每一层都有具体的培养目标，如第一层为学有门径、材堪造就、志慕远大、性近和平；第二层为勤学悔劳，抚字耐烦、先公后私等；第三层为善诱掖、有条理、能操纵、能应变等；第四层为无畛域计较，无争无忌等；第五层为性厚才精、广通学识，行正度大，心虚气静等。并且规定："师范生合第五层格，准充教习。"④ 在学费方面采用公费方式进行招收学生，学生除了免交学费、住宿费、伙食费外，还享受数量不等的奖学金和津贴。跟培养目标相适应，开设的课程有国学的自行研究，以及外语、数学、物理、化学、科学教育及动、植、矿、生理、地理等。在师范

---

① 朱有瓛：《中国近代学制史料》（第 1 辑下），华东师范大学出版社 1986 年版。
② 同上。
③ 同上。
④ 同上。

院建立以后，盛宣怀又"复仿日本师范学校，有附属小学之法"，1897 年秋招收学生 120 名设立了外院（即"日本师范学校附属之小学院也"），作为师范生的实习场所，"令师范生分班教之"。

南洋公学师范院于 1903 年结束，前后共招收学生 72 名。

南洋公学师范院开启了我国近代初级师范教育先河，标志着中国师范教育的产生和萌芽。1902 年开设的京师大学堂师范馆则是我国高等师范学校的滥觞。1898 年 6 月 11 日，清朝光绪皇帝发布《明定国是诏书》，宣布维新变法。在维新变法的过程中，颁布了一系列教育改革的法令，明令设立"京师大学堂"。同时，清朝军机大臣与总理衙门请梁启超代拟《京师大学堂章程》，梁启超认为："师也者，学子之根核也。师道不立，而欲学术之能善，是犹种稂莠而求稻苗，未有能获者也。"[①] 因此，在他代拟的《京师大学堂章程》中，提出了在京师大学堂下设"师范斋"的设想，但当时的管学大臣孙家鼐只在京师大学堂开设了一个"仕学院"。随着维新运动的失败，一切新政都停止办理，而"京师大学堂"却幸运地成为"百日维新"失败后唯一未被顽固派废除的新式学堂。就在梁启超所设想的"师范斋"尚未开办之时，1900 年又发生了"庚子之乱"，八国联军侵占北京，京师大学堂被迫停办。1901 年，清政府和各入侵国签订了丧权辱国的《辛丑条约》。为挽救清王朝垂死的命运，清政府又依次恢复维新运动时的"新政"。年底，光绪皇帝下谕"兴学育才，实为当今急务……前所建大学堂，应即切实举办，著派张百熙为管学大臣，将学堂一切事宜，责成经理"。[②] 张百熙（1847—1907），字埜秋，号潜斋，谥号文达，长沙人，清末著名思想家、教育家，中国近代教育的奠基人。同治十三年中进士，授编修，督山东学政，典试四川。命直南书房，再迁侍读。[③] 先后

---

① 璩鑫圭、童富勇：《中国近代教育史资料汇编·教育思想》，上海教育出版社 1997 年版。

② 张百熙：《奏办京师大学堂情形疏》。

③ 同上。

任吏、户、礼、刑、工、邮传六部尚书。

张百熙任管学大臣后，于1902年恢复开办京师大学堂，并颁布了由他拟奏的《钦定学堂章程》。章程既考虑到了当时人才匮乏、生源不足的现实，又考虑到了"国家需材孔亟"，"士大夫求学甚殷"的需求，采取了通融的办法，在京师大学堂下设预备科和速成科。预备科下设政、艺两科，政科包括政治、经史、法律、通商、理财等；艺科包括声、光、电、化、农、工、医等。速成科分为两馆，在原有的仕学馆的基础上，学习日本师范教育的经验，在大学堂中设置了师范馆，而且对仕学馆、师范馆学生的资格、毕业后的出路、待遇等都作了具体的安排："凡京员五品以下八品以上，以及外官候选暨因事留京者，道员以下，教职以上，皆准应考，入仕学馆。举贡生监等皆准应考，入师范馆。……师范馆三年卒业学有成效者，由管学大臣考验后，择其优异，定为数额，带领引见。"①

1902年10月14日，京师大学堂正式举办速成科招收考试，招收仕学馆和师范馆学生。师范馆考生除京师由管学大臣主考录取外，另由各省选送，大省8名，中省5名，小省3名，考试科目有修身伦理大义、教育学大义、中外史学、中外地理学、算学、物理、化学、外文8门。其时，师范馆录取学生共79名，但后来又从各省保送的学生中录取50余名，共计130余名。② 这标志着中国近代高等师范教育的诞生。12月17日（光绪二十八年阴历十一月十八日），京师大学堂师范馆和仕学馆正式开学。1903年，清政府为监督、控制张百熙，先后命旗人荣庆、张之洞"会同"管理大学堂事宜。他们共同制定了《奏定学堂章程》，指出："原定大学章程有附设仕学馆、师范馆，现在大学预备科及分科大学尚未兴办，暂可由大学堂兼辖。将来大学堂开设预备科及分科大学，事务至为繁

---

① 张百熙：《奏办京师大学堂情形疏》，载璩鑫圭、童富勇《中国近代教育史资料汇编·教育思想》，上海教育出版社1997年版。

② 郑师渠：《论京师大学堂师范馆》，《北京师范大学学报》（人文社会科学版）2002年第5期。

重，仕学、师范两馆均应另派监督，自为一学堂，径隶于学务大臣。其仕学馆课程应照进士馆章程办理，师范馆可作为优级师范学堂，照优级师范学堂章程办理。"① 1904 年，根据《奏定学堂章程》，师范馆改为优级师范科。1908 年，京师大学堂优级师范科独立设置，改名为"京师优级师范学堂"。由于政府腐败和连年内战外侵，京师优级师范学堂常常处于停顿状态，十年中仅有两届学生毕业，人数只有 300 余人。

南洋公学师范院是中国教育史上师范教育的起点，它开启了师范生免费教育的先河，京师大学堂师范馆的创立，使中国的师范教育从初级师范、中等师范到高等师范形成了师范教育完整的制度体系。在师范教育制度体系中，免费教育是师范教育制度设计中的重要的环节，贯穿在师范教育发展过程中，在实行免费教育的同时也对就业进行了规定，使得权利与义务对等。由此可知，我国师范教育源于近代中国社会政治经济教育近代化的过程中，是国家对人才的渴求，对培养人才的机构——师范学校有着强烈的需求条件下应运而生的，是中国传统教育向近代教育转型以及中国传统教师向近代教师转型中形成的，师范教育的迅速发展对近代教育普及与社会近代化的人才培养起到了巨大的推动作用。而跟师范教育最紧密相连的师范生免费教育对师范教育的发展作出了重大贡献。作为跟免费相适应的制定安排，在实施免费的同时，对师范生的服务期限和就业地点做了具体的规定，使之制度化，让师范生免费教育制度的实现一体化。如 1904 年颁布实施《奏定学堂章程》中的《初级师范学堂章程》规定，师范生分官费生和私费生。由于享受的待遇不同，完成教育服务的年限也不同，通常情况下，官费生完全科为 6 年，简易科为 3 年；私费生完全科（本科）为 3 年，简易科为 2 年。在此期限内不得私自应聘到其他行业任职，具体的服务地点由本省督抚派遣。

---

① 舒新城：《中国近代教育史资料》（中），人民教育出版社 1981 年版。

第二节　新中国成立之前师范生免费教育 就业政策（1901—1949 年）

从清末师范教育的起源到 1949 年，中国的师范教育经历了清末师范生免费教育、北洋政府师范教育、南京国民政府时期师范生免费三个阶段。师范教育学费经历了一个"免费—收费—免费"的反复过程。

一　清末师范教育创建时期的就业政策（1901—1911 年）

1901 年，随着西方国家的入侵和一系列不平等条约的签订，面对从未有过的统治危机，内外交困的清政府被迫实行"新政"，这是清末最后也是最大的一次政府主导型的近代化运动。在这一场为期 10 年的涉及各个方面的改革中，教育改革被放在了重要的位置。有识之士认识到，国家实力弱，重要原因在于人才匮乏，人才缺乏的原因在于教师不力，"西国最重师范学堂，盖必教学得人，然后学生易于成就。中国向无此举，故各省学堂不能收效。今当于学堂中别立一师范斋以养教习之才"。① 因此，师范教育得到了初步的发展。这一时期的师范教育的特点是，师范教育实行免费的同时，规定了服务期限的义务。

1903 年 6 月，清政府命张之洞、荣庆重新拟订学堂章程。1904年 1 月 13 日，张百熙、荣庆和张之洞复奏重订学堂章程，同日，清政府批准颁布"谕即次等推行"，此即《奏定学堂章程》。由于批准之日为旧历癸卯年十一月二十六日，故这一学制又称《癸卯学制》。《癸卯学制》是我国近代第一个在全国范围内公布实施的学制，师范教育制度在这一学制中得到了明显的改进和提高。

---

① 李友芝、李春年等：《中国近现代师范教育史资料：内部交流资料》（第一册），《北京师范学院学报》1983 年第 158 期。

《奏定学堂章程》通过作为总纲的《学务纲要》、16 个学堂章程和一个通则，将整个学制规定为纵向和横向两大方面，师范教育属于横向方面。《癸卯学制》将师范学校单独设立并上下衔接，构成了完整的师范教育体系，并通过《奏定初级师范学堂章程》、《奏定优级师范学堂章程》和《实业教员讲习所章程》等对师范教育制度作了较为全面而切合实际的规定。

《癸卯学制》的制定者对师范教育在整个兴学中的意义予以足够的重视，《学务纲要》中明确提出兴学"宜首先急办师范学堂"。根据这个指导思想，师范教育在设置上效仿日本，单独设立，并根据学校的培养目标的不同将师范教育分为初级师范学堂和优级师范学堂，这两级师范教育属于同一体系并上下衔接。初级师范学堂是师范教育制度的最低层次，属于中等师范教育的性质，与纵向的中学堂平级。以培养高等小学堂及初等小学堂教员为目标。学生分"官费生"和"私费生"两种，"官费生"即学生享受免费教育，其学费和膳食费用由地方政府负责，"学生毋庸纳费"；[①]"私费生"即"自费生"，杂费和食宿费自理，且有名额限制。"须视本学堂情形酌定，且须经地方官长允准方可"。[②] 修业年限为 5 年，规定毕业后按官费和私费各有不同的义务服务年限。《奏定初级师范学堂章程》规定学生毕业后必须在生源地从事教育教学工作，"由省城初级师范学堂毕业的师范生，应在全省范围内的小学堂从事教育教学工作，由州、县初级师范学堂毕业的师范生，应在本州县各小学堂从事教育教学工作"。而且规定了服务年限，分别根据接受的教育程度进行不同的规定，公费本科毕业生需服务 6 年，公费简易科毕业生服务 3 年；自费本科毕业生服务 3 年，简易科毕业生服务 2 年，在服务年限内不允许改作其他行业。优级师范学堂"以造就初级学堂及中学堂之教员管理员为宗旨"，学科分为三节，即公共科，1 年

① 舒新城：《中国近代教育史资料》（中），人民教育出版社 1981 年版。
② 同上。

毕业；分类科，3 年毕业；加习科，1 年毕业。对于优级学堂，也有相应的学费和服务规定，"公共科和分类科学生在学期间均享受公费；对加习科学生，如果是由分类科毕业生选取者，享受公费；如果不是由分类科毕业生选取者，则不能享受公费待遇"。① 在毕业后的服务年限规定，优级师范学堂分类科毕业生服务年限为 6 年。优级师范学堂的毕业生在服务期满以后，可根据本人意愿进入大学堂肄习。②

师范生在享有公费的权利的同时，也要承担从事教育事业的义务。对不尽教育义务的毕业生，有相应的惩罚措施："毕业生有不尽教育职事之义务，或因事撤销教员凭照者，当酌令缴还在学时所给学费以示惩罚。"③ 有不得已事故，实不能尽义务者，由州县官查明，得到省督抚允许，可豁免其效力年限。但毕业后不肯尽义务者，撤销其教员凭照，勒交所给学费。④ 此外，在颁发的《奏定优级师范学堂章程》中指出："公共科与分类科学生在学的费用，都以官费支付，惟加习科学生，其由分类科毕业生选取者，仍由官费支给，其不由分类科毕业生选取者，应令本生自筹学费。"⑤ 然而，享受权利和履行义务始终联系在一起。《奏定优级师范学堂章程》专门对"毕业效力服务"作了规定："优级师范学堂分类科毕业生，有效力本省及全国教育职事之义务，其义务年限暂定为六年。在此六年中的前二年，经学务大臣及本省督抚指派职事，不论何地何事均为当尽之义务，不得规避。"即前 2 年是指派服务，后 4 年是自由选择的服务，但必须完成此六年的服务。否则"撤销教员凭照"，同时还要"缴还在学时所给学费以示惩罚"。优级师范学堂对师范生实行免费教育，宗旨是鼓励优秀青年从教，尤其是吸引清贫的优

① 朱有瓛：《中国近代学制史料》（第 2 辑下），华东师范大学出版社 1986 年版。
② 舒新城：《中国近代教育史资料》（中），人民教育出版社 1981 年版。
③ 马啸风：《中国师范教育史》（1897—2000），首都师范大学出版社 2003 年版。
④ 胡艳：《清末、民国时期的免费师范生制度》，《中国教师》2007 年第 6 期。
⑤ 李友芝、李春年等：《中国近现代师范教育史资料：内部交流资料》（第一册），《北京师范学院学报》1983 年第 158 期。

秀子弟献身教育事业。然而，章程并无不可通融之处，凡是"毕业生有不得已事故，实不能尽教育职事义务者，可具察声明实在情形，经本省督抚及学务大臣核准，得豁免其效力年限"。① 从师范教育创建的 1897 年到民国建立之间的 15 年是我国师范教育的初建阶段，这一时期国门初开，西风渐进，有识之士希望能通过维新改良，振兴中华民族。而要改良，必须要发展师范教育来培养人才，这样，师范教育作为中国近代化的一个重要方面被提出。在洋务派人士盛宣怀、张之洞、张骞等的身体力行下，我国建立了第一批师范学堂。1904 年《奏定学堂章程》（即《癸卯学制》）的颁布，确立了中国近代师范教育的初步框架。

因此，清末的师范教育是在清末新政与教育改革背景下，为解决传统教育向现代教育转型过程中新型的教师需求的基础上产生的，它既是中国社会政治经济教育现代化的产物，又是中国传统教育向近代教育转型中中国传统教师向中国近代教师转型的桥梁，是制约与影响清末教育乃至社会发展的主要因素。② 在晚清政府财政极度紧张的情况下，大量经费用于师范教育，其目的在于使师范生能够安心向学，提供优秀师资，提高教育质量。

二　北洋政府时期师范教育就业政策（1912—1927 年）

1911 年 10 月 10 日，辛亥革命取得伟大胜利，标志着中国两千多年的封建统治结束，社会发展的新历程开始了。中国的教育发展揭开了新的历史篇章。南京临时政府成立以后，教育界根据新的社会需求，对清末"新政"中所建立的教育的各个方面进行了改革，师范教育的改革就是其中一个重要的内容。此后，辛亥革命的胜利果实很快被袁世凯篡夺，南京中央政府迁往北京，北洋政府建立。袁世凯试图对新式的教育进行更改，而民初教育界根据社会发展的规律，对袁世凯进行了坚决的斗争，倡导新教育和改革现行教育成

---

① 朱有瓛：《中国近代学制史料》（第 2 辑下），华东师范大学出版社 1986 年版。
② 凌兴珍：《清末新政与教育转型——以清季四川师范教育为中心的研究》，人民教育出版社 2008 年版。

为五四新文化运动的一个重要组成部分。就师范教育而言，仍然沿袭清政府的免费制度。袁世凯倒台以后，民国政府仍然处于北洋军阀集团的掌控之中。这一时期，由于军阀混战，暂时顾不了对文化教育的严格控制，民国初期建立的教育制度得以保存下来，同时也使思想上获得相当解放的教育界有研究教育、发展教育的可能。正是在这一背景下，教育领域兴起了声势浩大的"新教育"改革运动，"新教育"的一个最直接的结果是形成了1922年的"新学制"，"新学制"对师范教育实行收费制度，对师范教育的发展产生了极大的影响。因此，北洋政府时期的师范教育制度分为两个阶段：1912—1921年继续沿袭清政府形成的免费制度，1922—1927年的师范教育收费制度。

南京临时政府建立以后，虽然政体发生了变化，但是对师范教育在国家建设中重要性的认识并没有改变。[①] 孙中山即强调："欲使四万万人皆得受教育，必倚重师范，此师范学校所宜急办者也。"[②] 中华民国临时政府建立以后，实行《癸丑学制》，颁布了诸如《师范教育令》、《高等师范学校规程》、《师范学校规程》和《女子高等师范学校规程》等一系列有关发展师范教育的规程，在学费上继承了师范生免费教育的制度。同时规定：中等师范毕业生的服务年限，分别为公费生7年，半费生5年，自费生3年；高等师范毕业生的服务年限，公费生以6年为限，自费生则减半；未尽义务者，须偿还培养费。从南洋公学开办到1922年，师范学校已发展到275所，有学生38277人。[③]

1912年9月，中华民国临时政府教育部颁布《师范教育令》。规定师范类学校单独设置，师范教育体系分为师范学校和高等师范学校两级，并且上下衔接。师范学校为省立，经费由各省政府负责

---

① 李友芝、李春年等：《中国近现代师范教育史资料：内部交流资料》（第一册），《北京师范学院学报》1983年第158期。

② 舒新城：《中国近代教育史资料》（下册），人民教育出版社1981年版。

③ 陈元晖：《中国现代教育史》，人民教育出版社1979年版。

支付；高等师范学校为国立，经费由中央政府财政支给。12月，教育部颁布的《师范学校规程》对师范教育的学费制度进行了修订，师范专业的学生不再全部免费，而是划分为公费生、半费生和自费生三种。公费生免缴学费，并由学校提供膳宿费。半费生免交学费，自费生由各校招纳，免交学费，膳宿费全部自给，但人数、费额需要由省行政长官核定。[①] 如果因"身体羸弱难望有成就"或"成绩过劣"或"性质不良、不宜教职"或"自行告退"，公费生要偿还学费和各种费用，自费生要偿还学费，但"得酌量情形免其一部或全部"。[②] 除了规定学费办法外，在服务方面也进行了规定，要求"本科毕业生应在本省高等小学校及国民学校服务，第一部公费生服务年限为7年，半费生为5年，自费生为3年；第二部学生2年"。女子师范学校本科毕业生的服务年限为："公费生5年，半费生4年，自费生3年；第二部学生2年。"1912年《民国教育部令》指出："师范教育及高等师范学校的学生免纳学费，并由本学校酌给校内必要的费用，并规定凡在服务期限之内的师范生，除经教育总长特别指定外，不得任意从事教育以外之职业，以符定章。"[③] 这一政策体现了民国政府对师范教育的重视，同时也对当时的师范生规定了享有的权利和应尽的义务。1916年在《高等师范学校现行简章》中对毕业生的服务专门列条款作出要求："本校本科及专攻科、专修科学生毕业后均应服务，服务期限本科为六年、教育专攻科为四年、国文专修科为二年、手工图画专修科为二年；遇有不得已事故，由本校详准教育总长暂缓服务期限或解除之；在服务期限内有下列事项之一：（1）未尽教育职事义务者；（2）惩戒免职者；（3）教员许可状被递夺者，本科生须偿还学费及给予费，专修科学生须偿还学费，偿还各费亦可酌量情形，呈准教育总长令其

---

① 曲铁华、袁媛：《我国师范生免费教育政策的百年历史考察》，《社会科学战线》2010年第1期。

② 舒新城：《中国近代教育史资料》（中），人民教育出版社1981年版。

③ 刘捷、谢维和：《中国高等师范教育百年省思》，北京师范大学出版社2002年版。

免缴或免其一部分。"① 这些政策措施既吸引了优秀的人才加入到教师队伍，也鼓励了师范毕业生努力工作，同时也激励他们去边疆任教，这对教育的均衡发展和质量的提高提供了优质资源。但这一就业制度只延续到 1922 年，1922 年 11 月北洋政府颁行《壬戌学制》后，取消了师范生享受公费待遇的政策，当然此时的师范生就业也趋于自由。

1913 年 2 月，教育部针对师范教育的发展现状又公布了《高等师范学校规程》。对师范教育的培养目标、分类、学费和服务年限做了修订。规定高等师范学校按照培养目标划分为预科、本科和研究科三个层次。预科生为"在师范学校中学校毕业，或与有同等学力者"②，"均为公费生，但得酌量情形收录自费生"。③ 本科生由预科毕业生升入，也都为公费生。研究科公费生由校长在本科及专修科毕业生中录取。高等师范学校的公费生免学费，并由学校供给膳费及杂费。在本国或外国专门学校毕业及从事教育有相当之学识经验者，经校长认可可以自费入学。专修科和选科生都是自费，但专修科生也可以根据特别情形给予公费。对服务年限的规定"自受毕业证书之日起"，本科公费生以 6 年为限，专修科公费生以 4 年为限；如果教育总长特别指定职务，或者服务于边远之地者，前者可减至 4 年，后者减至 3 年；如果"遇有特别情事不能依规定期限服务者，教育总长得酌量展缓，或免除之"。④ 公费生要偿还学费和所给予的其他各费，自费生偿还学费。此后近 10 年的时间，北洋政府在师范生教育收费方面一直沿用以上制度，学费一律免交，膳宿费等按学生类别缴纳，毕业后有一定的服务年限。⑤

---

① 《北京高等师范学校现行简章》，《北京高等师范学校校友会杂志》（第一辑）1916 年第 4 期。

② 舒新城：《中国近代教育史资料》（中），人民教育出版社 1981 年版。

③ 同上。

④ 同上。

⑤ 曲铁华、袁媛：《我国师范生免费教育政策的百年历史考察》，《社会科学战线》2010 年第 1 期。

1919 年，五四运动爆发前夕，教育领域兴起了一场声势浩大的"新教育"改革运动，受"新教育"的影响，北洋政府于 1922 年颁布了新学制，即《壬戌学制》。由于受美国教育的影响，新学制取消了师范教育独立设置制度，将各地的师范学校合并于中学，"依旧制设立的高等师范学校，应于相当时期内提高程度……称师范大学校"①，除北京高等师范学校外，均改为一般大学或跟其他大学合并。1923 年，沈阳高等师范学校与文学专门学校合并为东北大学。同年，武昌高等师范学校改为武昌师范大学，一年后又改为武昌大学。1924 年，广东高等师范学校与农专、法专合并为广东大学，并于 1926 年改为中山大学。1927 年，成都大学改为成都师范大学，不久又改为四川大学。北师大与北大、法大、农大、工大、女师大、女子大学等高校，也于 1927 年合并为京师大学校。至此，六大区的高师和女高师全部消亡。同时对师范教育实行收费。

这一时期的师范教育的发展遭到了严重的挫折。据统计，1922 年全国中等师范学校 385 所，教职员 5013 人，在校学生 43846 人。到 1925 年，全国中等师范学校减至 301 所，教职员为 3951 人，在校学生减至 37992 人。到 1928 年，中等师范学校更是减至 236 所，教职员为 3743 人，在校学生仅有 29470 人。②

《壬戌学制》取消了师范学校的独立设置，将独立的中等师范学校归并于中学，高等师范学校或升格为师范大学或归并于大学。但是这一改革没有考虑中国国情，给师范教育的发展带来了消极影响，导致了师范教育的滑坡。因此，《壬戌学制》在客观上摧折了我国刚刚建立起来的师范教育制度，导致我国当时的师范教育一度陷入发展的低谷。

三 南京国民政府时期师范生免费教育就业政策（1927—1949 年）

1927 年 4 月，南京国民政府成立。鉴于《壬戌学制》改革对师

---

① 宋恩荣、章咸：《中华民国教育法规选编》（修订版），江苏教育出版社 2005 年版。

② 刘英杰：《中国教育大事典：1840—1949》，浙江教育出版社 2001 年版。

范教育的发展造成的消极影响，国民政府于 1930 年召开了第二次全国教育会议，会议通过了《改进全国教育方案》，1932 年，中国国民党三中全会通过了《关于教育的决议案》，对师范教育独立和师范生免费教育均有重要的决定。其中教育决议案规定"师范学校应脱离中学而单独设立"，"中等师范教育机关，分简易师范学校及师范学校，均由政府办理"，"师范学校与师范大学概不收学费，师范学校应由政府供给膳宿制服为原则"，"师范学校及师范大学学生毕业后由教育部或省教育厅市教育局指定地点派往服务，期满始给证书，使得自由应聘或升学，其有规避服务或服务不尽力者，取消资格，并追缴费用"。① 至此，师范生免费教育制度得以重新确立。

　　1932 年 12 月，南京国民政府公布《师范学校法》，规定"师范学校及其特别师范科、幼稚师范科，均不征收学费"；"师范学校规程，及师范学校毕业生服务规程，由教育部定之"。② 师范生免费教育重回学校。1933 年 3 月 18 日，教育部颁发《师范学校规程》，申明："师范学校学生一律免收学费。各省市应斟酌情形免收学生膳费之全部或一部"。但是，在服务方面的要求更加严格。"师范学校毕业生，其服务年限按其修业年限加倍计算。在规定的服务年限内，不得升学或从事教育以外之职务，违者除追缴学膳费外，如升学者由其升入之学校令其退学。"③ 1935 年教育部公布《师范教育规程》，规程规定："师范学校学生一律免收学费，各省市并应斟酌情形免收学生膳费之全部或一部。毕业后主管教育行政机关分派至各地方服务，其年限照修业年限加倍计算。在此期限内，出境核准暂缓服务者外，均不得升学或从事教育之外之职务，否则当追缴学膳宿费，其升学者并由现在肄业之学校勒令其退学。"职业师范教育学校的"学生于受训练之待遇，得参照师范生之优待办法，免纳

---

　　① 林本：《世界各国师范教育制度》，开明书店 1974 年版。

　　② 宋恩荣、章咸：《中华民国教育法规选编》（修订版），江苏教育出版社 2005 年版。

　　③ 李桂林：《中国现代教育史》，吉林教育出版社 1991 年版。

学膳等各种费用"。①

1938 年 7 月颁布《师范学院规程》，规定："师范学院学生一律住校，免缴学、膳费。学生无故退学，或被学校开除学籍者，应追缴其学、膳费。师范学院学生的服务年限，须照其修业年限加倍计算……在规定服务年限内，不得从事教育以外的职务，违者依照规定，追缴学、膳费。"② 1939 年第三次全国教育会议后，国民政府对中等师范毕业生的服务要求进行了加强或变革。1939 年 6 月，教育部颁布《师范学校毕业生服务规程》，规定："各种师范学校毕业生服务年限一律定为三年。其有因病或其他故障不能服务时，得呈请省市教育行政机关酌量暂缓服务期间，因痼病或残疾外，其暂缓时间不得超过三年，女生更不得因结婚请求暂缓服务。服务范围以教育界为限。"

1942 年 3 月，教育部将《师范学校毕业生服务规程》21 条修正为 41 条规定，"服务范围以小学教员为限，师范学校毕业生之毕业证书应俟三年服务期满后由主管教育行政机关在证书上加盖'服务期满'字样，发给原校转给。如在规定服务期间内擅自升学或改就他业者，由主管教育行政机关转行其升学机关，勒令退学，或就业之机关勒令解聘"。1943 年 1 月，奉行政院令示十中全会议决，严禁各机关团体招用服务未满期限的师范毕业生与师范生，"期每一师范毕业生皆能完成其任务，以符国家之厚望"。③

1944 年 12 月，国民行政院颁布了《全国师范学校学生公费待遇实施办法》，规定"全国各级师范学校学生（包括简易师范）公费待遇依本办法"④，应享受公费的部分除保证金外，免缴学费、宿费及图书、体育、医药卫生等杂费，学校供给膳食并发给制服，其

① 林本：《世界各国师范教育制度》，开明书店 1974 年版。
② 李桂林：《中国现代教育史》，吉林教育出版社 1991 年版。
③ 教育部教育年鉴纂编委员会：《第二次中国教育年鉴》，商务印书馆 1945 年版。
④ 宋恩荣、章咸：《中华民国教育法规选编》（修订版），江苏教育出版社 2005 年版。

中美术、劳作、理化、生物等实验材料费也由学校负担，特别困难的优秀学生还可以领取奖学金。

1946 年、1947 年和 1948 年南京国民政府分别修订了《师范教育规程》，都强调师范生免费教育和毕业以后必须进行教育工作之规定，使得师范教育免费制度、毕业服务制度体系严密而完整地建立起来了。

南京国民政府时期，国家从社会发展对教育的需要出发，对师范教育极为重视。规划和调整了师范教育在全国的布局，对以前制定的各级各类教育法令、法规做了必要的修改、补充和完善，在学费方面实现师范生免费教育制度，力求在师范教育的办学规模和质量上面有所提高，推动整个国民教育的进行，使得整个师范教育体制进一步得到了改革和完善。

四　新中国成立前师范生免费教育就业政策特点

国家规定师范生在享受免费的权利同时也应履行相应义务，因此，对师范生而言，一旦违约就应受到相应的处罚。因此，在我国师范教育的历史发展中，政府在制定师范生享受免费教育的同时，相应地制定了违约的惩罚规定及措施。

1. 学费及伙食费等的追回

清末民国时期对不尽义务的师范生的惩罚基本上是没收其保证金和偿还在学期间享受的一切费用（见表 3 - 1）。1904 年《奏定优级师范学堂章程》中规定，"毕业生有不尽教育义务，或因事被撤销教师资格者，应该缴还在学时享受一切学费"。1943 年《师范学院学生实习及服务办法》对不尽义务或没有完成服务期的处罚规定为："应向其家庭或监护人追缴在学期间所享受的全部费用。" 1944 年《全国师范学校学生公费待遇实施办法》对中途离校或不尽义务者规定："追缴其在学期间所享的一切公费，并没收其保证金。"

2. 保证金制度

考虑到就读师范专业的学生多是寒门子弟，为了防止无法追缴学费，政府还制定了比较安全的保证金和保人制度。《学校征收学费规程》（教育部令 1912 年 9 月 30 日公布）规定："师范学校、高等师范学校均免征收学费；但于入学时征收保证金一次，以银元十元为限，除中途自请退学外，毕业日仍照原数发还。"此后的保证金基本上都是十元银元。①

3. 保人制度

1903 年《奏定大学堂章程》规定："凡已准入学之学生，须觅同乡京官作保人，出具确实具保印结，京堂翰林御史部属皆可，不必拘是部属。但京城学堂须常有保人在京，外省学堂须常有保人在省。"②

《奏定优级师范学堂章程》（1904 年 1 月 13 日）规定："已经考验准其入学之学生，则由本生邀请确实正副保人为学堂所信重者，出具保结备案。如正副保人非学堂所信重者，不准作保。又正副保人中途若有事故不能出结者，应令本地另取保人，仍出具联名保结。"由此看来，有资格做保人的是有地位、有信誉且有经济实力的，也就是一旦高师生不尽应尽之义务对其进行处罚时，保人要确有实力和诚信进行赔付。正副保人无疑是双重保险。就学前有保证金，一旦违约有保人，可见，清末民国时的免费制度已经相当完备。保人、保证金、违约处罚，就是怕高师生不从事教育职事，另谋他职，其目的是为了教一人得一人。光绪三十三年二月初五日（1907 年 3 月 18 日）《学部：奏详拟师范奖励、义务两项章程折》规定："至师范毕业应尽义务为各国所同，盖必如是而后教成一人能得一人之用，教育乃得振兴。"③

清末民国政府除了对师范生实行公费外，还规定接受免费教育的师范生在享受免费教育的权利同时，履行相应义务，对应尽义务

---

① 董美英、董龙祥：《免费与义务——对当今高等师范学生实施免费政策的历史审视》，《宁波大学学报》（教育科学版）2008 年第 12 期。

② 董光璧：《中国近现代科学技术史》，湖南教育出版社 1997 年版。

③ 潘懋元、刘海峰：《中国近代教育史资料汇编》（高等教育卷），上海教育出版社 1993 年版。

的服务期限作出了规定，规定期限最长的是 7 年，最短的是 3 年，一般是 5 年。到边远地区工作的学生，服务期减少一到两年（见表 3 - 1）。为了鼓励师范生到边疆工作，政府还特别出台了《国立各级边疆学校教员服务奖励办法》，其中有许多优惠措施："国立各级边校教员有眷属在学校所在地居住者，各校应设法免费供给房舍及煤水。如无适当房舍及不能随时供给煤水时，得改发津贴。""凡在国立各级边校服务教员，其薪俸得加百分之十支给，并按其服务成绩，予以年功加俸。"① 此外，还规定了回原籍探亲假可以报销路费，工作五年以上者有半年的休假或带薪休假进修机会等。②

表 3 - 1　　　　　我国清末民国时期师范生应尽义务规定和
不尽义务惩罚措施

时间	法规	应尽义务规定	不尽义务惩罚措施
1904 年 1 月	《奏定优级师范学堂章程》	在本省及全国从事教育之义务，其义务年限暂定为 6 年	毕业生有不从事教育义务者，或因故被撤销教员资格者，应缴还入学时规定学费
1907 年 4 月	《师范毕业生义务章程》	毕业生应在全国从事教育之义务，其年限暂定为 5 年	
1913 年 2 月	《高等师范学校规程》	从获得毕业证书之日算起，服务期限为 6 年。但经教育总长特别指定职者，或在边远地方服务者，服务年限减至 4 年	学生因第二十条及第二十二条事故退学或任意退学者，公费生应偿还学费及给予各种费用

① 李友芝、李春年等：《中国近现代师范教育史资料：内部交流资料》（第一册），《北京师范学院学报》1983 年第 158 期。

② 董美英、董龙祥：《免费与义务——对当今高等师范学生实施免费政策的历史审视》，《宁波大学学报》（教育科学版）2008 年第 12 期。

续表

时间	法规	应尽义务规定	不尽义务惩罚措施
1916 年 1 月	《修正师范学校规程》	应在本省小学服务，服务时间从获得毕业证书之日算起，第一部公费生 7 年，女子师范学校本科毕业公费生，服务期限为 5 年	不尽义务者应偿还学费及给予的各种费用
1919 年 3 月	《女子高等师范学校规程》	自获得毕业证书之日算起，服务年限为 4 年；但经教育总长特别指定职务和在边远地区服务者，服务年限减至 3 年	不尽义务者应偿还学费及所给予的各种费用
1943 年 8 月	《师范学院学生实习及服务办法》	规定师范学院毕业生应服务年限为 5 年	在服务期间没有尽义务服务或服务未满规定期限而改作他行者，应向其家庭或监护人追缴在学期间免除的各种费用
1944 年 12 月	《全国师范学校学生公费待遇实施办法》		师范生如果不遵守规定，中途离校或回避服务事情，应依照《修正师范学校毕业生服务规程》第 32 条之规定，追缴其在学期间所享受的一切公费，并没收保证金
1946 年 1 月	《修正师范学院规程》	规定师范学院毕业生应服务年限为 5 年	师范学院学生无故退学，或被学校开除学籍者，应追缴其在学期间所享受的各种费用

第三节　新中国成立以后师范生免费教育就业政策

1949 年中华人民共和国成立以后，师范教育学费制度经历了一个反复过程，依据政府的政策法规，我们将师范学费制度的变迁发展历程分为三个阶段：1949—1996 年为免费阶段；1997—2006 年为收费阶段；2007 年以来为教育部直属师范大学的免费阶段。相应的就业政策也跟政策相适应。

一　免费阶段就业政策（1949—1996 年）

这个时期是我国师范教育的免费制度时期，即使是在其他专业实行收费改革的条件下，师范专业仍然享受学费免费，并且享受比其他专业更加优惠的补助待遇。

从 1949 年到 1984 年，国家对所有高等教育学费实行的是免费制度，并对所有学生给予人民助学金，除了享受免费外，高等师范专业学生还享受着比其他专业学生更加优厚的补助待遇，体现了国家对师范教育的重视。1949 年 12 月，在中央人民政府教育部召开的第一次全国教育工作会议上，确立了改革旧教育的方针、步骤和发展新教育的方向，在会上提出了改革北京师范大学和各地师范学校的意见，1950 年 5 月教育部颁布了中华人民共和国成立后的第一个有关高等师范教育的法令性文件——《北京师范大学暂行规程》，规程规定了本科、专科学生的入学条件、助学金待遇，以及毕业后统一分配的问题。[①] 1951 年，第一次全国师范教育会议与第一次全国初等教育会议合并召开，会议通过了《师范学校暂行规程》，其中规定"师范学校学生一律享受人民助学金"，"师范学校毕业生，

---

① 朱红：《公费师范教育的历史、现状及制度设计》，硕士学位论文，东北师范大学，2009 年。

至少服务教育工作三年"。《关于高等师范学校的规定》中规定"高等师范学校学生，一律享受人民助学金"；"高等师范学校毕业生，由人民政府教育部门分配工作"。[①] 这段时间，高等师范教育的收费政策是"免费"时期。1985 年，中共中央颁布了《中共中央关于教育体制改革的决定》，决定提出高等教育"可以在计划外招收少量自费生，学生应交纳一定数量的培养费"，从此开始实行高等教育收费双轨制，只对部分自费生、委培生和定向生收取学费，师范院校仍然实行免费制度，并对师范专业学生实行专业奖学金。[②] 1986 年 7 月，国务院批准了《国家教委、财政部关于改革普通高等学校人民助学金制度的报告》，将人民助学金制改为奖学金制和贷款制，师范专业学生仍然每人都享受"专业奖学金"。专业奖学金分为三等：一等为每人每年 400 元，占 5%；二等为每人每年 350 元，占 10%；三等为每人每年 300 元，占 85%。1989 年颁布《关于普通高等学校收取学杂费和住宿费的规定》（〔1989〕教财字 032 号），开始对新入学的本、专科学生实行收取学杂费住宿费制度，学费"一般地区以每学年 100 元为宜"。住宿费"一般每学年 20 元左右"、"对师范院校享受专业奖学金的学生免收学杂费和住宿费"。[③] 1992 年，高等教育收费制度进一步推进，强调高等教育不属于公共产品属性，属于非义务教育，要改革学生上大学由国家包下来的制度，逐步实行收费和奖学金、贷学金相结合的制度。[④] 同年推出了《关于进一步改革和完善普通高等学校收费制度的通知》（教财〔1992〕42 号），开始把收费权下放到各高校，"普通高等学

---

① 马飙：《我国高等师范教育学费政策的嬗变分析》，《煤炭高等教育》2007 年第 5 期。

② 蒋馨岚：《建国以来中国师范教育免费政策的变迁——基于支持联盟框架的分析》，《西北师范大学学报》（社会科学版）2011 年第 11 期。

③ 国家教育委员会师范教育司：《师范教育工作资料汇编》（1988—1995 年），东北师范大学出版社 1996 年版。

④ 何东昌：《中华人民共和国重要教育文献》（1949—1997 年），海南出版社 1998 年版。

校可根据本地区、本校和学科特点研究拟定学杂费、住宿费"。[①]
1993 年国家出台的《中国教育改革发展纲要》中明确指出，"高等
教育是非义务教育，学生上大学原则上均应交费"，从此以后，除
农林、师范、体育等专业以外的其他专业开始收费。1996 年 12 月，
教育部颁发《高等学校收费管理暂行规定》，确立了"学费标准根
据年生均教育培养成本的一定比例"的原则，但规定"农林、师
范、体育、航海、民族专业等享受国家专业奖学金的高校学生免缴
学费"。也就是说，从新中国成立以来这一时期内，师范教育一直
是无偿化，也即免费的。

新中国成立以来到 1996 年我国师范教育实行免费制度，国家从
政策上照顾师范生，享受国家助学金和专业奖学金的师范生覆盖面
广，师范教育免费政策确保了教师的稳定来源，为我国基础教育的
师资需求提供了可靠的保障。

二　收费阶段就业政策（1997—2006 年）

1997 年 2 月，在广西召开的全国高等学校招生工作会议上提
出，1997 年全国普通高等学校招生计划全部实行并轨，不再分国家
任务、委托培养和自费生三种形式。[②] 于是，全国高等教育并轨收
费制度在全国推行。在此情况下，高等师范院校开始尝试进行收
费。1999 年，大学全面扩招，全国很多地方高校的师范教育专业开
始收取部分学费，意味着师范教育免费时代的结束和收费时代的到
来，师范教育免费的传统逐渐被打破，在高等教育成本分担原则缴
费入学和教师教育转型的背景下，师范院校开始实行逐渐收费乃至
全额收费制度。2000 年，《教育部、国家计委、财政部关于 2000 年
高等学校招生收费工作若干意见的通知》发布，其中规定，"对享
受国家专业奖学金的高等学校学生继续实行免收学费制度，国家对

---

① 何东昌：《中华人民共和国重要教育文献（1949—1997 年）》，海南出版社 1998
年版。

② 教育部：《中国教育政策大事记》（1997—1999），http：//www.edu.cn/20010827/
208795.shtm，2010 - 08 - 21。

就读师范、农林、航海、体育、民族等专业的学生，继续实行专业奖学金政策，享受奖学金的人数，原则上不低于本校学生总数的10%"。①这一条款，为高等师范院校在招生收费方面的改革提供了依据。从 2003 年起，我国高等学校统一实行招生并轨，包括师范专业全部实行了全额缴费入学。2001 年北京师范大学正式实行师范生和非师范生"并轨"招生，师范生不再享受以往的种种优待。2003—2007 年，我国高等学校统一实行招生并轨，包括师范生全部实行了全额缴费入学。至此，师范教育专业学生享受免费教育时代结束。② 相应地，师范生的就业也就有了自由的双向选择，不受地域行业等的限制。

三 教育部直属师范大学免费教育就业政策（2007 年至今）

2007 年 5 月 9 日，教育部、财政部、中央编办、人事部联合下发了《教育部直属师范大学师范生免费教育施实方法（试行）》（国办发〔2007〕34 号），标志着师范教育免费制度的正式实施。国办发〔2007〕34 号文件规定：第一，由有关省级政府统筹，教育、人力资源和社会保障、机构编制、财政等部门组成工作小组，负责制订并实施就业方案，落实保障措施，确保免费师范毕业生到中小学任教。第二，落实免费师范毕业生就业所需编制。省级教育行政部门要统一掌握本地区中小学教师岗位需求情况，会同机构编制部门在核定的中小学教师编制总额内，提前安排接收免费师范毕业生编制计划。各地应首先用自然减员编制指标或采取先进后出的办法安排免费师范毕业生，必要时接收地省级政府可设立专项周转编制，确保免费师范毕业生到中小学任教有编有岗。第三，免费师范毕业生一般回生源所在省份中小学校任教，履行国家义务。鼓励毕业生到边远贫困地区和民族地区任教。第四，省级教育行政部

---

① 《关于 2000 年高等学校招生收费工作若干意见的通知》（部委号〔2000〕教电188 号），http://www.hie.edu.cn/fgzc/news.asp? new = 201, 2010 - 09 - 25。

② 蒋馨岚：《建国以来中国师范教育免费政策的变迁——基于支持联盟框架的分析》，《西北师范大学学报》（社会科学版）2011 年第 1 期。

门、部属师范大学和免费师范毕业生要严格履行《师范生免费教育协议书》。免费师范毕业生在协议规定任教服务期内,可在学校之间流动或从事教育管理工作。未能履行协议的毕业生,要按规定退还已享受的免费教育费用并缴纳违约金,已在职攻读教育硕士专业学位的,由培养学校取消学籍。确有特殊原因不能履行协议的,需报经省级教育行政部门批准。省级教育行政部门负责本行政区域内免费师范毕业生的履约管理,建立诚信档案,公布违约记录,并记入人事档案,负责管理违约退还和违约金。从实施的范围看,在这六所部属师范大学实施师范生免费教育带有明显的示范性,目的是积累经验、建立制度,为培养造就大批优秀教师和教育家奠定基础。2015 年教育部就免费师范生就业发布《教育部办公厅关于做好2016 届教育部直属师范大学免费师范毕业生就业工作的通知》,通知指出:第一,各省级教育行政部门要从寒假开始持续组织免费师范毕业生专场招聘活动,确保大多数免费师范毕业生落实任教学校。第二,规范办理跨省就业工作,根据《教育部办公厅关于免费师范毕业生就业相关政策的通知》(教师厅〔2011〕1 号)规定,各地要严格按照免费师范毕业生跨省任教条件,规范执行跨省任教审核程序和手续。生源所在地省级教育行政部门要与接收地省级教育行政部门加强沟通确认,免费师范毕业生跨省任教后,由接收省份负责管理。免费师范毕业生在服务期内申请跨省工作的,可参照教师厅〔2011〕1 号文件规定,按照工作调动办理。第三,严格执行履约管理办法。各省级教育行政部门要严格执行免费师范毕业生履约管理办法,确保免费师范毕业生严格履行师范生免费教育协议。未能履行协议的免费师范毕业生要按规定退还已享受的免费教育费用及违约金,已在职攻读教育硕士专业学位的,由培养学校取消学籍。确有特殊原因不能履行协议的,需报经各省级教育行政部门批准。要加强就业信息统计报送工作,各省级教育行政部门在与部属师范大学核实 2016 届免费师范毕业生生源信息后,于 2015 年12 月 15 日前将免费毕业生基本信息上传至履约管理系统,并从

2016 年 2 月起每月更新就业签约数据。

　　纵观免费师范生就业政策的历史，我国的免费师范生就业政策始于《奏定学堂章程》。此后，师范生的就业与免费教育一直联系在一起，凡师范生教育实行免费的时期，必然是定向就业。但在2007 年实施免费教育以来，免费师范生的就业方式发生了改变。

第四章　免费师范生就业流向调查
问卷的研究设计

选择什么样的方法是由研究问题的性质决定的。作为一项在教育部直属师范大学进行试点的政策，师范生免费教育政策实施过程是一个不断完善的过程。因此，需要考察和分析师范生免费教育政策在最后环节及就业中存在的问题，并探讨影响免费师范生就业流向的因素。影响免费师范生就业流向的因素既有师范生免费教育政策外部的影响因素，如国家对就业的规定等，又有免费师范生本身的内部因素，如本身的人力资本和家庭因素等。本书在分析免费师范生就业流向的特征和影响因素时要将内外部因素结合起来进行探寻。鉴于此，本书以问卷调查方法为主，辅以面对面的访谈。这样，在研究中就可以把宏观与微观、外显与内隐等方面比较好地结合起来，以利于规律的探讨。

第一节　调查问卷的设计和检验

免费师范生的就业是师范生免费教育政策的最后环节，对其就业的测量是评价政策绩效的重要方法。免费师范生的就业是以政策规定范围和协议承诺就业方式进行的，其区域流向大的方向是确定的，即在生源地所在省市区范围实行双向选择。也就是说，是政府干预下的计划与市场结合的就业形式，其流向具有自身的与非定向的大学生就业流向的特点，为了深入了解这些特点需要进行调查。

本书采用问卷调查对免费师范生就业流向进行量的研究。本书采用的调查问卷主要包括"免费师范毕业生就业流向情况调查问卷"、"免费师范生专业发展现状调查问卷"、"免费师范毕业生就业情况调查问卷"、"用人单位对免费师范毕业生满意度情况调查问卷"4个调查问卷。其中，"免费师范毕业生就业流向情况调查问卷"是专门针对2013届、2014届在校的免费师范毕业生的；"免费师范生专业发展现状调查问卷"和"免费师范毕业生就业情况调查问卷"是对已经参加工作的免费师范生进行调查；"用人单位对免费师范毕业生满意度情况调查问卷"是针对免费师范生所在单位进行的。

一　调查问卷的编制

本书从我国免费师范生就业的实际出发，参考国内外的相关理论和实践，编制了"免费师范毕业生就业流向情况调查问卷"、"免费师范毕业生就业情况调查问卷"、"用人单位对免费师范毕业生满意度情况调查问卷"3个调查问卷。在编制调查问卷的过程中，征求和听取了专家、学者和免费师范生的意见和建议，并在此基础上对问卷进行了预调查，尽力保证调查问卷具有较高的信度和效度。问卷采用李克特（Likert）五点量表的计分方式，每一问题的选择项为：①完全不符合、②不符合、③基本符合、④比较符合、⑤完全符合或①十分不满意、②不满意、③基本满意、④比较满意、⑤完全满意，分别赋值为1分、2分、3分、4分、5分五种记分。

一份高质量的问卷应该具有较高的信度和效度。信度是指对同一对象或事物进行重复测量时，所得到的结果一致性程度。一般用信度系数来评价。信度可以分为内在信度和外在信度。内在信度指的是问卷中的一组问题（或整个问卷）测量的是否是同一概念，也就是这些问题之间的内在一致性程度如何。外在信度是指在不同时间进行测量时的结果一致性程度。最常用的外在信度指标是重测信度，即用同一份问卷在不同时间对相同对象进行重复测量，然后计算测量结果的一致性程度。根据多数学者的观点，在统计中常用来检验问卷内在信度的方法为Cronbach's α系数法。问卷测量的信度系数如果在 0.9 以上，则认为该测量的信度很高；测量信度系数在 0.8 以上是很好；信度系数在 0.7 以上是可以接受的；但是如果低于 0.7，则应该进行重新设计。

在本书中，我们用 Cronbach's α 系数法对调查问卷进行内在信度检验，因为信度分析中，内在信度特别重要，一个问卷的内在信度越高，代表问卷越稳定和越有效。为了检验预调查问卷的信度系数是否满足研究对于信度的要求，需要对问卷进行预调查。因为四个问卷是针对不同的对象，分为三个大类在不同时间进行，所以预调查也是分为三个大类，免费师范毕业生就业流向情况调查问卷和免费师范生专业发展现状调查问卷选择了某师范大学 46 名 2014 届的在校免费师范生进行了预调查，具体构成情况见表 4－1；免费师范毕业生就业情况调查问卷选择了 31 名 2012 届和 2013 届的已经毕业的免费师范生进行了预调查，具体构成情况见表 4－2；用人单位对免费师范毕业生满意度情况调查问卷选择了 33 名用人单位相关人员进行预调查，具体构成情况见表 4－3。

表 4－1　　　　　　　免费师范毕业生就业流向
预调查对象的具体情况分布

项　　目	类别	人数（人）	占比（％）
性别	男	21	45. 65
	女	25	54. 35
	小计	46	100
政治面貌	中共党员	19	41. 30
	共青团员	25	54. 35
	民主党派	0	0
	群众	2	4. 35
	小计	46	100
专业	文科类	28	60. 87
	理科类	18	39. 13
	小计	46	100

续表

项　目	类别	人数（人）	占比（%）
家庭所在地	直辖市或者省会城市	6	13.04
	地市级城市	9	19.57
	县城及乡镇	12	26.08
	农村	19	41.31
	小计	46	100

表4－2　免费师范毕业生就业情况预调查对象的具体情况分布

项目	类别	人数（人）	占比（%）
性别	男	14	45.16
	女	17	54.84
	小计	31	100
专业	文科类	18	58.06
	理科类	13	41.94
	小计	31	100
家庭所在地	直辖市或省会城市	3	9.68
	地市级城市	5	16.13
	县城及乡镇	9	29.03
	农村	14	45.16
	小计	31	100
毕业学校	北京师范大学	2	6.46
	华东师范大学	3	9.68
	东北师范大学	4	12.90
	华中师范大学	6	19.35
	西南大学	10	32.26
	陕西师范大学	6	19.35
	小计	31	100

表 4-3　　　用人单位对免费师范毕业生满意度情况
预调查对象基本情况统计

项目	类别	人数（人）	占比（%）
学校所在区域	省城	12	36.36
	地市级城市	15	45.46
	县城	6	18.18
	小计	33	100
学校类型	省级示范学校（一、二、三）	23	69.70
	普通中学	10	30.30
	小计	33	100
职务	学校领导	2	6.07
	中层干部	2	6.07
	年级组长	3	9.09
	教研组长	3	9.09
	任课老师	23	69.68
	小计	33	100
职称	中学高级及以上	8	24.25
	中学一级	16	48.48
	中学二级	6	18.18
	其他	3	9.09
	小计	33	100

　　效度是指调查问卷测量结果的真实程度，它反映的是问卷调查是否真实测量出了我们要了解的内容，也就是测量结果与测量目标的接近程度。效度是指测量工具或手段能够准确测出所需测量的事物的程度。[1] 问卷的效度分为表面效度、内容效度和结构效度等。表面效度和内容效度可以用双向细目表的方法来进行分析，而结构

――――――

① 刘大海、李宁：《SPSS 15.0 统计分析从入门到精通》，清华大学出版社 2008 年版。

效度则采用主成分分析法来进行。有的学者认为，效度分析最理想的方法是利用因子分析（即因素分析）测量量表或整个问卷的结构效度。因素分析即利用一组测量同一个构念的观察变量来估计背后的潜在变量。①

从表 4－1、表 4－2、表 4－3 中可知，预调查对象的性别、学科、家庭来源、年级、职称等方面的人数分布是相当的，可以进行预调查分析。预调查问卷信度的 Cronbach's α 系数采用统计软件 SPSS 17.0 版本进行计算。

二　问卷的信度检验

在本书中，我们根据 Cronbach's α 来判断问卷的信度，对在校即将毕业的免费师范生问卷、已经工作的免费师范生的问卷、用人单位对免费师范生满意度的问卷、免费师范生专业发展现状问卷检验结果分别见表 4－4、表 4－5、表 4－6 和表 4－7，一般认为 Cronbach's α 大于 0.7 问卷的信度较好，按此标准，问卷信度良好。

表 4－4　　　　　　　免费师范毕业生就业流向情况信度检验

量表	题数	Cronbach's α
总体	25	0.921
1. 签订协议	6	0.902
2. 就业意愿	6	0.887
3. 个人在校期间表现	3	0.910
4. 就业过程	5	0.892
5. 影响就业因素	5	0.923

表 4－5　　　　　　　免费师范毕业生就业情况信度检验

量表	题数	Cronbach's α
总体	15	0.913
1. 对就业的满意度	3	0.952

---

① 邱皓政、林碧芳：《结构方程模型的原理与应用》，中国轻工业出版社 2009 年版。

量表	题数	Cronbach's α
2. 就业途径和现状	4	0.896
3. 就业影响因素	3	0.931
4. 考研和教师信念	3	0.886
5. 对未来打算	2	0.854

表4-6　　用人单位对免费师范毕业生的满意度问卷信度检验

量表	题数	Cronbach's α
总体	12	0.889
1. 对免费师范生的满意度	1	0.895
2. 教师职业道德	2	0.902
3. 教师基本素养	1	0.825
4. 教学能力	5	0.903
5. 专业素养和心理素质	2	0.865
6. 教学效果	1	0.901

表4-7　　　免费师范生专业发展现状调查问卷信度检验

量表	题数	Cronbach's α
总体	34	0.879
1. 免费师范生的教育信念	3	0.902
2. 免费师范生的工作满意度	1	0.896
3. 教学管理	2	0.796
4. 教学能力	6	0.825
5. 教学方法和手段	2	0.875
6. 教学评价	2	0.891
7. 教学科研能力	3	0.893
8. 专业发展影响因素	15	0.836

三　问卷的效度检验

为确保问卷的有效性，请相关专家对问卷进行审核评定，经过分析，对问卷做出了"非常合理、较合理、一般、不太合理、非常不合理"5级定性评价，在9位专家的指导下对问卷进行了数次修改。表4-8和表4-9的数据结果显示专家对问卷的内容评分较高，所以，两种问卷的调查具有较高的有效性。

表4-8　　　　　　　　专家基本情况统计（N＝9）

职称	教授	副教授	讲师	合计
频数	4	4	1	9

表4-9　　　　　　　　问卷效度评价结果统计（N＝9）

	非常合理	较合理	一般	不太合理	非常不合理
频数	4	3	2	0	0
占比（%）	44.4	33.3	22.3	0.0	0.0

第二节　研究对象的选择

本书选取几个省份的免费师范生、免费师范生就业所在单位和教育部直属师范大学的免费师范毕业生为研究对象。因为本书主要探讨免费师范生就业流向的特征和存在的问题，研究对象的总体应该是跟免费师范毕业相关的各个主体。但是作为一项研究，我们没有必要也没有能力对研究对象的总体进行全部的研究，而是从总体中选取一些能为研究问题提供最大信息的样本进行研究。因此，本书采用以调查问卷为主的量的研究辅以访谈研究的质的研究方式进行。选择分析研究对象应采用不同的方式方法：量的研究方法应采用随机抽样的方式；质的研究应采用有目的的抽样的方式。

本书采用随机分层整群抽样的方法，具体做法分别是：对教育部直属师范大学免费师范毕业生而言，从两所师范大学的免费师范生中选取几个有代表性的学院进行问卷调查。在选取调查样本时，尽量使调查对象在性别分布上男、女均衡；在学科结构分布上文理科结合；在年级分布上高、中、低年级均衡；在生源类别上农村、城镇等力求全面。对毕业的免费师范生和免费师范生就业所在单位，我们选取了贵州省、湖南省、山东省的免费师范生和他们所在单位的教师、管理人员作为调查对象进行问卷调查。

依据以上原则，根据研究内容和对象的不同，对不同的研究内容和研究需要进行了不同的问卷调查，其中对免费师范毕业生就业流向情况调查问卷是针对教育部直属师范大学进行的抽样调查，共发放问卷600份，回收569份，有效问卷519份，有效问卷率为86.50%。调查对象的具体分布情况见表4-10。免费师范毕业生就业情况调查问卷和免费师范生专业发展现状调查问卷是对已经毕业的免费师范生进行的抽样调查，共发放问卷500份，回收466份，有效问卷453份，有效问卷率为90.6%。调查对象的具体分布情况见表4-11。用人单位对免费师范毕业生满意度情况调查问卷是对免费师范生所在单位的教师、管理人员进行的抽样调查，共发放问卷500份，回收468份，有效问卷448份，有效问卷率为89.2%。调查对象的具体分布情况见表4-12。

表4-10　　　　免费师范毕业生就业流向调查对象的
具体情况分布（N=519）

项目	类别	人数（人）	占比（%）
性别	男	256	49.33
	女	263	50.67
	小计	519	100
政治面貌	中共党员	213	40.90
	共青团员	278	53.56
	民主党派	0	0
	其他	28	5.54
	小计	519	100

续表

项目	类别	人数（人）	占比（%）
专业	文科类	282	54.33
	理科类	237	45.67
	小计	519	100
家庭所在地	直辖市或者省会城市	65	12.52
	地市级城市	99	19.08
	县城及乡镇	121	23.32
	农村	234	45.08
	小计	519	100

表 4 - 11　　　　免费师范毕业生就业情况调查对象的
具体情况分布（N = 453）

项目	类别	人数（人）	占比（%）
性别	男	201	44.37
	女	252	55.63
	小计	453	100
专业	文科类	254	56.07
	理科类	199	43.93
	小计	453	100
家庭所在地	直辖市或省会城市	41	9.05
	地市级城市	69	15.23
	县城及乡镇	138	30.47
	农村	205	45.25
	小计	453	100
毕业学校	北京师范大学	18	3.98
	华东师范大学	29	6.40
	东北师范大学	59	13.02
	华中师范大学	93	20.53
	西南大学	142	31.35
	陕西师范大学	112	24.72
	小计	453	100

表 4 – 12　　　　用人单位对免费师范毕业生满意度情况
调查对象具体情况统计（N = 448）

项目	类别	人数（人）	占比（%）
学校位置	直辖市或省会城市	172	38.39
	地市级城市	216	48.22
	县城及乡镇	60	13.39
	小计	448	100
学校类型	省级示范学校	261	58.26
	普通中学	183	41.74
	小计	444	100
职务	学校领导	18	4.02
	中层干部	23	5.14
	年级组长	21	4.69
	教研组长	41	9.15
	任课老师	345	77
	小计	448	100
职称	中学高级及以上	124	27.68
	中学一级	219	48.88
	中学二级	78	17.41
	无职称	27	6.03
	小计	448	100

从表 4 – 10、表 4 – 11、表 4 – 12 中可以看出，调查对象在性别、年级、学科、生源属性等方面的分布具有较好的代表性，符合问卷调查的要求。

第三节　资料的收集与数据分析

免费师范生就业政策的实施中存在的问题主要表现在不同区域就业差异大、就业渠道单一、就业单向流动、跨省就业的限制、用人单位对免费师范生的满意度等，影响就业流向的因素主要有内部和外部两个方面，这些因素之间可能存在相互作用，它们都在一定程度上影响着免费师范生就业流向，这些因素构成了一个复杂的整体，要探讨这些纷繁复杂的因素（变量）之间的因果关系，只采用一种收集资料的方法是难以实现的，因此，本书采用问卷调查、开放式访谈、文件分析、数据分析方法来收集资料。

一　问卷调查

将问卷调查作为收集资料的方法，在教育研究中运用得很普遍。问卷法在广度上具有适用范围广、效率高等优点，如果调查问卷编制得当，实施措施完善，可以比较好地用来研究和分析变量之间的因果关系。

二　开放式访谈

调查问卷一般使用的是研究者自己的语言，带有研究者的个人偏好，向研究对象调查询问研究者认为重要的问题，因此，这种方法有时候并不是从研究对象本身出发探究问题，从而不能真实反映出研究对象的思想，且又不能让研究对象表达自己的声音。而访谈可以直接询问受访者自己对研究问题的看法，使他们有机会用自己的语言和概念表达他们的观点。[1] 另外，在具体情境和研究关系许可的情形下，研究者还可以与研究对象共同探讨一些在问卷中无法调查的敏感性话题，从而对研究的问题获得一个更加开阔、整体性的视野，可以从多重角度对研究问题进行比较纵深、细致的描述。因此，本书辅以开放式访谈研究来详细而深入地探索免费师范生的内心世界，获取更为丰富的资料。

三　文件分析

文件分析的主要作用是分析免费师范生教育就业的相关规定等，通过解读和分析制度文本，对调查研究中的各种因素进行比较分析，为探究免费师范生就业中的具体问题跟制度的初衷之间的差异

---

① 陈向明：《质的研究方法与社会科学研究》，教育科学出版社 2000 年版。

找到证据，为进一步分析打下基础。要收集的文件主要包括师范生免费教育就业的实施办法、各个年度的实施就业的通知、教育部关于免费师范生攻读硕士学位的相关规定、各个省市区对跨省就业和免费师范生在本省就业的具体规定等。收集这些资料的实际目的是探究免费师范生就业流向的特点和因素。

四　数据分析

本书中主要使用 SPSS 19.0 软件对问卷调查得到的数据进行分析。分析主要集中在两个方面：其一，描述统计，如平均数、百分比，对两个变量之间的相关系数等进行计算分析，并就整体情况做一描述性说明；其二，推断统计，进行变量之间的回归分析和因子分析。对于访谈所获得的资料进行归纳、整理，主要进行描述性说明分析，尽量保持"原汁原味"。

第五章　免费师范生就业流向的现状分析

大多数的社会悖论中，实际合作水平高于人们的预期，这源于人们之间的信任、尊重和互惠的社会规则。所以，在非严格制度安排下，需要借助信任、尊重与互惠等核心元素，建立有限理性和道德行为的行为模型，并与生物学和演进心理学的研究成果相一致。

——奥斯特罗姆（E. Ostrom）

就业是师范生免费教育政策的最重要环节，免费师范生就业是否按照政策预期的目标流向中西部基层和农村地区是评价政策合理性的重要依据。因此，免费师范生的就业流向现状、特征和影响因素是需要我们认真探讨和分析的核心问题。要想研究和探讨免费师范生就业流向的现状和影响因素，必须首先对免费师范生的就业流向生源地的意愿、执行协议流向目的地的基本情况、流向单位性质类型、就业的满意度、选择目前的单位的理由和流入地对免费师范生的态度等有一个基本的了解和把握，只有这样，才能揭示免费师范生就业流向的影响因素，为免费师范生就业流向的引导奠定基础。

第一节　免费师范生就业流向的现状

免费师范生是否按照协议全部流到生源地所在省市区是衡量政策目标的重要指标，也是促进教育公平和教育均衡发展的关键因素之一，因为教师资源是教育发展中的关键要素之一。由于我国经济社会发展不均衡，东西部地区教育发展存在较大差异，教育公平问题仍然是当前教育发展中要着力解决的问题，师范生免费教育政策就是其解决措施之一。那么，免费师范生的就业流向现状如何？是否朝着预期的目标发展？就业中存在哪些问题等是需要我们进行深入调查研究的，据此，我们分别对在校毕业生就业现状、已经毕业的免费师范生的流向现状和用人单位对免费师范生的满意度评价进行分析。

一　免费师范生流入生源地的意愿和流入生源地就业的基本情况

在国家高水平的师范大学学习，免费师范生学成以后是否愿意回去就业，有多少人按照协议回到生源地就业，教师是否是他心中的职业理想都会影响政策目标。跟非定向师范生不同的是，免费师范生在入学前就已经签订了毕业回到生源地就业的协议，他们只能在生源所在省市区就业，不能在全国范围内进行双向选择，因为全国各个省市区的经济社会发展不均衡，可能会导致免费师范生人群中的就业意愿的差异，甚至会影响定向就业。我们对此进行了调查，表 5 - 1 是在校免费师范毕业生就业流向生源地的意愿和基本情况的结果。表 5 - 2 是免费师范毕业生就业流向生源地及教师信念情况。

表 5 - 1　　　　　在校免费师范毕业生就业流向生源地的
意愿和基本情况统计

问题	是		否	
	人数	占比（%）	人数	占比（%）
我愿意回到生源地就业	326	62.81	193	37.19
教师是我理想的职业	352	67.82	167	32.18
我已经签订了就业协议	401	77.26	118	22.74

注：对在校免费师范生的调查截止到 2014 年 3 月。

表 5 - 2 免费师范毕业生就业流向生源地及教师信念情况统计

问题	是		否	
	人数	占比（%）	人数	占比（%）
我是回到生源地就业	436	96.25	17	3.75
教师是我理想的职业	322	70.77	133	29.23

　　由表 5 - 1、表 5 - 2 结果可以知道，在即将毕业免费师范生人群中，愿意回到生源地就业的比例只有 62.81%，喜欢教师职业的只有 67.82%，这说明免费师范生在选择意愿上是趋于理性的，他们认为到生源地任教不是他们的最佳选择；在他们中，已经签约的人数为 401 人，占 77.26%，尚有 22.74% 的免费师范生在观望或者没有选择到自己喜欢的单位。同时，在这些毕业生中有教师信念的比例不高，为 70.77%，还有近 1/3 的免费师范生的教师信念不强，这意味着如果有可能他们会考虑离开教师这一职业。同时，正是教师信念不强导致一些免费师范生在选择就业时做了违约准备，这也在一定程度上影响就业流向。在已经工作的毕业生中回到生源地就业的比例为 96.25%，有 17 名免费师范生（占 3.75%）由于各种原因并没有回到生源地就业，更多是跨省就业。说明免费师范生的定向就业取向是好的，主流是积极、良好的，他们有着明确的目的观和价值观，他们遵守当初约定；也有学生选择了没有回生源地就业，说明还是有个别违约的问题。相关调查也印证了这样的情况。"2011 年 9 月，教育部在新闻发布会上透露：10597 名首批免费师范生全部到中小学任教，90% 以上在中西部的中小学任教，39% 到了县镇及以下的中小学任教。截至 2011 年 9 月 27 日，河北、山西、内蒙古等 17 个省区的教育部门采集到了首批当地生源免费师范生的就业数据。据不完全统计，在 17 个省区的 4821 名免费师范生中，就业率超过九成，其中，有 41 名毕业生违约，约占这些省份首批免费师范生总数的 0.9%。另有 266 人出现了跨省就业、休学、无法正常毕业等情况。"但是目前就业流向的情况跟政策规定存在一定

的出入，尤其是免费师范生的教师职业信念影响就业流向。

因此，通过调查发现，免费师范生的就业流向由于受政府政策规定的限制和约束，基本是向生源地流入，具有单向性流向的特点。

二　免费师范生的流向地区以中西部省（市、区）为主

当前，我国中西部农村地区基础教育教师队伍现状令人担忧，一个重要表现是代课教师的存在，代课教师的水平普遍偏低，十分不利于教育的发展和教育公平的推进。"根据调查测算全国仍有代课教师 20 多万人，主要集中在农村中小学。我们对个别省的调查发现，代课教师实有数量少则在 1 万—2 万人，多的近 3 万人。他们大都分布在正式编制教师不能去、交通不太便利、经济又不发达的偏远山区教学点或小学。工资水平不等，多的月工资在 1300—1400元，少的只有几百元。调查还发现，有的代课教师为了生存不得不兼职其他工作。从学历上看，有高中毕业生、中专毕业生、大专毕业生及少量本科毕业生。有些在小学或教学点任教的代课教师大都承担着多科教学任务，但从教学的实际效果看，并不是很理想。个别代课教师授课内容有知识性错误，他们能把知识给学生讲明白就算很好了。2014 年某市对全市的在职初中和小学教师进行本体知识的摸底测试，发现不及格的教师大都是农村小学或教学点的代课教师，还有个别教师成绩在个位数。"① 其实不仅仅是中西部地区的农村地区，就是在一些省会城市的一些义务教育阶段的学校，也存在一定数量的代课教师或者临聘教师。笔者对某省会城市的一个中心城区的教育发展进行调研时，一些学校就袒露了他们面临的教师队伍建设的困境，因为教师编制和个别教师被借调等原因导致这些学校的教师在一定时期内短缺，他们不得不聘请一些代课教师来上课以缓解困境，这就是西部地区教育发展过程中教师队伍建设的困境

---

① 《农村代课教师问题 2015 最新消息：部分工资仅几百元》，http：//gwy.yjbys.com/shizhengshenlun/shishizhengye/430143.html。

之一。省城尚且如此，可以想象在边远的农村地区的教师发展状况。

正因为如此，师范生免费政策的目标跟西部教师队伍建设现状是相适应的。免费师范生也应该是以中西部生源为主。"在教育部2010年第5次新闻发布会，时任教育部师范教育司副司长的宋永刚表示，目前有90%的免费师范生来自中西部地区，也就意味着将有相当数量的学生毕业后会回到中西部地区工作。"

那么，这些免费师范生的就业流向应该也是以中西部为主，真实情况如何呢？对在校免费师范生的调查问卷"我参加高考的省份"和"我签订就业协议的单位属于我本人高考的省份"的题目调查显示，从已经签订了就业协议的401人的结果看，有352人选择的是"属于我本人高考的省份"，然后对应其高考所在省市区名称显示为中西部地区，占比为87.78%，从实际情况来看，6所教育部直属师范大学有90%的免费师范生来自中西部地区。根据招生情况，毕业生的签约情况没有到90%，可能的原因有：第一，调查是对已经签约的免费师范生进行统计，没有签约的学生还有较大比例的中西部地区的免费师范生；第二，个别免费师范生准备违约，或者一些免费师范生属于跨省就业，导致回到中西部生源地就业的比例下降了。① 从调查可以知道，免费师范生的就业也是以中西部省市区为主，师范生免费教育政策的设计对于缓解这一状况起到了一定作用。

三 免费师范生就业流入县城及以下地区中小学任教情况

根据我们的调查结果，免费师范生就业的流向地点以中西部省市区为主，因为中西部地区教育特别是农村地区的教育发展面临的根本问题就是教师队伍建设问题，这跟政策导向基本一致，也符合中西部农村地区基础教育对教师的需求，要实现这一目标要有一个

---

① 《目前90%的免费师范生来自于中西部地区》，http://www.jyb.cn/high/gdjyxw/201005/t20100526_362773.html。

条件，就是免费师范生必须到农村地区就业，那么，实际情况如何呢？根据 2010 年制定的《实施办法》，免费师范毕业生一般回生源所在省份中小学校任教，鼓励到边远贫困地区和民族地区任教。到城镇学校工作的免费师范毕业生，由当地政府教育行政部门结合城镇教师支援农村教育工作，安排到农村学校任教服务两年。师范生免费教育政策一个基本价值目标就是为农村和边远地区的中小学培养优秀师资，培养教育家。这就意味着免费师范生就业应尽可能流向县城及以下的中小学任教。

　　对在校免费师范生就业流向问卷中"我所签订的工作单位的地点属于"题目中，选择省会城市的为 105 人，占比为 26.18%；选择地市级中等城市的为 171 人，占比为 42.65%；选择县城的为 89 人，占比为 22.19%；选择乡镇的仅为 36 人，占比为 8.98%（见表 5－3）。在对已经毕业的免费师范生的问卷中"我工作的单位所在地"的选项跟前面相似，选择省会城市的为 127 人，占比为 28.04%；选择地市级中等城市的为 196 人，占比为 43.26%；选择县城的为 89 人，占比 19.65%；选择乡镇的仅为 41 人，占比 9.05%（见表 5－4）。在对已经毕业的免费师范生的问卷中"是否按照协议已经安排到农村中学支教"题目中，选择"是"的仅仅 23 人，占比为 5.08%，选择"否"的为 430 人，占比 94.92%。从上面的统计数据可以知道，免费师范生主要以流向大中城市为主，流向县城及乡镇的比例太低。

表 5－3　　　　　　　　　免费师范生就业协议签订的工作
单位地点的情况（N＝401）

	频率（人）	占比（%）
直辖市或者省会城市	105	26.18
地市级中等城市	171	42.65
县城	89	22.19
乡镇	36	8.98
合计	401	100.00

表 5 - 4　　　　免费师范生的工作单位地点的情况（N = 453）

	频率（人）	占比（%）
直辖市或者省会城市	127	28.04
地市级中等城市	196	43.26
县城	89	19.65
乡镇	41	9.05
合计	453	100.00

调查结果还显示：去往农村学校任教的仅占总数的 8.98% 和 9.05%，这距离政策预期的为农村中小学培养优秀师资的目标还有相当的差距。因为近年招收的免费师范生的生源主要来自农村，农村生源在他们的内心都有离开农村的意愿，一旦有机会他们都会努力往地级或地级以上城市进行就业，加上生源中大多数来自西部地区，西部地区除了西南大学和陕西师范大学以外，其余 10 余个省、区都没有教育部直属师范大学，这些地区对免费师范生的需求是供大于求的，因此，会出现这种就业情况。2011 年 2 月网络调查显示：在 181 名受调查的首届免费师范生中，63.5% 的受调查者来自农村，89.2% 的受调查者家庭月收入不足 4000 元；6.6% 的人选择了"北上广深"作为意向就业地点，58.0% 的人选择了"省会级城市"，没有人选择"农村"作为意向工作地点。

在我们对免费师范毕业生的访谈中，对于工作区域地点的选择，他们表现出来比较理性的思考。

"最少也得在县城就业"，"我们已经毕业的学兄学姐都是在地级及以上城市就业，相当同学在省城就业，因为在省城工作更有利于自己的职业和事业发展，如果在农村中小学就业，工作十年以后就是想跳槽都已经很难了"。（A 免费师范生）

现在在省城的中学上班比较累，但是我们觉得挺好的，我们的工作量不算太多，还有时间做一些自己喜欢的事情，

更有利于扩大自己的发展空间。（B 免费师范生）

而对于自己现在的工作地点也并非像我们想象的那样是自己积极主动的，甚至迫于无奈，更谈不上喜欢。

> 不是想回到家乡就业，而是因为在双向选择的过程中，许多地方都不需要我们的专业，最后只得回到家乡啊，在这里更多是想怎么才能离开，在这里找女朋友都比较难。（D 免费师范生）

对于自己现在的状态他也说出了自己的心声。

> 现在只有适应啊，时间长了就慢慢适应了。说实话我是凭良心做事，对得起自己的良心，没别的其他。要是工资高点，待遇好点，我们肯定心理更加平衡。

我国农村中小学教育与城市一样，更多体现的是精英选拔取向，几乎所有的教师和家长都有"跳龙门"情结，用"外面的世界很精彩，考上大学，离开农村"来激励孩子。这种"离乡"教育，无形中给来自农村的师范生制造了一种"回乡即失败"的心理压力。在访谈中，多数免费师范毕业生面临着这样的局面：一方面，"我想上大学，就是为了离开农村到城市去脱贫致富"，另一方面却要面对"我是免费师范毕业生，必须回生源地就业"的现实抉择。尤其是到乡镇就业的不到10%。根据政策规定在城镇就业的免费师范生需要到农村中学支教至少两年，但是至少从目前情况来看，执行这个政策或者免费师范生愿意到农村中学就业的比例太低，或许在长远的时间内会有较大的改善，但至少在当前是远远不够的。这说明免费师范生在就业时是理性选择的，他们会以个体理性最大化为原则，在不能自由选择地点的时候，只能在生源地范围内选择条件和专业发展较好的城市就业，虽然那里不如北上广等一线城市有那么大的发展空间，但是要比在县城的发展机会多得多。同时从另一方面说明，地市级及以上的城市，尤其是西部地区的地市级及以上的城市对教育部直属师范大学的需求是比较大的。

四 不同省（市、区）之间的免费师范生就业区域流向的差异较大

在就业流向中，不同省份的省内流向区域和目的地存在较大的差异。这种差异主要表现在东部地区和西部地区之间，尤其是西部经济社会欠发达地区之间，因为在西部地区没有教育部直属师范大学和"211"工程师范大学，这些区域对免费师范生的需求是供大于求，相当部分的免费师范生就留在了省城。我们在对已经毕业的免费师范生就业流向的问卷中以"我参加高考的省份"和"我工作单位所在地"题目进行分析，以贵州省为例，在453份调查问卷中贵州省生源人数为93人，在省会城市学校就业的为39人，地市级学校就业的为33人，县城中小学就业的为21人，乡镇及以下学校没有人就业。地市级及以上的人数为72人，占比为77.42%。以山东省为例，在92份调查问卷中在省会城市就业的为7人，地市级就业的为20人，县城为52人，乡镇0人，地市级及以上的人数为27人，占比为29.35%，县城占比为56.52%。调查情况见表5-5。

表 5 - 5　已经毕业的五个省（市、区）免费师范生就业区域
分布调查情况统计（N = 453）

省份	调查人数（人）	省会城市学校		地市级学校		县城中小学		乡镇中小学		农村学校	
		人数	占比（%）	人数	占比（%）	人数	占比（%）	人数	占比（%）	人数	占比（%）
贵州省	93	39	41.94	33	35.48	21	22.58	0	0	0	0
山东省	92	7	7.61	20	21.74	52	56.52	0	0	0	0
广东省	89	25	28.41	63	70.79	4	4.49	0	0	0	0
广西壮族自治区	88	26	29.55	27	30.68	33	37.5	2	2.27	0	0
湖南省	91	16	17.58	30	19.39	39	42.86	6	0	0	0

表 5 - 6　　　已经签约的各个省（市、区）免费师范生
就业区域分布调查情况统计（N = 401）

省份	调查人数（人）	省会城市学校		地市级学校		县城中小学		乡镇中小学		农村学校	
		人数	占比（%）	人数	占比（%）	人数	占比（%）	人数	占比（%）	人数	占比（%）
陕西省	31	7	23.08	4	12.82	12	38.71	5	15.38	3	10.01
安徽省	26	8	32.05	8	29.21	4	15.52	3	11.61	3	11.61
河南省	33	10	30.30	11	33.33	10	29.17	2	7.20	0	0
河北省	15	4	26.67	4	26.67	5	33.33	1	6.67	1	6.67
湖南省	38	9	23.68	18	47.37	9	23.69	2	5.26	0	0
广东省	12	2	17.65	8	64.71	2	17.65	0	0	0	0
山东省	21	5	23.81	10	47.62	6	28.57	0	0	0	0
湖北省	30	9	30.00	16	53.33	4	13.33	1	3.34	0	0
浙江省	16	5	31.25	8	50.00	2	12.50	1	6.25	0	0
四川省	30	9	30	11	36.67	8	26.67	1	3.33	1	3.33
甘肃省	34	11	32.35	17	50	6	17.65	0	0	0	0
广西壮族自治区	18	6	33.33	7	38.89	4	22.22	1	5.56	0	0
云南省	36	11	30.56	12	33.33	10	27.78	2	5.56	1	2.77
福建省	14	5	35.71	5	35.71	3	21.43	1	7.15	0	0
贵州省	47	24	51.06	14	29.79	9	19.15	0	0	0	0

对免费师范生的访谈结果也支持了这一结果，他们给出了自己的答案。

　　　跟我一个寝室的本专业的同学，因为是属于四川省生源，他工作地点在地级城市的重点中学，而我是属于湖南生源，只能在县城的初中任教，想调到高中学校都很难，这对自己的事业发展不好啊，太不公平了。（E 免费师范生）

我的班上的一名同学，是青海省生源，回去以后进行就业选择的时候，好多单位都竞相让他去面试，希望能留他在学校任教，他最后选择了在省城的一所重点高中任教，同样是同班同学，我们都联系了好几个学校，前面都被拒绝了，最后只能来现在的学校，这很不公平，应该可以允许免费师范生在全国范围内进行双向选择。（F 免费师范生）

除了就业地区的中小学鼓励差异之外，就业流向的差异还表现在攻读教育硕士方面，西部地区免费师范生去攻读硕士学位，可以报销学费，拿到学位证还给予职称和待遇上的倾斜。

现在我所在的学校对于攻读硕士学位是不支持也不反对，但是不报销学费，各方面没有什么优惠，而我的一个甘肃籍同学学校可以在他拿到学位以后给报销学费，还提供一年一次的旅途交通费，这就是各个省之间的差异。（G 免费师范生）

五 就业单位以高中学校为主

免费师范生的目标是培养优秀农村教师，而农村教育现在主要是初中和小学，高中主要在县城及以上。那么，调查的结果如何呢？我们对调查结果进行分析，对于在校免费师范生是围绕"我所签订的就业单位类型是"题目选项中，调查的结果是选择高中的人数为 307 人，占比为 76.56%；完全中学为 41 人，占比为 10.22%；职业高中或中专为 16 人，占比为 3.99%；初中为 21 人，占比为 5.24%；小学为 6 人，占比为 1.50%；其他 10 人。结果显示，免费师范毕业生的主要从教层次为普通高中，有 80% 左右的免费师范毕业生在毕业后执教普通高中，约有 3.99% 的免费师范毕业生执教职业中学或者职业高中，有 5.24% 的免费师范生到初中就业，执教小学及以下的免费师范毕业生所占比例极少。与已经毕业的免费师范生结果基本相似，对于在校免费师范生是围绕"我工作单位类型是"题目选项中，调查的结果是选择普通高中的人数为 287 人，占比为 71.57%；完全中学为 40 人，占比为 9.98%；职业高中或中专为 20 人，占比为 4.99%；初中为 37 人，占比为 9.22%；小学为 6 人，占比为 1.50%；其他 11 人，占比为 2.74%。免费师范毕业生执教的学校层次主要为普通高中，其次为地市级学校。

六　免费师范生攻读硕士研究生情况

攻读硕士研究生对于有志于学术研究的学生来说是一个比较重要的选择，同时也是大学生毕业以后的流向之一。根据《教育部直属师范大学免费师范毕业生在职攻读教育硕士专业学位实施办法（暂行）》，免费师范生不能报考脱产研究生，但是到中小学任教满一学期以后，可申请免试在职攻读教育硕士专业学位，经任教学校考核合格，部属师范大学根据工作考核结果、本科学习成绩和综合表现考核录取为教育硕士专业学位研究生，在职学习专业课程，任教考核合格并通过论文答辩的，颁发硕士研究生毕业证书和教育硕士专业学位证书。那么，免费师范生对攻读研究生的看法是怎样的？我们围绕"我对攻读硕士学位的打算"题目选项进行分析，在校免费师范毕业生的结果是：选择"我愿意选择攻读教育硕士专业学位，然后寻求更好的发展"的人数为 357 人，占比为 68.79%；选择"我想报考全日制研究生，但政策规定免费师范生不能报考脱产研究生"的为 105 人，占比为 20.23%；选择"我不打算攻读教育硕士学位"的为 33 人，占比为 6.36%；选择"其他"的为 24 人。已工作的免费师范毕业生的结果是：选择"我愿意选择攻读教育硕士专业学位，然后寻求更好的发展"的人数为 375 人，占比为 82.78%；选择"我想报考全日制研究生，但政策规定免费师范生不能报考脱产研究生"的为 39 人，占比为 8.61%；选择"我不打算攻读教育硕士学位"的为 27 人，占比为 5.96%；选择"其他"的为 12 人。从结果来看，在校即将毕业的免费师范生更愿意选择攻读全日制研究生，而已经工作的免费师范生更趋向于选择攻读教育硕士，这跟他们已经工作，如果攻读全日制研究生违约的代价较大有关，但是还有 8.61% 的已经工作的免费师范生想攻读全日制研究生，可能这其中有部分还是想从事学术研究或者对目前的工作不是十分满意，想通过深造的方式改变一下目前的环境。另外，不想攻读教育硕士学位的一个原因应该是教育硕士的学费是自费且只能在原来学校攻读，不能选择其他学校。

> 一年以后允许读研究生，但不允许选择其他学校，这样的决定类似于近亲婚姻，这对培养优秀教师和教育家非常不利。为什么不允许我们选择其他学校读研究生啊。不管从哪方面考虑都是不利的。为什么会有这样的决定。本来不让考全日制硕士研究生对许多人就是不公平的，还不让我们自己选择读研学校更是不公平的决定。因为眼界开阔是当老师的一种必备的素质……除此之外，我们读在职研究生还要收费，不能享受免费待遇。如果让我们自费读研，当时是不是应该考虑给我们一点点自主选择权呢，让我们自己选择读研学校啊。（H 免费师范生）

七　就业途径

尽管免费师范生的就业是定向流动，但是他们还是需要在省市区范围内进行双向选择就业，只有到最后没有选择单位的才由当地政府解决工作问题。他们的就业途径毫无疑问应该是就业流向中的重要手段方式。

在调查的 519 位免费师范生中，有 401 人截止到调查结束之时，已经确定了工作单位，占总人数的 77.26%。在已经签约工作单位的 401 人中，175 人是靠自己应聘获得的工作岗位，占总就业人数的 43.64%；81 人是通过学校推荐获得工作的，占总就业人数的 20.20%；116 人是通过家人、社会关系获得工作的，占总就业人数的 28.93%；29 人靠其他方式获得工作，占总就业人数的 7.23%。

表 5 - 7　　　　免费师范生就业的途径统计情况 （N = 401）

	父母亲戚帮忙联系	自己联系应聘	学校推荐	其他	小计
人数	116	175	81	29	401
占比 （%）	28.93	43.64	20.20	7.23	100

第二节　免费师范生就业满意度情况

满意度是一个心理学概念。工作满意度是员工在自身的生理、心理及周边环境等因素影响下对工作的一种感知。而高校学生满意度，是大学生对高校学习和生活等方面的一种带有情绪色彩的看法和想法。满意度被广泛地用在研究中是在 20 世纪中后期，主要被用于计量经济学的研究中，它指"一个人通过对一种产品的可感知效果（或结果）与期望值比较后形成的愉悦或失望的感觉状态"，其优势在于"从顾客的角度而不是企业自身的利益和观点来分析考虑顾客的需求，以提升质量管理的效率，促进企业的发展"。满意度指标是衡量就业质量的重要方面，满意度高低直接影响就业流向和政策目标的实现。满意度越高越有利于吸引免费师范生的就业。

免费师范生对签约工作和所在工作单位的总体满意度如表 5 - 8、表 5 - 9 所示。

表 5 - 8　　　　已经签约的在校免费师范生对签约
单位总体满意度 （N = 401）

	频数 （人）	百分比 （%）	累计百分比 （%）
十分不满意	2	0.50	0.50
不满意	6	1.50	2.00
基本满意	136	33.90	35.90
满意	176	43.90	79.80
非常满意	81	20.20	100.0
总计	401	100.0	

由表 5 - 8 可以看出，在参加调查的已经签约的 401 名被调查者中，回答十分不满意的为 2 人，仅占 0.50%；回答不满意的为 6 人，只占 1.50%；回答满意的为 176 人，占 43.90%。回答非常满意的为 81 人，占 20.20%。从累计百分比可以知道，满意和非常满意的比例占到了 64.10%，十分不满意、不满意的仅占 2.00%。这说明在已经签约的免费师范生中大多数对工作单位是满意的，不过还有 2.00% 的毕业生对工作单位不满意，只是受多种因素影响而签约，比如有的毕业生是因为专业不太好就业，有单位要就签约了，还有的就业有区域要求，定向在某个区域就业导致对单位不满意。同时，有一个现象也需要我们注意，那就是还有尚未签约的免费师范生没有回答问题，也就是说他们很可能最后由当地政府安排就业，因为根据《实施办法》，没有签约的最后由当地政府安排工作，那么很可能他们对安排的工作不是十分满意。还有一个选项就是基本满意，基本满意的比例也是比较高的，可能是因为一些学生对签约单位尚不完全了解。

表 5 - 9　　已经工作的免费师范生对工作单位总体满意度（N = 453）

	频数（人）	百分比（%）	累计百分比（%）
十分不满意	6	1.32	1.32
不满意	62	13.69	15.01
基本满意	228	50.33	65.34
满意	93	20.53	85.87
非常满意	64	14.13	100.0
总计	453	100.0	

由表 5 - 9 可以看出，在参加调查的 453 名被调查者中，回答十分不满意的为 6 人，仅占 1.32%；回答不满意的为 62 人，只占 13.69%；回答满意的为 93 人，占 20.53%；回答非常满意的为 64 人，占比 14.13%。从累计百分比可以知道，满意和非常满意的比例占到了 34.66%，十分不满意、不满意的占 15.01%，基本满意占了一半以上。说明工作以后的免费师范生的满意度还有提高的空

间，他们的就业单位不是他们期待的单位，在工作中存在一些因素影响免费师范生的发展，或环境或发展平台或待遇等。

从题目"我认为影响工作满意度是最重要因素"中，选择"生活压力太大"的有116人，占比为25.61%；选择"教学任务繁重"的有37人，占比为8.17%；选择"不喜欢教师职业，产生职业倦怠"的有73人，占比为16.11%；选择"身心状况欠佳的"的有5人，占比为1.10%；选择"发展条件受到限制"的有99人，占比为21.85%；选择"学校的激励机制不好"的有83人，占比为18.32%；选择"其他"的有39人，占比为8.61%。

从表5-10中可以发现，不满意和十分不满意占比为8.83%，满意和非常满意占比为39.74%，说明免费师范生对单位安排的各项教学任务存在一些不尽如人意的地方。因为是刚毕业的大学生，加上中西部地区随着教育的扩容，中小学特别是基层的中小学教师在数量上严重不足，他们到了以后，单位给他们更多的任务，可能超出了预期的想象而导致调查结果的出现。

相关调查也显示了类似结果：70%的免费师范毕业生任教1—4个班级，一成到二成的免费师范毕业生任教5—9个班级，甚至有一部分免费师范毕业生任教10个班级以上。2011届、2012届、2013届师范毕业生任教的学生班额，分别为56人、53人和77人。他们在就业后，立即面临繁重的教学任务，工作压力巨大，教学创新的空间和余地比较少。[1] 这些情况导致了免费师范生的满意度的现状。

表5-10　　　　　　对单位安排的各项工作任务满意情况

	频数（人）	百分比（%）	累计百分比（%）
十分不满意	5	1.10	1.10
不满意	35	7.73	8.83

---

[1] 《学历、政策、编制成免费师范生就业拦路虎》，http://edu.qq.com/a/20150205/014222.htm。

续表

	频数（人）	百分比（%）	累计百分比（%）
基本满意	233	51.43	60.26
满意	106	23.40	83.66
非常满意	74	16.34	100.0
总计	453	100.0	

从表 5-11 中可以进一步发现，选择不满意和十分不满意占比为 11.70%，满意和非常满意占比为 38.63%，说明免费师范生所在单位给免费师范生提供的平台还存在对他们发展不利的因素。从另一方面也可以反映出中西部地区教育发展的现状跟他们的预期存在差距，在师范大学他们接受的是优质的高等教育，教学条件和设施以及环境等都是在国内师范大学中处于优势地位的，而他们毕业以后的工作单位和平台没有办法跟师范大学相比，他们的发展空间和他们想象的有较大的差距，因此在心理上可能有较大的落差。

表 5-11 　　　　对单位提供的工作平台满意情况

	频数（人）	百分比（%）	累计百分比（%）
十分不满意	11	2.43	2.43
不满意	42	9.27	11.70
基本满意	225	49.67	61.37
满意	98	21.63	83
非常满意	77	17	100.0
总计	453	100.0	

第三节　用人单位对免费师范生的满意度情况

用人单位对毕业生的评价，可以反映社会大众对免费师范生的认可和接受程度，了解师范生免费教育政策的效果，从而影响免费师范生的就业流向。除此之外，还可以通过研究分析免费师范生就业流入用人单位的基本情况。目前，有关研究都是基于免费师范生本身对就业的满意度的，如王乃一、何颖通过研究发现：免费师范生对已落实的工作总体满意度较高，"非常满意"和"满意"的毕业生达到了67%。严怡、张斌的研究也得出相似的结论：9.93%的人"很满意"，有7.85%和2.99%的人分别表示"不太满意"和"不满意"。而从用人单位的角度专门进行对免费师范生的满意度的相关的研究成果鲜有见到，有的只是在相关研究中提到，如商应美、王香丹和周冰等在关于免费师范生的就业政策及其执行对策中提到了用人单位对免费师范生的总体评价情况很好，认为免费师范生基本功扎实，综合素质好、能力强，但还有进一步提升的空间。

对用人单位的满意度调查，可以反映出免费师范生就业流向的效率问题，用人单位越满意说明培养的免费师范生质量越高，政策的效果越好，势必形成良好的社会效益，就会对免费师范生具有更强的吸引力，促进免费师范生就业的良性互动。

一　用人单位对免费师范生的总体满意度现状

由表5-12可以看出，在参加调查的448名被调查者中，回答十分不满意的为2人，仅占0.45%；回答不满意的为6人，只占1.34%；回答满意的为209人，占46.65%；回答非常满意的为64人，占比14.28%。从累计百分比可知，满意和非常满意的比例占到了60.93%，十分不满意、不满意的仅占1.79%。所以，用人单位对免费师范生的总体满意度是很高的。

表5-12　　用人单位对免费师范生的总体满意度（N=448）

	频数（人）	百分比（%）	累计百分比（%）
十分不满意	2	0.45	0.45
不满意	6	1.34	1.79
基本满意	167	37.28	39.07

续表

	频数（人）	百分比（%）	累计百分比（%）
满意	209	46.65	85.72
非常满意	64	14.28	100.0
总计	448	100.0	

根据因子分析结果，总体满意度可以分成四个维度，这四个维度跟总体满意度的关系可以使用相关关系进行描述。

表 5-13　　　　　　各维度与总体满意度的简单相关系数

维度	均值	标准差	思想精神	教师专业知识水平	教学教改能力	教师专业发展能力
思想精神	4.768	0.730				
教师专业知识水平	4.913	0.718	0.295*			
教学教改能力	4.886	0.685	0.282*	0.292*		
教师专业发展能力	4.762	0.729	0.289*	0.276*	0.297*	
总体满意度评价	5.022	0.731	0.464**	0.425**	0.397**	0.356**

注：**表示 $p < 0.01$，*表示 $p < 0.05$。

由表 5-13 可以看出，用人单位的总体满意度得分最高，其均值为 5.022，说明给出满意的评价较多；其标准差为 0.731，说明被试对这个评价的离散较大，但是普遍都给出了满意的评价。满意度得分最低的为教师专业发展能力，其均值为 4.762，说明对教师专业发展的满意一般，同时，其标准差为 0.729，离散值较大，说明对教师专业发展能力的评价存在较大差距。思想精神也存在类似情况。教学教改能力和教师专业知识水平两个因子满意度的得分均值较高，标准差也相对稳定，说明在这两个维度上是满意的。

二　用人单位对免费师范生的满意度的差异分析

（一）用人单位的区域差异

结果显示，在不同的区域中，县城中学的满意度得分为 5.113，满意度最高；其次是地市级中学的满意度得分为 4.932；省城中学的满意度得分最低（见表5-14）。

表5-14　不同区域学校对免费师范生的满意度均值比较的差异

区域	N	均值	标准差
省城中学	203	4.613	0.786
地市级	176	4.932	0.726
县城所在地	69	5.113	0.701

经方差检验发现，用人单位的总体满意度在学校所处区域之间具有显著性差异（见表5-15）。事后检验可知，省城学校和地市级所在地学校的差异显著，省城学校和县城所在地学校的差异显著。

表5-15　　　　　用人单位区域差异方差分析

	平方和	df	均方	F	显著性
组间	16.618	4	4.155	4.035	0.037
组内	158.218	278	0.569		
总数	174.386	281			

（二）学校类型差异

表5-16　不同类型学校对免费师范生的满意度均值比较的差异

学校类型	N	均值	标准差
省级示范学校（一类）	65	4.213	0.726
省级示范学校（二类）	147	4.868	0.796
省级示范学校（三类）	66	4.962	0.715
普通中学	170	5.351	0.683

由表5-16可知，在不同类型的学校中，对免费师范生的满意度的均值也存在差异，普通中学的满意度得分最高，为5.351分；

其次是省级示范学校（三类），为 4.962 分；满意度得分最低的为省级一类示范高中。

经方差检验发现，用人单位的总体满意度在不同类型的学校之间具有显著性差异（见表 5 - 17）。事后检验可知，省级示范学校（一类）跟普通中学满意度的差异显著。

表 5 - 17　　　　　　　　学校类型差异方差分析

	平方和	df	均方	F	显著性
组间	13.291	4	3.323	1.712	0.026
组内	185.832	268	0.693		
总数	199.123	271			

（三）不同层次的人员评价的差异

表 5 - 18　不同层次人员对免费师范生的满意度均值比较的差异

层次类型	N	均值	标准差
校级领导	20	4.905	0.702
中层干部	53	4.897	0.711
普通教师和管理人员	375	4.976	0.713

由表 5 - 18 可知，在不同层次的人员评价中，对免费师范生的满意度的均值存在差异，但是差异不是太大，普通教师和管理人员的满意度得分最高，为 4.976 分；其次是校级领导，为 4.905 分。

经方差检验发现，用人单位的总体满意度在不同层次人员的评价之间不具有显著性差异（见表 5 - 19）。

表 5 - 19　　　　　　　不同层次的人员评价的差异方差分析

	平方和	df	均方	F	显著性
组间	11.321	3	3.774	1.564	0.185
组内	182.826	288	0.635		
总数	194.147	291			

三　回归分析

从前面的相关分析可知用人单位对免费师范生的总体满意度和各因素的满意度之间的关系。但是，要弄清楚这些因素的满意度跟总体满意度之间关系的强度如何，它们之间是否存在因果关系，进一步确定用人单位对免费师范生的总体满意度评价跟另外 4 个维度之间的关系，需要运用多元线性回归分析。

我们将用人单位对免费师范生的总体满意度作为因变量，设为 Y，将 4 个维度的满意度因子作为自变量分别设为 X_1、X_2、X_3、X_4，则回归方程可表示为：

$$Y = B_0 + B_1X_1 + B_2X_2 + B_3X_3 + B_4X_4$$

回归分析采用逐步回归法进行，原则是：每一自变量的偏回归系数 $t < 0.05$ 时进入，$t > 0.10$ 时剔除。回归方程的方差分析结果见表 5 – 20。

表 5 – 20　　　　　用人单位对免费师范生总体满意度与
各维度的回归方程的方差分析

引入变量	方差来源	平方和	自由度	均方	F	P
截距	回归	198.232	4	49.558	216.815	0.000
思想精神	残差	126.152	697	0.181		
教师专业发展能力	总计	324.384	701			
教学教改能力						
教师专业知识水平						

变量的偏回归系数的 t 值检验结果见表 5 – 21。

通过上述回归方程的方差分析、标准回归系数、t 值检验，其标准回归方程为：

$$Y = 0.175 + 0.453X_1 + 0.373X_2 + 0.165X_3 + 0.157X_4$$

回归方程的含义为：在其他变量为零的情况下，X_1（思想精神）增加一个单位，则 Y（用人单位对免费师范生的总体满意度）

增加 0.453 个单位，依此类推。P 值为 0.000，已达到 0.01 显著性水平，这说明自变量与因变量之间显著相关。

表 5-21　　各维度与总体满意度的偏回归系数及其 t 值检验

引入变量	标准回归系数	t	p
截距 (a)		0.000	0.105
思想精神 (X_1)	0.453	5.085	0.000
教师专业发展能力 (X_2)	0.373	4.736	0.000
教学教改能力 (X_3)	0.165	2.756	0.000
教师专业知识水平 (X_4)	0.157	2.722	0.000

通过调查可以看出，用人单位从总体上对免费师范生很满意，但是也存在一些方面的差异。主要表现在不同区域、不同学校类型的满意度的显著性差异。具体到学校的不同层次的人员对免费师范生的评价的满意度差异不大，没有显著性差异。

在县城和地市级对免费师范生的满意情况比省城用人单位的满意度就高，且存在显著差异。这是由于省城是全省的经济、政治和文化中心，教育的发展也处于全省的前列，相对县城来说，师资队伍建设水平高出许多。国家对免费师范生的就业有一个明确的规定，免费师范生毕业以后应该到基层从事教育教学工作十年，其中两年必须在农村中学，这个规定对于相当一部分毕业生来说影响了个人发展，于是他们想办法留在省城或者中心城市工作。省城中学选择的余地大得多，而下到县城从事教育教学工作的免费师范生就相当有限，在县城中学，教育部直属大学毕业的教师本来就少，他们对免费师范生特别重视，这就形成满意度的区域差异。在不同类型的中学里面，同样存在上述问题，免费师范生都希望能到省级示范学校从事教育教学工作，这样省级示范学校选择的余地很大，而普通中学的选择性相对要小一些，形成了满意度的学校类型的差异。

　　根据用人单位对免费师范生的总体满意度中的各因素的满意度情况的回归分析，可以发现，在具体的对免费师范生的四个维度的满意度上，用人单位最满意的是教师专业知识水平和教学教改能力，对思想精神和教师专业发展能力的满意度存在改进的空间。思想精神的系数最大为 0.453，教师专业发展能力为 0.373，教学教改能力为 0.165，教师专业知识水平为 0.157，表明思想精神是影响总体满意度最重要的维度，其次是教师专业发展能力，影响最小的是教师专业知识水平。

第六章　免费师范生就业流向的
影响因素分析

　　促使人以极大的热情去行动的因素有两个：第一个因素是"公理"、"理想"；第二个因素是表面现象背后的那个实在的因素——"原动力"，即人类的需要、本能、兴趣和热情。所谓"热情"，是指人对利害关系的关心，是从私人的利益、特殊的目的，或利己的企图产生的人类活动。

——黑格尔（Hegel）

　　在黑格尔看来，对理想的追求、对正义的信仰和对个人利害的关注、对个人利益的追求，构成人类历史的经纬线。而两者相比，后者是更深刻的原因。[①]

　　免费师范生就业流向是个复杂的社会问题，它是免费师范生个体就业理性选择问题，是在政府政策定向就业规定的前提下免费师范生个人以及外部因素的影响，还是免费师范生个体就业理性选择的结果，牵涉到政府政策、社会环境、高校引导、单位环境、家庭意见、个体自我价值实现等多种因素，是一个多种因素共同作用的结果。我们可以将影响免费师范生就业流向的因素划分为内因和外因，即外在拉力因素与内在动力因素共同作用的结果。

---

　　① 黑格尔：《历史哲学》，张作成、车仁维译，北京出版社 2008 年版。

第一节　免费师范生就业流向的
动力机制分析

一　免费师范生就业流向的外在拉力分析

根据马斯洛需求层次理论，只有当用人单位及其所在的环境提供的条件能够满足免费师范生在当前阶段的最主要的需求时，才能最大限度地对免费师范生就业选择产生吸引力，免费师范生也才能因为自己的选择获得最大的效用。用人单位所在区域的基础环境和用人单位性质、用人制度以及薪资水平等是吸引免费师范生的重要因素。① 因此，不同区域的基础环境和用人单位的用人条件在何种程度上能够满足免费师范生的需求就成为免费师范生的就业区域选择过程中的外部拉力。

改革开放以来，我国经济取得快速发展，由于历史的、地理的因素，加上在国家"效率优先、兼顾公平"的理念指导下，我国的经济发展极不平衡，造成了东部沿海与内地、东部与西部的均衡和公平问题，区域经济发展不平衡带来了一系列社会公平问题，经济发展不均衡导致了教育的不均衡发展，因为经济的发展离不开教育和人才的发展。反映在就业上就是大学生的就业问题，经济发展使得经济发达地区比欠发达地区对高层次人才拥有更强的吸引力。尤其是大学生就业实行双向选择以来这种趋势更加明显。这种趋势在免费师范生的就业中同样存在，因此，区域经济发展的现状对免费师范生的就业流向产生了较大的影响。具体表现为，在同一省市区，基于理性选择，免费师范生都倾向于选择条件和待遇比较好的

① 转引自孙祥《大学生就业区域流向影响因素研究》，合肥工业大学出版社2011年版。

地级及以上城市就业，就业流向中等及以上城市，而县城由于本身的条件和环境等限制对免费师范生的吸引力不足，只有那些在毕业之前还没有签约的免费师范生方回到生源地所在县城进行就业。因此，区域经济发展在很大程度上影响免费师范生的就业流向。由于区域经济发展的不平衡，不同区域用人单位的工作待遇、工作环境和发展平台的差异，影响着免费师范生的就业流向，因此，外部拉力成为免费师范生就业流向的重要因素。

二 就业政策是免费师范生就业流向的最重要的外部推力

国家以保证免费师范毕业生回到生源所在地就业来保障政策的执行。这是规定免费师范生就业流向只能在省内流动，不能跨省流动。《教育部直属师范大学关于免费师范生的实施通知》和《实施办法》都明确了免费师范生毕业以后必须回到生源地工作。首先，根据《实施办法》，免费师范生在入学前就已经跟生源所在地省级教育行政部门和培养学校签订好《师范生免费教育协议书》，承诺毕业后从事中小学教育 10 年以上。其次，《实施办法》对免费师范生的就业的要点概括起来就是"落实责任、落实编制、落实岗位、服务农村、履约管理、加强监督"。[①] 落实责任是指免费师范生的就业工作由相关各省级政府统筹，教育、人力资源和社会保障、机构编制、财政等部门组成工作小组，负责制订并实施就业方案，落实保障措施，确保免费师范毕业生到中小学任教。《就业办法》明确了省级相关部门的具体责任。落实编制就是各地方政府要优先保证免费师范生的编制，明确"各地应先用自然减员编制指标或采取先进后出的办法安排免费师范毕业生，必要时接收地省级政府可设立专项周转编制"。[②] 落实岗位是指地方政府通过采取双向选择和安排就业两种方式来落实免费师范毕业生到中小学任教的岗位。服务农

---

① 宋永刚：《首届免费师范毕业生就业保障政策出台》，《教育与职业》2010 年第 8期。

② 《教育部有关负责人解读师范生免费教育政策》，http://edu.people.com.cn/GB/8216/5767241.html，2011 – 10 – 18。

村是指根据《就业办法》规定到城镇学校工作的免费师范毕业生，由当地教育行政部门根据城镇教师支援农村教育需要，安排到农村学校任教服务两年。履约管理是指免费师范毕业生在协议规定任教期内，未能履行协议的毕业生，要按协议规定退还已享受的免费教育费用并缴纳违约金，已在职攻读教育硕士专业学位的，由培养学校取消其学籍。省级教育行政部门负责本省内免费师范毕业生的履约管理，负责管理违约退还和违约金，建立免费师范生的诚信档案，公布违约记录，并记入个人人事档案。加强监督是指教育部等四部门建立免费师范毕业生就业工作督察机制，每年进行检查并采取适当方式公布结果。对于免费师范毕业生就业工作落实不力的地方，教育部将酌情调整部属师大在当地的招生计划。最后，各地方政府相继出台了免费师范生的就业规定，以确保免费师范生的就业。福建省要求，各地中小学空缺编制应优先用于接收教育部直属师范大学福建生源免费师范毕业生。同一县域内的中小学空缺编制，经当地教育部门会同机构编制部门，可以相互调剂使用。编制紧缺的县（市、区）应首先用自然减员空出的编制或采取先进后出的办法安排免费师范毕业生。以县（市、区）为单位，中小学没有空编的，可以设立周转编制，专项用于接收安排免费师范毕业生，待中小学校自然减员空出编制后，周转编制相应予以核销。湖北省出台的《教育部直属师范大学免费师范毕业生在鄂就业实施办法》，将确保该省每一位到中小学任教的免费师范毕业生有岗有编。而且省内生源免费师范生毕业后，一般应回该省从事中小学教育工作不少于10年，到城镇学校工作的，由其所在学校上级主管教育行政部门结合城镇教师支援农村教育工作，安排到农村学校任教服务两年。免费师范毕业生在农村学校服务期间，仍然享受派出学校原工资福利待遇，当地政府和农村学校要为其到农村任教服务提供周转住房等必要的工作、生活条件。河南省规定，对免费师范毕业生可采取双向选择和由生源所在省辖市及所辖县（市、区）政府统筹安排两种就业方式。免费师范毕业生一般回生源所在省份中小学任教，也可以通过双向选择到省内其他中小学校任教。为鼓励免费师范毕业生到农村边远贫困地区任教，到城镇学校工作的毕业生由当地教育行政部门以支教的方式安排到农村学校任教服务两年，其间仍然享受派出学校原福利待遇。为确保免费师范毕业生履行当初的承诺，各省辖市及所辖县（市、区）教育行政部门将为每一位毕业生建立诚信档案，未能履行协议的毕业生要向省教育厅退还已享受的免费教育费用，并缴纳违约金。河北省教育厅将会同省编办在核定的中小学教师编制总额内，制订接收免费师范毕业生就业编制计划，并会同省人力资源和社会保障厅在编制限额内制订下达接收免费师范毕业生聘用计划，确保每一位免费师范毕业生到中小学任教有岗有编。并且，免费师范毕业生可在协议规定任教服务期内在学校之间流动或从事教育管理工作，对于到城镇学校任教的免费师范毕业生，在其服务期限内，将由各地市教育局结合城镇教师支援农村教育工作，安排到农村学校任教服务两年。从以上各个省的规定来看，各个省的免费师范生的就业实施办法都是在国家规定的原则范围之内，主要在保证编制、履约管理、提供就业岗位等方面对免费师范生的就业进行保障。

根据《实施办法》，免费师范生毕业前及在协议规定服务期内，一般不得报考脱产研究生。如果要提高学历层次，可在职攻读教育硕士，任教考核合格并通过论文答辩的，颁发硕士研究生毕业证书和教育硕士专业学位证书。从以上可以知道，政府政策将免费师范生的就业流向规定在省市区。

三 内在动力因素分析

免费师范生择业属于个体理性选择行为，免费师范生的就业流向除了受到上述外部因素影响外，还有自身内部原因。这些因素可以归纳为个体和家庭两大方面。[①]

---

① 柴天姿：《大学生就业区域流向：是外力推动还是内力驱动？》，《高等工程教育研究》2014 年第 5 期。

（一）个体因素

需求层次理论、ERG 理论、成就激励理论都表明，个体在获得生理安全需求满足后，会进一步追求高层次的需要，即自我价值的实现。免费师范生作为高层次劳动力资源，在追求较高物质回报的同时，也在进行自我能力与工作挑战性的平衡。

免费师范生的兴趣、教师信念、理想均会对其择业地区流向选择上产生影响。比如，不同的个体对个人价值与社会价值的平衡取向不同，一部分免费师范生择业时会把职业经济回报、社会地位、工作环境作为重要考虑要素；另一部分免费师范生会将自我价值实现与国家需要结合，考虑选择去农村教育地区就业。再有，免费师范生个体就业能力差异也会对大学生就业流向产生影响。根据调查，个体就业能力主要表现在人力资本方面，比如，英语过级情况、学习成绩、参加社会实践等。

（二）家庭因素

据凌四宝[①]的一项调研数据显示，在对就业决策的影响方面，大学生的首次择业受到家庭经济因素的影响，占到 75.83%。农村与城镇户口大学生在择业地区流向上会产生一定差异。农村学生大多会选择经济较为发达、大城市或高校所在地为工作地点。而来自城镇的学生，多会受到父母工作及职业价值影响，有的是父母一手操办，有的回到原户籍地工作。

四　免费师范生就业流向影响因素的动力体系

免费师范生就业流向的影响因素是一个复杂系统，由于个体间存在差异，每一种影响因素对不同个体的作用也不同。从系统论出发，需要构建免费师范生就业流向的动力系统模型，如图6－1所示。

免费师范生就业流向动力系统的主体有免费师范生、用人单位、

---

① 凌四宝：《影响大学生就业流向的主要因素对策》，《华东交通大学学报》2007 年第 6 期。

政府、教育部直属师范大学等。由于东西部地区地理位置的差异、城乡二元结构导致的城乡经济发展的差异，使在同一省市区范围内经济发展不平衡，从而形成了免费师范生就业在同一省市区流向的基础环境差异，不同基础环境的地区对免费师范生的吸引力不同，各主体相互作用而产生的内在动力与外在动力不同。其中，免费师范生个体因素和家庭因素带来的教师信念、个人心理、价值取向和家庭观念等方面是免费师范生就业流向的基本内在动力，主要来源于个人的主体作用及其对就业流向的选择；而社会宏观政治经济环境的引导作用、用人单位的吸引力以及政府的政策推力等则是系统的外在动力。因此，免费师范生就业的地区基础环境、外在动力及内在动力共同构成了免费师范生就业流向的动力系统。

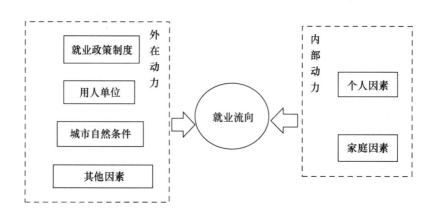

图6-1 免费师范生就业流向动力系统模型

第二节 影响免费师范生就业流向的因素

通过就业流向影响因素框架我们对免费师范生的就业流向的影响因素进行了分析，这只是从具体的政策文本和相关文献的角度进行的，而且对于哪种因素占主导，哪些是次要因素并没有明确。我们将根据调查结果对影响因素进行分析，找出哪些是主要影响因素，免费师范生的个体差异（包括性别、年龄、人力资本等）在就业选择中起到多大的作用，不同的家庭背景与环境对免费师范生的就业流向是否产生影响、产生多大的影响；区域基础环境，特别是区域经济发展水平是否对免费师范生就业区域流向有着重要的影响；免费师范生的毕业学校、专业等对就业流向的影响如何？用人单位对于免费师范生的就业流向的选择是否发挥不同的作用？为此，本书基于免费师范生就业流向动力系统构建了一个分析免费师范生就业流向因素的框架，如图6－2所示。

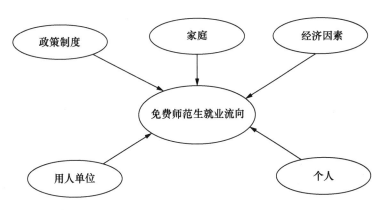

图6－2　影响免费师范生就业流向因素框架

从影响免费师范生就业流向因素框架图可以看出，影响免费师范生就业流向差异的因素主要有政策制度因素、用人单位因素、经济因素、家庭因素和个人因素等。

一　政策制度因素

政策制度因素主要包括户籍管理制度、档案管理制度、社会保障制度、国家投资政策、地区就业政策等。① 在免费师范生就业的

① 袁乐平、土昭君：《制度因素对高校毕业生就业流向影响的经济学分析》，《大学教育科学》2006年第6期。

政策因素中，主要是中央政府对免费师范生的就业定向政策规定、地方政府的就业政策、国家对免费师范生继续深造攻读研究生的规定以及教师教育专业发展的相关政策等。首先，在就业政策中，中央政府已经明确规定只能在省市区范围内就业，这就在宏观上对免费师范生就业流向进行了大范围的限制。其次，各个地方政府特别是省、市、区一级政府对免费师范生的就业政策存在一定的差异，有的省因为教育欠发达，对免费师范生就业的目的地并没有明确规定，可以在全省范围就业，有的省因为教育发达，对免费师范生流向做了区域的规定，只能回到生源地所在地市及所辖的县城就业，尤其是对于跨省就业各个省市区都制定了政策且存在一定的差异。近年来，我国强调了地方政府职能从管理到服务的转变，强调突出政府的服务导向，但依然存在诸多不尽如人意的地方，最突出的表现是我国地方政府职能存在"三位"现象，即越位、错位和缺位，严重妨碍了我国地方政府服务职能的发挥。这"三位"现象容易造成地方政府对当地部属师范院校免费师范生招收进行直接干预或出于地方师范院校的生源需要利用强制手段优先安排地方师范院校的师范生招生或就业工作，以至于免费师范院校招生计划工作和免费师范毕业生的接收计划脱节，没能及时安排免费师范生有编有岗；另外，极易造成缺少免费师范生和其他教师享受同样待遇的相关保障制度。因此，地方政府对免费师范生就业的最终结果也会产生直接影响。

对于攻读研究生国家也有明确的规定，只能攻读教育硕士学位。教师教育专业发展政策主要是对教师的成长，诸如职称评定、教师进修学习等政策。随着社会的进步，尤其是进入21世纪，教师在整个社会体系中正扮演着越来越重要的角色，作为教师培养手段的教师教育也日益受到重视。尤其是新一轮基础教育课程改革以来，教师在职培训和继续教育的重要性、迫切性进一步得到提升和关注，从教育行政部门和教师教育机构（高等师范院校、地方教育学院等）到中小学校，在教师培训和继续教育上都投入了巨大的人力、物力、财力，各种形式、名义、级别的教师培训和继续教育正如火如荼地展开，形成了教师培训的热潮。

在教师培训财政保障上从国家到地方财政都给予了相当的重视，从制度出台到理论研究都为教师培训开展提供了重要技术支持。例如 2010 年教育部提出的"国培计划"是未来较长时期内深化我国中小学教师教育的一项示范性举措，是促进我国中小学教师特别是农村教师继续教育，提高中小学教师队伍整体素质，为推进义务教育均衡发展、促进基础教育改革，提高教育质量的一项"质量工程"。① 这些政策举措在多大程度上真正给免费师范生提供专业发展的平台是影响因素之一。

二　用人单位因素

免费师范生就业的最终落脚点是具体的用人单位，因此，免费师范生的流向还受到用人单位相关因素的影响。② 主要包括用人单位管理制度、发展平台和工作环境等方面。

在用人单位制度方面，用人单位的用人制度与免费师范生就业后的工作生活有着密切的关系，将直接影响到免费师范生就业后的工作与发展，因此是免费师范生在作出就业选择时势必要考虑的因素。一般而言，教育发达地区的学校和教育机构，招生生源质量相对较高，更容易取得成绩，福利保障制度相对完善。而经济社会落后的地区，尤其是农村地区，教育也处于比较落后的水平，教育质量和教育教学管理相对落后，管理与用人制度陈旧，论资排辈现象严重，不利于青年人才脱颖而出。③ 鉴于此，免费师范生肯定会注重用人单位环境对个人在用人单位发展前景的影响。另外，近几年，免费师范生在就业时不仅注重待遇问题，还非常强调自我价值

①　蒋馨岚：《实施中小学教师国家级培训计划的思考》，《中国成人教育》2011 年第 2 期。

②　马佩琴：《提高毕业生就业率的实践与思考》，《中国高教研究》2001 年第 6 期。

③　卢景杨、赵唯一：《普通高校毕业生就业困境的几点对策》，《科教文汇》2008 年第 17 期。

的实现，而且更加重视个人抱负的实现和个人发展机会。免费师范生普遍表现出对成就的强烈需求，这种需要首先就体现在优质学校的选择上，因此，教师职业发展被认为是免费师范生成就事业的最重要的因素之一。如果在一所学校，教师专业发展受限，他可能会考虑跳槽或者选择违约。当然违约的代价是在其可以接受的范围之内。

在用人单位工作环境方面，工作环境对教师工作效率的高低有着极大的影响。"良好的工作环境能让员工具有饱满的工作热情和持续的工作动力并全身心地投入到工作中去，也比较容易激发出员工的创新灵感；恶劣的工作环境将会让员工意志消沉，工作起来心不在焉，甚至严重影响员工的稳定性。"[1] 免费师范生都是毕业于国内高水平的师范大学，他们有着理想情结，希望自己能有良好的发展、个人价值的实现。"在学校里接受的绝大多数思想，只有在相对先进的工作环境下才能有效地转化为生产力，进而才能实现自己的价值与抱负"。[2] 最后，收入是引导免费师范生就业的杠杆。用人单位能够提供的薪酬水平在很大程度上受当地平均薪酬水平的影响，大多数毕业生普遍认为，如果选择在经济落后地区或者农村学校就业，落后的经济发展水平必然导致较低的薪金水平和较差的福利待遇，也就意味着他们的回报和付出很难匹配。因此，收入水平将成为毕业生、就业区域流向选择的重要因素。

三 经济因素

许多人口迁移研究表明，自愿性的人口迁移的根本影响因素是经济因素。[3] 在多数情况下，人们迁移是为了获得更好的就业机会和更高的经济收入，从而能够有更高的生活水平。高校毕业生的流动是劳动力流动的一种特殊形式。国内外对劳动力流动的研究主要

---

① 马佩琴：《提高毕业生就业率的实践与思考》，《中国高教研究》2001年第6期。
② 同上。
③ 李俊锋、王代敬、宋小军：《经济增长与就业增长的关系研究——两者相关性的重新判定》，《中国软科学》2005年第1期。

是基于托达罗的城乡预期收入假说（Todaro，1969）。[1] 托达罗假定农业劳动者迁入城市的动机主要在于城乡预期收入差异，差异越大，流入城市的人口越多。收入对毕业生的流向有着最为直接的影响，而地区之间的差距将直接导致低收入地区人口向高收入地区迁移，而毕业生年龄、社会关系等均属于迁移自由度较大的一个特殊群体，受收入差距的影响更为明显。[2] 特别是在我国各地区之间收入差距十分明显，免费师范生就业选择趋利特点更为突出。由于我国区域经济及城乡发展不平衡的事实存在，各地区收入水平有较大差异。根据托达罗的城乡预期收入假说，由于在不同地区就业的预期收入不同，多数免费师范生在初次就业时就会将目标定在预期收入较高的地区。[3]

经济结构和经济类型是表征一个区域经济基础状况的重要特征，经济结构不仅影响各地区的宏观经济，也影响着免费师范生就业的流向。免费师范生在教育部直属师范大学接受高等教育，是具有较强的教师教育技能的师范生，其就业流向与其所掌握的专业知识有着密切的关系。对于不同专业以及不同兴趣的免费师范生会在框定于某一个省市区的范围内选择不同地区、不同类型的用人单位。省会或者大城市由于地处全省的经济、政治和文化的中心，教育质量和教育的资源配置处于优势地位，对免费师范生的吸引力大。

四　个人因素

免费师范生个人是就业选择的主体，免费师范生个人因素作为免费师范生就业流向的内部动力将对免费师范生就业选择产生至关重要的影响。

首先，教师职业信念是免费师范生选择就业的重要因素。"部

---

[1]　程艳旗、张幼铭、王富荣：《近十年工科大学生就业流向探析》，《高等工程教育研究》2002 年第 6 期。

[2]　周志远：《试论人才流动的经济学成因》，《科学管理研究》1995 年第 10 期。

[3]　苏世华：《关于我国人才流动的效益问题初探》，《孝感学院学报》（哲学社会科学版）2001 年第 2 期。

属师范大学师范专业实行提前批次录取，择优选拔热爱教育事业，有志于长期从教、终身从教的优秀高中毕业生"。[1] 因而，免费师范生教师职业信念的强弱是师范生免费教育政策在多大程度上取得预期效果的重要参照指标，也是影响就业的重要因素。相关研究表明，在免费师范生当初报考时，教师职业信念就不是第一动机。"学生选择师范生免费教育的出发点与国家政策理想期待之间存在矛盾"。[2] "免费师范生报考免费师范专业的最大动机在于'经济'，主要因为'两免一补'，即在校学习期间免除学费、免缴住宿费并补助生活费"。[3] "学生在选择报考免费师范专业的动机表现为复杂多样性，主要是经济因素、教师信念、就业和学校属性与高考成绩等综合作用的结果，经济因素是免费师范生报考的最强动机，教师职业信念并不是学生选择报考的第一动机，这跟国家师范生免费教育制度理想期待存在冲突"。[4] 那么经过 4 年的学习，免费师范生的教师职业信念是不是发生了变化，在就业流向中起到了什么样的作用呢？教师职业信念直接影响免费师范生的就业价值观，教师职业信念不强，很可能在就业时以经济待遇为标准，导致就业的趋利现象出现。

其次，就业价值观直接影响到免费师范生就业时的价值取向。在市场经济环境下，人们的利益观念发生了转变，免费师范生在择业过程中表现出明显的功利倾向。在择业标准上，免费师范生容易使用市场价值规律分析其择业过程和结果，薪酬福利、经济效益、工作环境等成为其对职业价值评价的标准；将高待遇、高

---

[1] 国务院办公厅转发《教育部等部门关于教育部直属师范大学师范生免费教育实施办法（试行）的通知》（国办发〔2007〕34 号）。

[2] 周挥辉：《师范生免费教育实践的矛盾分析与政策调适》，《教育研究》2010 年第 8 期。

[3] 李高峰：《免费师范生报考动机的调查研究——以陕西师范大学为例》，《黑龙江高教研究》2010 年第 6 期。

[4] 蒋馨岚：《传统与超越：师范生免费教育制度的价值研究》，中国海洋大学出版社 2015 年版。

收入作为衡量实现自身价值的标准；把经济收入、个人发展、工作地位等视为择业的主要因素。① 在选择就业的动机上，免费师范生主要以突出自我发展为主要因素。他们在职业追求上更多地看重职业的个人价值。实现自我价值，是免费师范生人生观与价值观的直接反映，是免费师范生积极上进的内在动力。在就业目标选择上，有的免费师范生目光短浅，缺乏艰苦奋斗和艰苦创业的精神，过度追求福利待遇高的工作，追求安逸舒适的工作环境，向往经济发达地区。

最后，个人能力是免费师范生就业的资本。对于应届毕业生来说，因为社会经历的缺乏，能够衡量其人力资本的因素主要有在校成绩、英语水平、性别、实践经验等因素。现在的就业形势严峻，竞争非常激烈，大学生认为理想的就业区域，当地政府设定的人才引进标准逐渐提高，而且用人单位的选择标准越来越高。② 因此作为一个刚毕业的免费师范生，个人能力将对就业流向有着一定程度的影响作用。

五　家庭因素

在我国家庭观念较重的大背景下，免费师范生个人的就业价值观不可避免受家庭职业观念的影响，家长出于"望子成龙，望女成凤"之期盼和传统观念的影响，希望子女能选择教育回报多、社会地位高、稳定性强的工作。直接导致目前免费师范生就业的学校差异效应，对偏远地区尤其是农村地区的师资引进以及发达地区的人力资源合理配置产生了消极影响。另外，家庭对免费师范生就业过程的支持也是影响免费师范生就业选择的因素之一。

对于刚刚走出校门而没有任何社会经验和支持的免费师范生来说，家庭的支持将在一定程度上影响免费师范生的就业决策，得到家庭的支持便意味着就业过程将相对顺利，由学生向职业人的转变

---

① 胡湘豫：《高校毕业生就业稳定性与流动的原因及影响分析》，硕士学位论文，新疆大学，2008 年。

② 祝洪娇：《试析我国劳动就业形势》，《岭南学刊》2005 年第 2 期。

也将变得相对轻松。但是，值得注意的是，目前免费师范生越来越接受一种个人独立的观点，认为家庭已经为自己的成长奉献了20多年，在就业过程中日渐倾向于凭借自己的能力实现个人目标，因此，家庭的支持在免费师范生就业流向选择上的影响将出现弱化趋势。

第三节　免费师范生就业流向影响因素的实证分析

前面我们已经分析了免费师范生就业流向动力系统，我们从中可以看出，影响免费师范生就业流向差异的因素主要有政策制度因素、用人单位因素、经济因素、个人因素以及家庭因素等。其中，政策制度因素主要是指国家的就业政策因素、地方政府的免费师范生就业政策因素、教师专业发展政策和国家免费师范生攻读硕士学位政策因素。用人单位因素主要包括用人单位的保健因素、激励因素和环境因素等。经济因素包括宏观经济下的经济发展状态等，微观经济下的个人收入、薪资等。个人因素主要指免费师范生的教师职业信念、个人能力、专业发展、个人的价值等因素。而家庭的父母的就业价值观念和家庭对就业的支持力度也会影响免费师范生最终的就业流向，家庭因素也是影响免费师范生就业流向的重要因素之一。

根据有限理性原理，个人都是为了追求利益最大化的，在免费师范生看来，在就业过程中的理性选择朝着追求个人教师专业最优发展以实现最幸福的生活和人生价值最大化，因此，利益是最大化发展和幸福生活的根本支撑，这是人类社会理性选择的共同规律。俞宪忠（2002）认为，在社会制度安排许可的发展环境下，当不同区域间形成比较收益差异时，就必定驱使人们由低收益区域向高收益区域流动。也就是说，人力资源的流动是受到利益驱动的，那些能够支撑人们获得高收益的地区总会吸引人力资源向该地区流动，对免费师范生也概莫能外。[①] 因此，免费师范生的就业流向反映了就业地点和职业对免费师范生的吸引力。它一方面反映了就业地区（如就业区域的经济环境、自然环境和社会环境等）和具体的就业单位（如用人单位的薪酬待遇、发展机会等）对免费师范生的吸引力强弱；另一方面在对用人单位和地方区域的吸引力评价过程中，学生个人或者其家庭对就业流向的现状进行价值判断。因此，免费师范生的就业吸引力是指在国家规定的生源地省市区的大环境就业条件下，省辖区域、用人单位和免费师范生等主体相互作用而形成的内在动力与外在动力的体系。其中，免费师范生的就业政策和用人单位这两大因素是免费师范生就业流向的外在动力。个人的专业发展、个人的价值是否得以实现、个人能力是否得以体现、家庭的期待是否得到考虑、家庭的支持在就业中的地位和作用等都是就业流向的重要因素。因此，个人因素和家庭因素是内部动力。

一　调查数据基本情况

本书根据调查问卷，对这些因素进行研究，本问卷采用五点法，对在校免费师范毕业生和已经毕业的免费师范生分别进行调查，对即将毕业的免费师范生的问卷中 23 个问题和已经毕业的免费师范生的问卷中 20 个问题，分别从政策因素、用人单位、其他因素、个人因素及家庭因素几方面进行说明，具体见表 6 - 1 和表 6 - 2。

二　数据初步分析

表 6 - 2 为各因素对在校即将毕业的免费师范生就业流向的影响程度描述性统计数据。从表 6 - 2 各影响因素的描述性统计数据可知，进入分析的 13 个因素的平均值都在 3.0 以上，即这 13 个因素对大学生就业流向均有较大的影响。

[①]　俞宪忠：《制度现代化结构》，《天津社会科学》2002 年第 5 期。

表 6 – 1　　　　　　　免费师范生就业流向影响因素

动力系统	一级指标	二级指标	指标说明
外部推力系统	政策因素	中央政府就业政策	
		地方政府就业政策	
		中央对免费师范生攻读更高学位的政策	
	用人单位	保健因素	福利待遇；薪水；管理制度
		激励因素	发展平台；发展空间；攻读研究生；继续教育
		环境因素	单位位置；工作设施与环境
	其他因素	经济因素	人均收入
		城市自然环境	气候条件；空气质量
内部动力系统	个人因素	教师职业信念	
		薪资期望	
		教师专业发展	
	家庭因素	父母职业价值观	父母职业取向；父母对子女就业地点选择的态度
		父母就业支持	

表 6 – 2　　各因素的影响程度描述性统计（即将毕业的免费师范生）

因素	N	最小值	最大值	平均值	标准差
国家规定定向就业政策	519	1	5	4.3333	0.67827
各地方规定就业政策	519	1	5	4.2561	0.75416
国家对免费师范生攻读研究生硕士学位政策	519	1	5	4.3654	0.64822
保健因素	519	1	5	3.0255	0.68167
激励因素	519	1	5	3.1297	0.59271
环境因素	519	1	5	4.0132	0.72325
经济因素	519	1	5	3.5624	0.62918
城市自然环境	519	1	5	3.5162	0.51366
教师职业信念	519	1	5	3.0325	0.49816
薪资期望	519	1	5	4.6542	0.90234
教师专业发展	519	1	5	3.3217	0.54876
父母职业价值观	519	1	5	3.5412	0.81321
父母就业支持	19	1	5	3.7235	0.55682

表6－3为各因素对已经毕业的免费师范生就业流向的影响程度
描述性统计数据。从表6－3各影响因素的描述性统计数据可知，进
入分析的14个因素的平均值都在3.0以上，即这14个因素对大学
生就业流向均有较大的影响。

表6－3　　各因素的影响程度描述性统计（已经毕业的免费师范生）

因素	N	最小值	最大值	平均值	标准差
国家规定定向就业政策	453	1	5	4.2435	0.68742
各地方规定就业政策	453	1	5	4.1264	0.90921
国家对免费师范生攻读研究生硕士学位政策	453	1	5	4.0321	0.69825
教师教育发展政策	453	1	5	3.2186	0.49762
保健因素	453	1	5	3.3212	0.58762
激励因素	435	1	5	3.76524	0.86531
环境因素	453	1	5	4.21353	0.82119
经济因素	453	1	5	3.85215	0.72136
城市自然环境	453	1	5	3.24517	0.65281
教师职业信念	453	1	5	3.23419	0.91052
薪资期望	453	1	5	4.35618	0.48975
教师专业发展	453	1	5	3.47125	0.62351
父母职业价值观	453	1	5	3.27513	0.69024
父母就业支持	453	1	5	3.36415	0.58169

三　免费师范生就业流向影响因素的主成分分析

SPSS因子分析工具，采用主成分分析方法，分别对所收集到的
在校即将毕业的免费师范生的519份有效问卷数据和已经毕业的免
费师范生的453份有效问卷数据进行分析，得到如下分析结果。

（一）方法适应性检验

KMO是Kaiser－Meyer－Olkin所提出的取样切当性量数，其值
在0与1之间。当KMO值越接近1时，表示变量之间的共同因子越
多，越适合进行因子分析。如果KMO小于0.5，则不宜进行因子分

析。进行因子分析的普通准则是：KMO 值至少要在 0.6 以上①。本项分析的 KMO 值为 0.752，适合采用因子分析法进行分析。

Bartlett 球形检验的显著性是 0.000，已经达显著水平，应拒绝原假设（即变量间的偏相关矩阵不是单位矩阵），拒绝原假设的含义是：总体的相关矩阵间有共同因子存在。Bartlett 球形检验结果也说明此项数据适合进行因子分析。KMO 和 Bartlett 球形检验结果如表 6 - 4、表 6 - 5 所示。

表 6 - 4　　KMO 和 Bartlett 球形检验（即将毕业的免费师范生）

取样足够多的 Kaiser – Meyer – Olkin 度量		0.752
Bartlett 球形检验	近似卡方分布	783.620
	自由度	175
	显著性	0.000

表 6 - 5　　KMO 和 Bartlett 球形检验（已经毕业的免费师范生）

取样足够多的 Kaiser – Meyer – Olkin 度量		0.792
Bartlett 球形检验	近似卡方分布	759.760
	自由度	216
	显著性	0.000

（二）结果分析

在主成分分析中，一般认为一个因子的初始特征值大于 1，此因子就称得上是一个有意义的因子。

1. 在校即将毕业的免费师范生数据分析

在本项分析中，对即将毕业的免费师范生的调查数据，大于 1 的初始特征值共有 4 个因子，其特征值分别为 6.213、4.146、2.217 和 1.232，称其为影响该问题的主成分，分析结果见表 6 - 6。

---

① 荣泰生：《SPSS 与研究方法》，东北财经大学出版社 2012 年版。

表 6 - 6　　　　　　　　各因子的特征值、方差和累积方差

成分	初始特征值			旋转平方和载入		
	合计	方差的%	累积方差%	合计	方差的%	累积方差%
1	6. 213	28. 156	28. 156	6. 213	28. 156	28. 156
2	4. 146	16. 432	44. 588	4. 146	16. 432	44. 588
3	2. 217	15. 976	60. 564	2. 217	15. 976	60. 564
4	1. 232	12. 365	72. 929	1. 232	12. 365	72. 929
5	0. 794	4. 621	77. 550			
6	0. 753	4. 312	81. 862			
7	0. 648	3. 823	85. 685			
8	0. 579	3. 352	89. 037			
9	0. 542	3. 042	92. 079			
10	0. 467	2. 638	94. 717			
11	0. 352	2. 446	97. 163			
12	0. 318	1. 556	98. 719			
13	0. 229	1. 281	100			

提取方法：主成分分析法

　　表 6 - 7 成分矩阵给出了各主成分载荷矩阵，每一列载荷量都显示了各个二级指标与每个主成分的相关系数，即因子载荷量。主成分即为因子载荷量（绝对值）大于 0. 5 的指标集合，因子载荷量大于 0. 5，可认为此项指标的收敛度越好，区别效度越高，与该主成分的关联度越高。第一主成分主要由就业政策、保健因素、城市自然环境、经济因素、激励因素、教师专业发展、环境因素等指标构成，它们在第一主成分上的载荷量均在 0. 5 以上，说明第一主成分与这些指标关联度高，基本反映这些指标的信息，第一主成分可称作综合因素主成分。第二主成分由激励因素、父母就业支持、父母职业价值观指标构成，称为家庭因素主成分，其中，激励因素指标的因子载荷量为负数，数学意义表示该指标与第二主成分呈负相关，现实意义为当家庭因素中父母对子女就业支持力度越大，比如父母可以动用社会资本帮助子女就业，工作本身所呈现出来的诸如

教师专业发展、继续教育机会等激励因素反而显得不那么重要了。第三主成分由薪资期望指标构成，称为薪资期望主成分。第四主成分由教师职业信念指标构成，称为教师专业信念主成分。该指标因子载荷量为 0.479，小于 0.5，说明此项指标的区分度不高与教师专业信念的主成分关联度不高。说明单从教师专业信念对免费师范生就业选择影响角度来看，其正向影响作用不大。

表 6 - 7 成分矩阵

项目	成分			
	1	2	3	4
国家规定定向就业政策	0.698	0.089	- 0.031	- 0.069
各地方规定就业政策	0.654	0.098	- 0.142	- 0.026
保健因素	0.633	- 0.162	0.297	- 0.176
教师专业发展	0.625	0.065	- 0.318	0.326
经济因素	0.618	0.326	0.285	- 0.501
激励因素	0.607	- 0.068	0.227	0.316
城市自然环境	0.576	- 0.129	0.246	- 0.065
环境因素	0.538	- 0.046	0.176	- 0.117
国家对免费师范生攻读研究生硕士学位政策	0.516	0.215	0.078	- 0.272
父母职业价值观	0.325	0.583	0.165	- 0.153
父母就业支持	0.303	0.502	0.116	0.137
薪资期望	0.479	- 0.098	0.260	- 0.127
教师职业信念	0.479	- 0.267	- 0.387	0.132

提取方法：主成分分析法

提取主成分：4 个

注：未毕业的免费师范生都未对教师教育政策进行分析，故相比已毕业的免费师范生就有 13 个因素，而已毕业的问卷和题目都有区别，故有 14 个因素。

四个主成分的主要指标载荷量及主成分命名详细情况见表 6 - 8。

2. 已经毕业的免费师范生调查数据分析

对已经毕业的免费师范生的调查数据，大于 1 的初始特征值共有 4 个因子，其特征值分别为 7.513、3.317、2.976 和 1.916，称其为影响该问题的主成分，分析结果见表 6 - 9。

表 6 - 8　　　　　　　　主要指标载荷量及主要成分命名

主成分（因子）	指标名称	因子载荷量	主成分命名
第一主成分	国家规定定向就业政策	0.698	综合因素
	各地方规定就业政策	0.654	
	保健因素	0.633	
	教师专业发展	0.625	
	经济因素	0.618	
	激励因素	0.607	
	城市自然环境	0.576	
	环境因素	0.538	
	国家对免费师范生攻读研究生硕士学位政策	0.516	
第二主成分	激励因素	- 0.068	家庭因素
	父母职业价值观	0.325	
	父母就业支持	0.303	
第三主成分	薪资期望	0.479	薪资期望
第四主成分	教师职业信念	0.479	教师专业信念

表 6 - 9　　　　　　　各因子的特征值、方差和累积方差

成分	初始特征值			旋转平方和载入		
	合计	方差的%	累积方差%	合计	方差的%	累积方差%
1	7.513	28.358	28.358	7.513	28.358	28.358
2	3.317	15.406	43.764	3.317	15.406	43.764
3	2.976	13.125	56.889	2.976	13.125	56.889
4	1.916	10.636	67.525	1.916	10.636	67.525
5	0.794	4.828	72.353			
6	0.753	4.716	77.069			
7	0.648	3.941	81.010			
8	0.579	3.727	84.737			
9	0.542	3.630	88.367			
10	0.467	2.915	91.282			
11	0.352	2.761	94.043			
12	0.318	2.586	96.629			
13	0.229	1.792	98.421			
14	0.204	1.579	100			

提取方法：主成分分析法

　　跟前面的分析相似，已经毕业的免费师范生的就业影响因素跟在校即将毕业的免费师范生具有相似性。表6-10成分矩阵给出了各主成分载荷矩阵，第一主成分主要由就业政策、保健因素、教师教育发展政策、城市自然环境、经济因素、激励因素、教师专业发展、环境因素等指标构成，可称作综合因素主成分。第二主成分由激励因素、父母就业支持、父母职业价值观指标构成，称为家庭因素主成分。第三主成分由薪资期望指标构成，称为薪资期望主成分。第四主成分由教师职业信念指标构成，称为教师专业信念主成分。该指标因子载荷量为0.479，小于0.5，说明此项指标的区分度不是很高与教师专业信念的主成分关联度不高。说明单从教师专业信念对免费师范生就业选择影响角度来看，其正向影响作用不大。

　　四个主成分的主要指标载荷量及主成分命名详细情况见表6-11。

表6-10　　　　　　　　　　　　　成分矩阵

项目	成分			
	1	2	3	4
国家规定定向就业政策	0.687	0.075	-0.051	-0.083
各地方规定就业政策	0.662	0.086	-0.131	-0.041
保健因素	0.624	-0.103	0.223	-0.183
教师教育发展政策	0.625	0.065	-0.318	0.326
经济因素	0.612	0.309	0.217	-0.489
激励因素	0.603	-0.126	0.027	0.211
城市自然环境	0.554	-0.129	0.117	-0.065
环境因素	0.535	-0.042	0.148	-0.109
教师专业发展	0.521	-0.066	0.046	0.022
国家对免费师范生攻读研究生硕士学位政策	0.518	0.216	0.036	-0.248
父母职业价值观	0.321	0.533	0.124	-0.183
父母就业支持	0.303	0.302	0.108	0.089
薪资期望	0.486	-0.102	0.243	-0.125
教师职业信念	0.471	-0.262	-0.383	0.152
提取方法：主成分分析法				
提取主成分：4个				

表 6 – 11　　　　　　　　主要指标载荷量及主要成分命名

主成分（因子）	指标名称	因子载荷量	主成分命名
第一主成分	国家规定定向就业政策	0.687	综合因素
	各地方规定就业政策	0.662	
	保健因素	0.624	
	教师教育发展政策	0.625	
	经济因素	0.612	
	激励因素	0.603	
	城市自然环境	0.554	
	环境因素	0.535	
	教师专业发展	0.521	
	国家对免费师范生攻读研究生硕士学位政策	0.518	
第二主成分	激励因素	– 0.126	家庭因素
	父母职业价值观	0.321	
	父母就业支持	0.303	
第三主成分	薪资期望	0.486	薪资期望
第四主成分	教师职业信念	0.471	教师专业信念

　　从上面对免费师范生就业影响因素的分析可以知道，免费师范生就业流向系统是一个复杂系统，是在外在拉力和内在动力共同作用下形成的。本书研究表明，在对免费师范生就业选择影响最大的第一主成分即综合因素里，除教师专业发展的内在动力因素外，其余全部为外在动力因素，且这个指标的因子载荷量相对较小；第二主成分里，父母职业价值观的因子载荷量最大，即内在动力因素在第二主成分里起主要影响作用；第三主成分薪资期望完全体现出免费师范生在就业选择时的经济理性，是属于内在动力影响作用；第四主成分体现了内部动力最重要的因素对该问题的作用，但这个指标对就业流向的方差贡献率相对较小，这也反映了我们的免费师范生在就业选择时并不是完全把教师职业信念作为最大的动力的。

　　我们的调研访谈情况也同样印证了上述分析结果。

免费师范生1（2013届）：生源地的分配政策，省市区教育厅谁该负责最大？是学校还是省教育厅？现实问题：服务两年，如签到一个好学校，哪个学校愿意等两年？

免费师范生2（2014届）：应该在经济地位、社会地位和政治地位上给学生更多的优惠条件，这样一来就面临一个两难选择：一方面，农村教育促进经济发展需要高素质人才；另一方面，农村的经济条件和发展现状对学生形成不了吸引力，如何解决这个问题是应该思考的。在当前"名校光环"没有消失之前，如果教育部直属师范大学的学生就业条件不如省市的二本师范生，会在工作中影响积极性，会产生落差，这仅仅凭道德教育和思想教育是远远不够的，特别是在当前市场经济条件下，更是如此。所以应该完善和推进师范生免费教育的就业制度。

调查表明，免费师范生的就业流向的选择，首先跟政策制度相关，然后跟用人单位、地区经济发展相联系。但是，作为教师职业信念的因素本应该成为就业选择的最重要的因素，却在现实中处于最弱的地位，需要引起相应的重视。

第七章　免费师范毕业生就业流向中的违约问题分析

——基于五位免费师范毕业生的个案分析

真正令人感动的是，一个成熟的人，无论其年岁大小，他为自己的行动后果负责任并以全副身心感受到这一责任。他按照责任伦理行事，当某种情况来临时，他会说："这是我的立场，我只能如此。"[1]

——马丁·路德

通过前面的调查分析，我们可以看到免费师范生的就业流向的这些特征折射出了师范生免费教育政策与实现农村基础教育培养优秀师资的目标尚有一段距离，政策需要进行调整和完善。为了更加深入了解免费师范生违约、不能下到农村基础教育学校及他们自身对政策的认识等问题，我们选择了一些免费师范生进行深度访谈，力图追溯造成他们违约或没有下到基层等偏离政策目标的真实心态和实际行动，以获取产生当前就业流向现象背后更深层次的原因。

---

[1]　张学文：《大学理性研究》，北京师范大学出版社 2013 年版。

第一节　研究背景

自 2007 年以来，师范生免费教育政策实施已经 10 年了，2007—2016 年，6 所教育部直属师范大学共招录免费师范生超过 10 万人，吸引了一大批优秀高中毕业生进入到教师教育之中，充实了基础教育教师队伍。从招生情况看，各校录取免费师范生的平均成绩均高出本省重点线 40 分以上。中西部生源占 90%，农村生源占 60%。2011 年，首届免费师范生毕业走向工作岗位。为此，《人民日报》推出了"首届免费师范生上岗进行时"系列报道，派记者赴河北、山西、内蒙古等 17 个省区进行调查，了解首届师范生的真实去向。调查结果发布后，众说纷纭，对此，笔者在此结合自身经验与体会道出师范生的困境。

表 7 - 1 是笔者根据《人民日报》调查结果所得统计图重新进行排列的统计表。①

表 7 - 1　　　　17 个省区首届免费师范生上岗情况

省区	违约人数	城市就业人数	城镇就业人数	农村就业人数
陕西	3	442	724	133
江苏	9	25	16	36
云南	0	235	174	18
安徽	0	>140	32	8
江西	10	239	92	2
河北	4	52	56	2
浙江	0	43	55	
山西	3	296		0

① 《万余毕业生去向调查：首届免费师范生去了哪?》，《人民日报》2011 年 9 月 28 日。

续表

省区	违约人数	城市就业人数	城镇就业人数	农村就业人数
内蒙古	1	187	39	0
福建	1	71	44	0
山东	0	57	166	0
广东	3	72	3	0
海南	0	68	22	0
贵州	3	359	103	0
甘肃	4	121	134	0
青海	0	85	21	0
宁夏	0	159	47	0

　　陕西省的情况是很特殊的，在城市、城镇和农村工作的人数都是最多的。在就业流向的区域上，大多数省份都是在城市、城镇远远多于在农村就业，只有河北、浙江、山东、甘肃几省比较例外。这跟前面的调查是吻合的。继续援引这篇文章的报道，"任教农村学校的仅占受调查总数的 4.1%"，[①] 通过表 7 – 1 可以很明显地看到，在 17 个省区的免费师范生就业流向中，在农村任教的只有 7 个，其余省份竟无一人在农村执教。2011 年，首届 10597 名免费师范生中，90% 以上去了基础教育还很薄弱的中西部任教，39% 进入县镇及以下中小学。[②] 以上说明了免费师范生的就业流向存在困境。

　　师范生免费教育政策的实施为中西部地区和农村培养了一批急需的优秀教师，对这些地区的社会经济发展的作用毋庸置疑。从这个意义上讲，师范生免费教育政策的实施实现了国家在培养优秀教师和促进教育均衡发展上对于政治上的追求，然而，相伴这种政治而来的却是道德伦理问题，这些问题的存在直接构成了对伦理上的

---

　　① 《万余毕业生去向调查：首届免费师范生去了哪？》，《人民日报》2011 年 9 月 28 日。

　　② 崔波：《免费师范生就业为何偏离政策初衷——基于社会流动的视角》，《现代教育管理》2012 年第 9 期。

侵犯。

就业中的自主选择的个人流动意愿跟政策规定回生源地就业之间的冲突和就业中的违约行为问题是师范生免费教育政策实施带来的直接后果。政策要求免费师范毕业生必须回到生源地工作，以确保政策的实施绩效，但从伦理的角度来分析，政策的实施应该以个体的发展为核心，尊重个体的价值诉求，不应该设定各种硬性限定条件来限制个体的发展。但从政策实施结果来看，存在政策规定限定个人发展与个体发展需求的伦理冲突。"免费师范生的就业政策不利于高等教育的社会流动功能的实现，形成了个体流动意愿与政府政策期待之间的矛盾，这导致免费师范生就业偏离政策初衷"。[①]

退出机制不完善导致免费师范毕业生无法顺利就业是政策在实施结果上的困境的另一种表现形式。

2016 年 1 月，河南省教育厅发布信息称将建立完善省、市、县、校四级联动的履约管理制度，维护免费师范生权益，确保所有人有编有岗，并对违约手续办理进行公告。其中规定，针对恶意违约、私自离职的免费师范生，将按规定收取其享受的免费教育费用及该费用 50% 的违约金，并记入个人诚信档案。公告称，师范生免费教育实施以来，出现了个别学生违约的情况。违约行为包括：由于自身原因未取得毕业证书或《教师资格证书》，不具备从教资格的；未按《师范生免费教育协议书》规定从事中小学教育工作的；从事中小学教育工作未满 10 年离开教育岗位的；未办理相关手续，自行离职或择业的。对违约人员，须督促其于 2016 年 5 月底前到省教育厅办理违约手续，逾期不办理的，市、县要冻结其人事档案，省教育厅除通过法律手段追缴违约金外，还将停办其就业报到证，取消其在职教育硕士资格，面向社会公布其违约记录，并上报教育部。

[①] 崔波：《免费师范生就业为何偏离政策初衷——基于社会流动的视角》，《现代教育管理》2012 年第 9 期。

2016 年 1 月，广东省教育厅公布《广东省免费师范毕业生履约管理办法（试行）》，规定与广东省教育厅签订《师范生免费教育协议书》，且未按照规定办理到外省就业手续的广东省生源免费师范毕业生，应按照协议约定到广东省中小学任教。如故意违约，须退还在校期间享受的各项费用，违约记录还将记入诚信档案。

根据《教育部关于免费师范生就业的实施办法》规定，免费师范毕业生故意违约，须退还 4 年修读期间学费、住宿费和生活补助费，按国家执行的免费标准计算。免费师范毕业生毕业后未按协议从事中小学教育工作的，应在违约处理决定公布后 1 个月内，一次性向广东省教育厅退还所享受的免费教育费用，并缴纳该费用 50%的违约金，超过时限须按照规定缴纳滞纳金。

同样，毕业后从事中小学教育工作未满 10 年且未经广东省教育厅同意的，在离开教育岗位之日，按不足服务年限（包括离开当年）每年 10%的比例一次性向广东省教育厅退还所享受的免费教育费用，并缴纳该费用 50%的违约金，超过时限须按照规定缴纳滞纳金。

已在职攻读教育硕士专业学位，且未履行协议的免费师范毕业生，由培养学校取消学籍，并按上述相应违约情况处理；此外，还将免费师范毕业生违约记录记入个人诚信档案和人事档案，并公布其违约情况。

2016 年 7 月，在江西教育厅官网首页，出现一行醒目的红色文字——《关于发布违约免费师范生名单的公告》。公告公布了 17 名未回省办理履约手续的免费师范生名单、身份证号，以及毕业院校和年份。公告要求这 17 名免费师范生"本着诚实守信的原则，尽快到我厅办理履约手续"。教育厅已要求各地教育行政部门冻结其人事档案，不签发或改派就业报到证。同时，从公告发布之日起，每天按免费教育费及违约金总额的千分之一收取滞纳金。

从以上几个省的关于违约的规定可以看出，各个省严格按照教育部的要求进行执行政策。同时，我们也可以看出，实际上，有相当一部分毕业生是违约的，不愿履行协议回到生源地就业，比如，私自进行跨省就业、私自考取硕士研究生，或自行离职或者择业等。还有相当部分毕业生并没有按照协议到农村中学任教，而是流入到了地市级及以上城市就业，从而导致为农村基础教育培养优秀教师、提高农村基础教育整体素质的政策目标的偏离的现实问题。面对这一切，人们不禁发问：被寄予厚望的免费师范生为什么不愿意回到生源地就业？

在国家扶贫战略中，教育发展是其中重要的战略之一，例如"五个一批工程"中就把教育发展脱贫一批作为之一，说明教育对于经济社会发展的重要性，师范生免费教育政策就是为了促进农村地区教育发展实行的重要举措。一直以来，人们更多关注的是政府采取什么样的政策来扶持农村地区教育发展情况，很少关注这些政策实施的情况、结果如何。那么，师范生免费教育政策的实施情况究竟如何呢？政策如何保证免费师范生在享受免费政策之后履行相应的义务呢？

第二节　研究方法与结果分析

本书尝试从免费师范生个体切入，对违约的免费师范生和接受了免费教育却没有真正履行政策相应义务或者没有真正到基层学校任教的免费师范毕业生进行分析，挖掘偏离政策目标现象背后的深层次原因。

这是一项个案研究。我们共与19位免费师范毕业生接触，均进行了较为深入的沟通、交流，最终从中选择了五位（两名2011年6月的毕业生、一名2012年6月的毕业生、一名2013年6月的毕业生和一名2014年6月的毕业生，三男两女）能够为研究问题提供密集和丰富信息的"个案"作为合适的研究对象，力求全面勾勒出这五位就业并没有实现政策目标的免费师范生的真实心路历程。本书主要使用访谈法搜集资料，同时也搜集了研究对象网络空间的博客文章及日记。

为了使本书的脉络更为清晰，首先对五位被访免费师范生①的基本资料进行如下展示：

表7-2　　　被访免费师范毕业生的基本信息和被访原因

免费师范毕业生	就读时间	性别	生源地	就读高校	专业	现状及未来打算	选择原因
免费师范毕业生 A	2007.9—2011.6	男	贵州	华中师范大学	历史教育	从贵州省黔东南州某高中辞职，自己创业	属于就业两年以后辞职自己创业，未满服务年限的违约，对是否是免费教育就业政策有自己的想法和反思
免费师范毕业生 B	2007.9—2011.6	女	贵州	华东师范大学	汉语言文学	贵州省贵阳市某省级示范高中（一类）	没有按照规定到农村中小学任教，本质上属于违约，但因为回到了生源地没有被追究违约，对违约的看法具有一定普遍性
免费师范毕业生 C	2008.9—2012.6	女	湖南	东北师范大学	化学教育	湖北省武汉市某高中	属于不符合规定的跨省就业的违约行为
免费师范毕业生 D	2009.9—2013.6	男	山东	西南大学	教育学	山东省潍坊市某县城中学	正常履约
免费师范毕业生 E	2010.9—2014.6	女	贵州	陕西师范大学	体育教育	贵州省某县城省级示范高中	正常履约

---

① 由于篇幅原因，这里只能呈现三个研究对象的资料分析，如需另外两位研究对象的资料分析，请联系研究者。

（一）免费师范生 A

违约后的反思：我不愿意。

学习历史教育专业的免费师范学生，在多数人的眼里应该比较呆板，免费师范生 A 则不然，他是所有的受访者中性格比较活跃的。他毫不避讳自己的初衷："当时是第一年招生免费师范生，自己高考成绩只是比一本线高了 26 分，自己是文科生，报考诸如汉语言文学和外语等专业基本没有戏，免费师范生是提前批录取，并且当时对免费师范生政策也不是特别了解，想到只要能有学上，如果实在考不上也不影响其他志愿，所以就报考了历史专业。"

"拿到免费师范生录取通知书后，我爸妈开心得不得了，碰到熟人就说我考上了免费师范生，学费住宿费都不用交，还补贴生活费，毕业以后安排工作，不知内情的人也都一个劲地祝贺我。其实，我心里面清楚不是那么回事，免费师范生虽然免费，但是是有条件的，如果我的成绩再好一些，我也许不会报考免费师范生，而是报考更牛的一本财经类大学或者很牛的大学。不过面对别人的祝贺时，也确实自豪了一阵子！"如果没有免费师范生这项政策，他很可能上不了"211 工程"大学，因为有了师范生免费教育政策，他成功地实现了在一本大学上学的愿望。更重要的是，他整个的人生道路因此而发生了改变，变得不一样了。而我们更应该注意到，免费师范生 A 只是众多免费师范生中的一位，这项政策在改变他的人生轨迹的同时也在对数万名免费师范生产生着难以估量的影响！

"在大学整个 4 年的学习中，我没有十分认真地学习，想到免费师范生毕业以后总是有工作的，且不能报考硕士研究生，于是学习上动力就没有那么足，只要考试不挂科，能顺利毕业就好。感觉没有了目标，因为按照政策规定毕业以后不用担心就业问题，又不让报考全日制硕士研究生。这样一来，觉得没有了目标。"

"没有目标，学习上压力不大，免费师范生在学校的一些非免费师范生享受的优惠几乎被剥夺了。比如申请国家贫困奖学金和立志奖学金，因为你是免费师范生，已经享受了每一个月的生活补贴，不用交学费和住宿费，贫困奖学金和立志奖学金学院就不会再考虑我们了，这个我们能够理解，但实际上其他奖学金申请都有困难。包括国家奖学金和学校的各项奖学金。因为人家觉得你够有钱的，奖金就留给别人吧。在教育部直属大学的学生的奖学金其实很多，如果你学得好的话每年有 10000 多元的奖学金，如果中等也有5000 多元，而免费师范生几乎没有。"①

"从免费师范生的总体结构来看，55% 是因为家庭穷而报考的免费师范生，15% 报考免费师范生是有着比较强烈的当老师的意愿，20% 是因为毕业以后工作有保障，且当老师工作稳定。从此可以看出，真正想当老师的估计也就 1/5，大部分人是没办法而被迫选择免费师范生。谁想当老师。你成为免费师范生就不能退出。在免费师范生内部总体上大家都比较消极，想到反正成为免费师范生只能当老师，没前途，就业不用担心，得过且过。当然如果你一辈子想当老师，免费师范生是个不错的选择，如果你不甘一辈子当老师，免费师范生政策绝对是灭顶之灾。"②

浏览免费师范生 A 从 2009 年开始写的网络日志，可以看出他考上免费师范生后对免费师范生的看法的历程。从开始对免费师范生的期待，到读书期间的种种"随大溜"的心态转变这是一个值得我们注意的地方。从开始的激情，到学习期间对学习动力的不足，和对未来充满的不确定。"从此将展开一段人生新旅程，心中有不安、有惶恐，也有兴奋、向往，但到最后都将化作神马，因为就业的限制不能从事自己想要的人生。"同时，通过这些日志向我们透露了两个基本信息：第一，免费师范生在校学习的学习动力不足，因为免费师范生在入学前就已经签订了协议，不用担心就业问题，且不能报考脱产研究生，对于大多数免费师范生来说就失去了目标和方向。第二，真心选择免费师范生的人数只有 1/5。也就是说，

---

① 摘自免费师范生 A 写于 2010 年 3 月 12 日的网络日志。
② 同上。

免费师范生当教师的意愿不够。

"我自己内心其实是不想回去做一名人民教师的,尤其是不想回到家乡去做人民教师,因此,希望在培养学校毕业之时就能违约,但是对于培养学校来说,他们也是不愿意大家违约的。从学校的角度,他们是不希望我们违约,不希望我们跨省的,而更多的是希望我们去生源所在地的偏远地区从事中小学教育。大家都知道,首届免费师范生的就业问题意义重大,如果首届免费师范生违约行为出现过多,那这6所部属师范院校对外公布首届免费师范生就业情况时会比较尴尬,更重要的是后面还有2008级、2009级和2010级的免费师范生,最重要的是如果2007级免费师范生的就业问题不顺利解决的话,必定会影响到明年的招生工作。"如果大家去了比较偏远的地区,那么舆论可有的说了:"看看我们培养的学生,多有崇高的理想,多有为社会、为教育献身的精神!"学校的目的很明确,安安全全把我们送回到生源所在地,然后就能安全地向上级部门交差了。其实这6所院校是不是心甘情愿地去支持免费师范生教育呢,显然不是。免费师范生教育对6所部属院校来说甚至变成了灾难,生源质量大幅度下降,以前对外宣传时可以骄傲地说培养了多少高端人才,而今后他们只能说培养了多少农村地区的中小学教师,这该是多么尴尬的事啊。因为,教育部直属师范大学代表了中国师范教育的最高水平,除了培养教师还有一项重要职能就是进行科学研究,因为现在的大学排名主要依据的还是科研实力。

"毕业以后,按照政策规定只能回到生源地找工作,最开始准备在贵阳市的中学找工作,但是由于大学期间没有好好学习,学习成绩不是太理想,没有能如愿到贵阳市的一所示范高中工作,其他学校不想去,最后回到了家乡所在的州里的一所高中从事教学和班级管理工作。"

"先介绍一下自己工作的学校吧。这个学校位于贵州省黔东南州的州府凯里市区,是一所黔东南州属的普通高中,每年的招生生源主要是面向全州进行,分数线在整个黔东南州来说也不算太差,算是排在前面的，但学生的基础差得令人难以想象。最近几年随着竞争的加剧，高考上一本线的人越来越少。这一年一共来了 8 个免费师范生，学校里不解决住宿问题，我们自己租房住，学校在形式上还是很重视我们免费师范生的，因为毕竟是首届。但是学校的平台的确不好，一切以钱为基础，学校也比较官僚。待遇一般，现在物价高，工资基本月光，找媳妇都比较困难。对于工作，不是因为是免费师范生就给我们最好的班让我们带，而是主要安排一般的班带。安排课也是以一般的班为主，我教高一 4 个普通班和 1 个重点班的历史和高二 1 个普通班的历史，总共我教学生 460 多人，一周总共 20 节课。在教学和班级管理中，学生虽然很调皮，但一个个都很善良，学生特别喜欢我，我也真正地喜欢上了这群学生。"

"除了工作，还有就是终身大事，大多数情况是，家里让赶紧找对象，学校里边虽说今年来了很多女的，但一个个都高傲得像个公主一样，连个正眼也不看我们一眼，估计家里都很有背景。家里人介绍了一个，是个高职毕业的，长得还行，在政府上班，见了个面，彼此感觉还行（我感觉的），回去晚上发短信，那姑娘问道，你打算多长时间结婚，结婚了住哪儿，我无语，我吓坏了。唉，想想还是算了。没有希望的日子过得我难受，为了给生活一些希望，我每期都买一注彩票，增加生活的希望，做些白日梦。其他同事不理解，说我发财梦想疯了。唉，命运弄人，造化弄人。"

"这样的日子过了两年，感觉太平淡，开始反思自己接受的高等教育的意义和价值。在学校两年时间里，自己的价值没有得到体现，学生入口质量不高，出口也就不可能好到哪里去了。待遇也很一般，连找媳妇都比较困难。最重要的是自己的发展和职业前景黯淡。本想去读教育硕士，但是想想是专业学位，不是学术学位，要等工作 10 年以后才能履约结束，到时候才能再进行学术深造，这条路也太长了点。"

现在免费师范生 A 已经从学校辞职出来，因为按照协议没有履行规定年限属于违约，但是他已经无所谓了，因为他现在自己创业，自己在当地开了一个教育机构，用他自己的话说，比在学校要好一些，要自由得多。

最后，免费师范生 A 给了我们一个非常好的建议："你如果想研究我们为什么违约，我觉得你也应该去找那些回去工作的免费师范生，他们当中有些人当初确实是奔着十分喜欢教师、愿意为了教育发展之类的目标报考免费师范生的，毕业了也确实是按照协议回去就业的。"

（二）免费师范生 B

我眼里的违约：有限理性选择。

我是首届免费师范生，汉族，贵州省玉屏人，父母和祖辈都是地道的农民。2007 年开始就读华东师范大学汉语言文学专业，2011年本科毕业。我为什么选择报考免费师范生？职业是人生最社会化的部分，是人安身立命之基。在选择职业之前，我们必须弄清楚自己想成为什么样的人，需要怎样的生活，选择什么样的职业能让我们成为我们想成为的人，能让我们过上需要的生活。选择免费师范生作为我一生的事业，高考的时候以我的成绩本可以报考非师范类的"985 工程"学校，但是我还是选择了报考免费师范生，我认为这是适合我的正确选择，因为我喜欢教师这个职业，父母也很支持我当教师，所以填志愿的时候，我就选择了华东师范大学的免费师范专业。当然，人生的职业选择也是一个难以回答的人生命题，也许需要一生时间不断地去思考和破解。但我想，每个人都想成为能实现自我价值的人，并能在自我价值的实现中体味到人生的幸福，在生活中找到内心的平衡和精神的归宿。对具体职业和人生的正确选择，具体到某个生命个体时，我想一切都源于用健康和谐的心态、科学的思维来对自己的生命体验和生活实践做价值判断和选择。

2007 年接到录取通知书以后，疯狂地玩了 3 个月后，我独自背上行囊离开家来到了大学。初次步入校园，感觉校园很美，很宁静。在大学四年，学校为了把我们培养成一名合格的人民教师可谓是尽心尽力，经常邀请名师来学校进行讲座，还开展各种活动来锻炼我们的教育技能。我也经常通过阅读图书馆的书籍来开阔自己的视野，通过周末节假日做兼职来锻炼自己。大学 4 年可谓是我成长最快的 4 年。

前三年我的大学过得很充实也很快乐。大四按理来说应该是最轻松的一年，可是我的大四就没有真正轻松的一天。9 月中旬，我开始进行紧张的教育实习，实习一直持续到 11 月底。12 月，我开始投入更为紧张的找工作的过程中。在新的一年里，我终于找到了我的伯乐，我很欣赏那个学校的办学理念，也觉得和它很有缘分，最终我选定了这所学校。

我现在所在的这所学校位于贵州省的省会——贵阳市，是贵州省一类示范性高中，每年的招生分数线排在全省前列，每年面向全省招收两个班，学生的基础好、素质高。但是学校里不解决住宿问题，我们自己租房住，学校很重视我们免费师范生，因为贵州省没有一所教育部直属高校，别说是教育部直属师范大学了，以前学校招聘的教师主要是以地方师范大学为主，教育部直属师范大学的毕业生来学校工作的比较少，有了免费师范生以后，贵阳市的学校选择的余地就大了。学校招进来我们以后，无论是在生活上还是在工作上都给我们很好的平台，现在的高中学校竞争很激烈，学校的核心竞争力是教师资源。为了尽快让我们专业发展，学校给我们压担子，一开始就让我们从高一带班主任，还安排我两个班的语文教学任务。我带的班中，学生都比较努力，因为我善于跟学生交流，学生特别喜欢我，我也真正地喜欢上了这群学生。高考时候班上的成绩还不错，有一半学生上了一本分数线。

作为贵阳市的高中学校，我们的待遇还是比较好的，在职称评定方面也还比较顺利，到了年限评上讲师应该没有什么问题。我已经在最早的时间攻读了学校的教育硕士学位，我觉得选择免费师范生是我的正确选择，成为一名免费师范生和一名人民教师我无怨无悔。

至于违约，我觉得是有限理性行为。我大学有同学准备违约，近年来，从媒体诸多报道来看，免费师范生毕业后最终解约，甚至既不解约也不履约的情形，有增多之势。关于违约，除了免费师范生本身诚信外，我觉得是不是我们的政策规定也存在一些不完善或者说不人性化的地方，比如，政策要求他们从事中小学教育10年以上，感觉自己被"套牢"。华中师范大学党委书记马敏就认为，10年服务教育战线和2年服务农村的期限过长，不利于毕业生整体规划人生、选择多样性的工作和生活方式，限制了他们最大限度地发挥自身潜能。要化解免费师范生违约率居高不下的困境，为免费生建立跨省就业机制，缩短他们服务于教育的年限。同时，是不是也要对我们的培养过程进行深刻反思：对免费师范生进行诚信教育是否存在严重缺失？既然推出免费师范教育政策，是为补齐农村师资力量薄弱的"短板"，那么，教育部门及高校就应在免费师范生接受教育的4年里强化日常管理，加强权利与义务教育、诚实守信教育，让免费生不忘初心，坚定毕业后从教的理想信念。

根据有限理性理论，个人的行为都是趋向利益最大化的有限理性。由于免费师范生就读的学校是教育部直属的重点名高校，接受了高质量的培养教育，具有较高的素质和能力，具备向东部发达地区或者大城市流动的人力资本，但是按照政策规定，他们毕业后只能回到生源所在地工作，就业选择不如非免费师范生宽广。他们毕业后回到欠发达地区和农村地区定向就业，那里不能提供所需的发展平台，工作环境影响发展，而且工资报酬较低，在相当程度上限制了个体的发展。毕业于教育部直属"211工程"大学的免费师范毕业生按照协议在中西部地区和农村就业，这跟非教育部直属"211工程"大学毕业生在东部发达地区城市就业产生了落差，从而导致部分免费师范毕业生不想履约就业，进行违约。

至于我自己，我很喜欢现在的职业，我不会想到去违约从事其他行业的工作。我将会以成为一名教师为荣。其实严格地说，我在省会城市就业，也是一种违约，因为按照协议，必须到农村中小学从教，也就是至少得在县级的中小学才算是农村中小学，县级以上就不能算是农村学校，更何况我还是在省会城市的学校工作，这也是一种偏离政策目标的行为，只是因为我已经回到了生源地，从大的方面讲可视为不违约，当然这也是理性选择的结果。我自己追求个体理性利益最大化，我的外省生源的同班同学有的就是在乡镇学校任教，因为他所在省市的教育很发达，城市学校招聘教师早已经是高学历了。学校也是基于理性出发，招聘优秀的免费师范生来学校充实师资队伍，提升整体素质，这也是理性选择的结果。选择违约的同学，觉得在农村学校看不到前途，待遇不高、教师职业发展受到限制，自己的人生价值得不到实现，所以宁愿去违约。

他们是否选择违约，其实也是进行了一番自我博弈之后的决定。如果选择违约：首先要支付大学四年大约 6 万元违约金（每年学费生活费补助约 1 万元，四年共 4 万元，再加上 50% 的违约金，共 6 万元）；然后，除了违约金外还要背上一辈子的不诚信记录。如果不违约：听从国家的安排，先回乡支教两年，想到城镇工作的，提出申请然后在上级领导同意的情况下调动到城镇工作。据了解，大多数免费师范生都是农村来的，农村出一个大学生不容易，农村父母都希望通过考上大学来改变自己孩子的命运，好不容易培养出一个大学生，还是教育部直属的重点大学，上了 4 年以后，还是要回家，还是要守着农村。我这里没有贬低农村的意思，我也是农村人，上大学没有转户口，我现在还是农村户口。每个人都有追求自己幸福的权利，在我们农村人眼里有城市户口那就是幸福，在城市工作就是幸福，但是免费师范生要先在农村工作两年。工作两年也没什么，反正也还可以申请到城镇工作，但是我们也是人，特别是我们从农村出来的、准备在城市扎根的孩子，我们没有有钱有势的爸爸，只有靠自己，而且我们大多数年龄比同级的城里学生要大一些，我们班平均是在 1987—1988 年出生的。我们 2011 年毕业，我们要在农村义务支教两年，也就是到 2013 年，2013 年我们已经二十五六岁了，这时候我们才刚刚开始，这时候我们才从零开始。再过十年，三十五六岁，还不知道自己的未来在哪里……

国家决定在教育部直属师范大学实施师范生免费教育，在实施的过程中发现有需要完善的地方。我们对政策的内涵和意义的深刻理解也需要不断加强，尤其是对待就业的问题，我们更需要理性对待。所以，作为免费师范生的我们更需要去高度重视和认真对待自己的工作。如何不断增强师范生的光荣感、责任感和使命感，如何面对就业，如何为将来能成为一名优秀的人民教师和卓越的教育家打好全面基础，做好充分准备，都需要我们一起去努力和探索。

（三）免费师范生 C

跨省就业：想说爱你不容易。

2012 年 6 月，湖北教育厅出台《关于办理教育部直属师范大学免费师范毕业生跨省就业及异动手续的办法》（鄂教师〔2012〕9 号），对免费师范毕业生跨省就业的条件进行了具体规定：六所教育部直属师范大学毕业，并与生源省教育厅签订就业协议的免费师范毕业生，一般回生源省任教；对有特殊情况的，经培养院校、生源所在地和接收地省级教育行政部门批准，允许申请跨省就业。

1. 湖北省生源到外省就业

（1）湖北省生源免费师范毕业生到外省非中小学就业按违约处理。

（2）湖北省生源免费师范毕业生到外省中小学就业，确有特殊情况的，须在规定的时间内提供就业单位及所在省（市、区）教育行政部门同意接收其就业及负责后续履约管理的确认函件以及相关证明材料。

（3）接到前款要求的确认函后，省教育厅办理本省生源免费师范毕业生到外省中小学就业的有关审批手续。根据省教育厅审批意见，省高校毕业生就业指导中心按照毕业生派遣的相关规定和程序办理毕业生派遣手续。

（4）湖北省生源免费师范毕业生到外省中小学就业的"特殊情况"，主要包括到少数民族地区、边远贫困地区任教的；全家户口迁移到外省（市、区）的；已婚要求迁往配偶常住地的；在本省安排就业任教岗位有困难的。

2. 外省生源到湖北省就业

外省生源要求来湖北的中小学就业任教的，其本人应联系落实任教单位，由相关的县（市、区）教育局出具接收函件，报省高校毕业生就业指导中心备案并纳入履约管理的范畴。生源地省级教育行政部门要求湖北省教育行政部门出具接收确认函的，由教师管理处按程序报批。外省的市、州及以下教育行政部门要求出具确认函件的，由省高校毕业生就业指导中心受理。

2014 年 7 月，山东省教育厅出台《山东省免费师范毕业生跨省就业及履约管理办法》，山东省生源的免费师范毕业生，确有特殊情况的，经培养学校、外省接收单位及其上级主管部门、接收地所在省和山东省省级教育行政部门批准，允许其跨省就业；外省生源的免费师范毕业生，符合跨省就业条件的，经省教育厅批准后，允许到山东省就业，该办法自 2014 年 6 月 1 日起施行，有效期至 2019 年 5 月 31 日。山东省生源的免费师范毕业生一般应回山东省中小学任教，对确有以下特殊情况的免费师范毕业生，允许其跨省就业：山东省生源的免费师范毕业生志愿到中西部边远贫困和少数民族地区，包括山西省、吉林省、黑龙江省、安徽省、江西省、河南省、湖北省、湖南省、广西壮族自治区、重庆市、四川省、贵州省、云南省、西藏自治区、陕西省、甘肃省、宁夏回族自治区、内蒙古自治区、青海省、新疆维吾尔自治区（含新疆建设兵团）等的中小学校就业的；山东省生源的免费师范毕业生到配偶常住地所在省的中小学校就业的；山东省生源的免费师范毕业生到父母常住地所在省的中小学就业的；外省生源的免费师范毕业生志愿到山东省中小学就业且已经落实就业单位的，经生源地省级教育行政部门审批同意后，在接收单位所在市完成本市生源免费师范毕业生就业工作任务的前提下，可接收到山东省就业。除了湖北省、山东省，全国其他省份也都纷纷出台了跨省就业的规定。从这些规定可以看出，跨省就业的条件基本相似，即大多数都是这样：到中西部边远贫困和少数民族地区中小学就业、到配偶常住地所在省的中小学校就业的、免费师范毕业生到父母常住地所在省的中小学就业的等。不符合这些条件的就视为违约。

如今的免费师范生 C 已经在武汉市某中学任教,但当初限制过死的跨省就业政策,差一点让她的跨省就业成为泡影。C 是湖南永州考生,高考填报的志愿是东北师范大学的免费师范生,她在大学的男朋友是湖北武汉人,她毕业以后就想跟随男朋友到武汉就业,在那里成家。免费师范生 C 告诉我们,毕业如果能留在湖北省,她想去教育资源相对丰富的武汉,可当地更愿意要本地户口的生源,而自己并非武汉户口;如果去外省应聘,很多外省用人单位会顾忌到户口、编制的安排,通常不太愿意接收。同时,一些管理严格的省份,不允许本省就读的免费师范生跨省就业。还有一个主要原因是她跟男朋友的感情,如果她回到家乡那就意味着两人的感情会夭折,所以,决定想办法去武汉就业。根据免费师范生的就业规定,免费师范毕业生一般回生源所在省份中小学校任教,遇到去往配偶、父母户口调入的异地、边远贫困和民族地区,以及其他省教育厅愿意接收的特殊情况,允许免费师范生去异地任教。她去武汉找工作也遇到许多困难,因为,目前接收免费师范生的政策是刚性的,一旦某地接收某位免费师范生就要为其安排工作,这无形中会影响到当地掌权者安排他人就业的名额。另外,在以就业率衡量高校的当下,地方师范院校师范生与免费师范生还存在就业机会上的矛盾,一些地方师范院校担心免费师范生会抢了其学生的饭碗。

她在湖北就业是费了一番的周转,这也反映免费师范生就业区域流向的跨省流向机制不畅通。

第三节 讨论与结论

通过以上资料的分析与研究,我们知道了在违约的免费师范生眼中违约是一种无奈，在没有违约的免费师范生眼中违约则是能够被理解的。

一　违约学生：我也不想这样

首先，选择违约与社会压力有关，这种社会压力主要来自生源地、家庭对免费师范生抱有较高的期望。尽管三位访谈对象的家庭背景不一，在当地或有关系或无势力，但三个家庭的态度均一致，支持三人违约，留在大城市。在西部欠发达地区，可能几乎每一个家庭都期盼着家中飞出只金凤凰，也都在观望着谁家的孩子在外面更有出息。在这种质朴的家庭愿望的催生及教化之下，那些在西部成长、在中东部接受高等教育的免费师范生，承载着父辈乃至整个家族的期望，"返回家乡"往往被排在备选项中的最后。其次，趋利避害的本能抉择。如何保证免费师范毕业生履约返乡工作是一项比较复杂的工程，目前影响到免费师范生违约或履约的一个非常重要的因素就在于毕业生自身的就业观念。从社会学的角度来分析，毕业生的职业选择是一种理性选择的结果，是一种受个人利益驱使的行为。韦伯认为，人类行为由两个因素组成：利益和社会关系。不是思想，而是物质和合理的利益直接控制着人的行为。[1] 在当前各省教育部门对免费师范生的就业管理较为严格的情况下，少数免费师范生还是基于自身的理性选择，选择违约。

二　违约原因

权利和义务从来都是相对平衡的，在免费师范生捧得"金饭碗"的同时，也被铐上了不得免责的"金锁链"：第一，免费师范生入学前必须与学校和生源所在地省级教育行政部门签订协议，承诺毕业后从事中小学教育 10 年以上。到城镇学校工作的免费师范毕业生，应先到农村义务教育学校任教服务 2 年。第二，只能从事在职硕士研究生再教育，不得参与脱产研究生再教育。第三，免费师范毕业生未按协议从事中小学教育工作的，要按规定退还已享受的

---

① 理查德·斯维德伯格：《经济学与社会学》，商务印书馆 2003 年版。

免费教育费用并缴纳违约金。

应该说，在当前中小学教育师资匮乏，特别是老少边穷和农村地区师资力量难尽如人意的情况下，以"金锁链"招引"金饭碗"的契约式教育培养显然有其符合理性和现实的一面。因为这既不违反法治约定的权利义务原则，也使教育资源得到了均衡化的分配。

但让人担心的是，难以排除一些免费师范生在入学时，或出于对教师职业的理想主义，或出于经济拮据的现实被"金饭碗"诱惑，而主动接受契约条款的约束，但4年以后违约怎么办？或许国家能够收回先期的投入甚至是违约金，但是该项政策弥补老少边穷和城乡基层中小学师资力量不足的目的还是难以达到。此外，即便有些免费师范生毕业时践诺自己的诚信合同，但在基层不安心工作又当如何？

在当前契约意识不强、诚信观念淡漠的社会环境下，相信不少免费师范生都或多或少地存在着"先去上学，其他以后再考虑"的侥幸心理。因而，这项政策一旦进入实践阶段，实际效果可能和政策设计者的理想有所差异。而且，由于实行免费师范生的6所部属高校档次较高，培养的人才水平也相对较高，将这部分师范生"一刀切"地分配至基层中小学校，无疑会对省属师范院校和中师毕业的学生分配造成冲击。这就造成了大材小用和师资资源浪费的尴尬情况。

据教育部网站介绍，我国广大乡村普遍存在"爷爷奶奶教小学，叔叔阿姨教初中，哥哥姐姐教高中"的现象。按目前6所部属师范大学每年招生1.2万名免费师范生的数字，要更新普通中小学的师资力量，没有几十年是完不成的。所以，笔者以为国家应将免费师范生的政策惠及所有师范院校，因为地方上的普通师范院校，即使没有诚信契约的束缚，师范生们也会有淳朴的道德心愿回原籍从事教育事业。在所有师范生都能保证捧得"金饭碗"的情况下，约束学生必须从教的"金锁链"也就成了画蛇添足。

三　减少违约现象发生的措施

（1）国家的教育部门应该更好地发挥其职能，健全政策及相关规定，为师范生提供更为稳妥健全的政策保障，营造良好的政策环境。各省应当根据其实际情况制定适合师范生的政策，切实保障师范生的就业，使其在编制、福利、住房等方面有保障，重要的是这些政策要落到实处。

（2）高校在师范生招生时，应当做好把关，在成绩之外重视对师范生道德素质的考核，提高师范生的质量，为教育注入新鲜血液。加大力度培养师范生的各种技能，应对艰苦环境下的心理素质，重视活动的实质，增强活动的吸引力。在教学资源的配置上，注重均衡原则，不能因为师范生不能读研而在教学资源上有所偏向，挫伤师范生的积极性。

（3）国家及高校应当放活政策，以引导代替单纯的政策限制，为师范生提供更多的选择。师范生在入学和入学一年后，允许其自由选择专业，可以调剂，根据其意愿选择是否继续读师范专业还是退出。就业 5 年后可以做出一次选择，是继续从教还是转向。在师范生就业的过程中人性化操作，充分尊重师范生的选择。

（4）国家的财政部门做好财政预算，为师范生的待遇提供保障，使师范生能够有较好的待遇，安心从事教育事业。

（5）国家制订长远规划，调整政策，建立一系列相应的配套设施，为师范生的职后发展创造环境，包括其深造等，允许师范生考取专业研究生，而不仅仅是教育学硕士，对于有研究兴趣的师范生，应当充分尊重其考取专业研究生的权利。

（6）师范生自身应当提高自主学习能力，主动学习。政策多变，自己能够应对这种多变环境的前提是有扎实的能力，这就要提高学习的主动性，而不是因为要走上从教的道路丧失对未来的信心。同时，师范生应加强自身道德素质，注重言行举止，给社会留下好的印象。

第八章 免费师范生就业流向的引导策略

在学术工作上，每一次"完满"，意味着新"问题"的诞生。学术工作要求不断被"超越"，要求过时。任何有志献身学术工作的人，都必须接受这一残酷的事实。学术研究，或由于本身所包含的艺术性，能够提供人们的享受"满足"，因此可以流传；或是作为一种训练方法，也可以让人有持久的愉悦。①

——马克斯·韦伯

免费师范生就业流向存在的问题主要是在政府政策框架之内，局部区域流向的差异性，具体体现在省内向经济、政治和文化比较发达的大中城市地区流动，而向政策期待的农村地区的流动较少。前面的研究结果显示，免费师范生认为省内的大中城市相对于县城及农村地区的基础教育学校的吸引力大、教师专业发展要好，所以大都愿意前往这类地区就业，向农村地区学校流动的意愿不足，尤其是基于教师信念的就业选择太有限。因此，解决免费师范生就业流向问题应该从加强教师职业信念、加大农村地区的基础教育的吸引力、提高教师待遇、完善教师专业发展等方面入手，以解决免费师范生向农村地区流动不足的问题，从而解决免费师范生就业流向问题。

---

① 马克斯·韦伯：《韦伯论大学》，孙传钊译，江苏人民出版社 2006 年版。

第一节　国外免费师范生就业的
启示与借鉴

从世界发达国家的师范教育发展历程来看，免费师范生就业在发达国家也有较深厚的历史渊源，其发展历程中有许多成功经验供我们借鉴。比较和分析主要发达国家的免费师范生就业，有利于为我国当前的免费师范生就业的目标实现提供参考和现实依据。

一　免费师范生就业的国别考察

我们通过分析研究美国、英国、法国、俄罗斯、韩国和日本等具有代表性的发达国家的免费师范生就业的发展历程，系统梳理其免费师范生就业的形式、发展趋势及师范教育的变革，为我国的免费师范生就业的流向提供借鉴和参考。

（一）美国的免费师范生政策

美国有一个世界上最为发达、水平和层次都比较高的教师教育体系，其教师教育发展经历了从无到有、逐渐制度化和层次不断提高的发展历程，发展至今已经形成了相当完备的体制。到20世纪初，由于初等学校教师数量渐趋饱和和质量有待于提高的现实需要，美国的中等师范学校纷纷升格为师范学院。到20世纪40年代，基本形成了美国的高等师范教育体系。师范学院的兴起，表明教师专业培训新的时代开始了。由此，美国形成了封闭式的培养教师的体制。第二次世界大战以后，为了适应新发展需要，推动社会的进步发展，提高国际竞争力，开辟新的教育资源，把握高等教育大发展的大好时机，美国的师范教育选择了由单一的模式向综合化方向发展道路，把原有的师范学院拓展为多科性学院或综合性大学，或将有的师范学院归并为综合性大学中的教育学院以及多科性学院或文理学院中的教育系，并对入学标准和课程内容以及整个教师培养过程进行了重大调整，单一的以师范学院为主的教师培养模式逐步被以综合性大学为主的教师培养模式所取代。[①] 美国的师范教育由定向封闭式的教师培养模式走向了非定向开放式的教师培养模式。进入 21 世纪以后，美国政府将教师教育提高到事关"美国前途与未来"的高度，将改进和完善教师教育、促进教师专业化发展列入十大教育目标之一。对师范生的培养教育进行精心设计实践和成绩评价标准，对他们进行理论课成绩和教学实践两个方面的全面评估。追溯其发展历程可以发现，尽管今天的美国师范教育实行的是收费的培养方式，但是在美国师范教育发展之初是实行以免费方式为主的培养师资的方式。这从"师范学校之父"——美国教育家詹姆斯·卡特（James Carter）在《波士顿爱国者》上发表的题为"论大众教育"的文章中可以看到："以培养教师为目标的师范学校应成为免费教育体系中的一部分，并且是极其重要的一环。而且，不管其他学校是否如此，师范学校恰恰是政府管理的免费教育体系中的一个重要组成部分。因为我们将为此组建一个同一标准的、独立的、体现智能的审理机构来审核教师资格。……很明显，师范学校归州政府所有。这样就会让州政府为之衷情，引以为荣"。[②] 在美国早期的中等师范教育过程中，师范学校实行的是免费制度。1834年，纽约州议会通过决议，把全纽约州划分为八个区，每区选择一所文理学校办师范科，由州政府拨款使用，为全州的小学提供合格师资。1839 年，麻省首先创立了州立师范学校，随后各州师范学校相继建立。州立师范学校的办学经费都来源于州政府。到 1865 年，州立师范学校增至 22 所，由于各州师范学校入学者少，学校多给学生比较优厚或者特殊待遇。纽约州为招揽学生，曾给学生发放往返学校的火车票等。西部各州师范学校比东部各州师范学校学生领有更优的补助。[③]

---

① 王凤玉：《美国师范教育机构的转型：历史视野及个案研究》，博士学位论文，华东师范大学，2007 年。

② A Century of Public, Teacher Education, 16.

③ 藤人春：《美国教育史》，人民教育出版社 2002 年版。

第二次世界大战后，联邦政府通过立法形式，将高等教育置于整个国家的发展的战略之中，这对高等教育的迅速发展做出了很大的贡献。作为高等教育的一个组成部分的师范教育，其发展也受到联邦立法产生的积极促进作用的影响。这种作用是从增加教师培养数量向提高教师培养质量的方向发展。① 从师范学院的单一的教师培养模式转变到综合大学教育院系或文理学院的开放的教师培养体系后，联邦政府主要是通过立法的形式来设置资助师范教育的项目、提供指导和信息服务，在宏观上发挥着导向、推动、信息服务的作用，支持和推动师范教育的改革和发展。为了缓解公立中小学校师资不足的现状，吸引更多的师范毕业生到公立中小学校任教，1958 年美国通过了《国防教育法》，强调将教育作为强国的手段。其中一个重要举措就是加强教师的培养，优先贷款（最多可获得5000 美元的贷款）资助学习优秀且有志于从事中小学教学工作的师范生，毕业后他们如果到公立中小学校担任全日制教师，将免除不超过 50% 的借贷金。1965 年的《高等教育法》中有通过拨款资助师范生，以使其毕业后能到低收入家庭聚集区任教的规定。另外，还要向最有资格的学生提供低息贷款，如果学生毕业后在本州任教，就可以免予偿还贷款。

到 20 世纪末，为了缓解贫困地区的教师短缺严重、科学和数学课程的教师比较短缺、中小学教师任教的学科知识和技能有待于进一步加强等问题，联邦政府设立了一些项目。如 1997 年，克林顿总统提出了旨在为高度贫困的城市和乡村学区吸引和培训 3.5 万名新教师而历时 5 年拨款 3.5 亿美元的师资培养计划。该款项以奖学金或助学金的形式发放，获得该奖学金或助学金的学生，在毕业以后必须到贫困的学区任教 3 年。1998 年，《高等教育法》第二编是教师资助项目。其"201 条：本章之目标"中明确规定资助目的为："提高学生成绩、通过改善未来教师的培训和加强职业发展活动来

① 周钧：《美国政府在教师教育中的作用》，《中国教师》2007 年第 6 期。

提高学前和未来教师的能力、保证高等教育院校承担的教师培训的责任、招募有能力的个人扩充到师资力量中，包括以前是从事其他行业的个人。"其目的在于改革教师培养要求并保证教师拥有所具有的学科知识的教学能力，为贫穷困难学区的教师培养提供奖学金和其他支持服务，以使这些贫穷困难学区招募到高水平的教师。接受奖学金的学生毕业后必须到贫穷困难学区任教一段时间。任教时间长短与接受奖学金的时间一样，否则必须偿还全部奖学金。[1] 如当前实行的"保尔·道格拉斯教师奖学金计划"，奖学金最高为5000美元，它是专门针对师范教育的，该奖学金奖励在班级前10名且毕业后从事教师职业者，另一条件是如果获得一年奖学金一般要求在教师岗位上服务2年。而助学金的资助对象主要是本科生，主要有"佩尔助学金计划"和"教育机会补充助学金计划"。助学金的发放以学生家庭经济情况为标准，如1972年《高等教育修订法》设立的"佩尔助学金"规定其最大资助金额为每年1400美元，随着美国经济的发展和学生的实际需求，其资助金额不断地进行调整，到1998年高等教育法又一次重新修订之后，佩尔助学金的最大额度由20世纪90年代初期的每年3000美元上升到2008年的每年4731美元，成为美国助学金资助活动的主体。[2] 这样的制度安排充分体现了权利与义务对等的原则。

最近几年，为了提高学生学业成绩、提高中学毕业率、降低辍学率、缩小学业差距，奥巴马政府许诺通过增加联邦政府的教育经费，来提高教师职业待遇和地位，帮助低水平学校和社区招聘并留住优秀的教师和校长。美国教育部也打算用经济刺激计划中的43.5亿美元来推动"力争上游"教育革新计划，通过这些措施来促使各州进一步推进教育改革，提高学生学业标准并奖励和培养优秀教

---

① 乔玉全：《21世纪美国高等教育》，高等教育出版社2000年版。
② 美国教育部官方网站，http://www.ed.oov/programs/fp/fundino.html。

师，建设一支强大的、分布均衡的师资队伍。① 为了保证每一个教室都有好老师，联邦政府每年计划提供 10 亿美元来设立服务性奖学金，用来奖励愿意到高需求领域或地区从事 4 年以上教学工作的在读或已毕业大学生，全面承担高质量预备教师培训成本，确保每年对 40000 名教师进行职后培训。《2009 年美国复苏与再投资法》确定投资 326 亿美元作为各州平准基金，确保 30 万左右教师不因经济危机被解聘。② 通过这些措施保证有志于从事教师职业的学生不至于由于经济原因而放弃教师职业。

（二）英国的免费师范生就业政策

英国是工业革命的发源地，同时也是开展资产阶级革命比较早的国家之一。由于历史的原因，英国的师范教育起步较晚，英国的正式的教师培训制度始于 19 世纪初，教师培训是由宗教组织、民间团体或个人承担；非正式的教师培训大约始于 17 世纪末 18 世纪初，是由宗教组织和民间团体创办，标志是 1699 年英国国教建立的"基督教知识促进会"（Society for Promoting Christian Knowledge）。18 世纪英国从事教师培训活动的组织主要有"基督教知识促进会"和"海外福音宣传会"（Society for the Propagation of the Gospelin Foreign parts）。③ 英国早期的教师培训没有相应的招募和任何任职标准，也没有任何质量保障，不论是从数量还是质量来看，都没有对英国的教育事业和社会发展产生重要的影响。

19 世纪中期以后，随着社会进步对教师的需要的扩大，英国开始建立正式的教师教育制度。1837 年戴维·斯托（David Stow）创办了"格拉斯哥师范高等学院"（Glasgow Normal Seminary）。斯托要求招收更为成熟的孩子，要求他们掌握比导生制学校的师范生更

---

① 方增泉、李进忠：《美国教师教育改革新趋势对中国的启示》，《北京师范大学学报》（社会科学版）2010 年第 5 期。

② 同上。

③ Thomas J. B. , *British Universities & Teacher Education：A Century Change*, London：The Falmer Press, 1990, 1.

加专业的技能，结果"格拉斯哥师范高等学院培养出来的师范生在世界各地供不应求，而兰卡斯特和贝尔导生制学校里培养的机械式的师范生在竞争中处于下风"。① 后来，这种体现着荷兰师范教育实践经验的"斯托模式"（Stow Systen）被由凯－沙图华兹制定、英格兰和威尔士教育委员会于 1864 年发动的一项全国性见习教师计划所借鉴。②

现在人们公认的英国最早的正规教师教育始于 1840 年创建的巴特西师范学院（Battesea College for Teachers）。③ 巴特西师范学院是 1840 年由凯－沙图华兹以个人名义在伦敦郊外的巴特西开办的一家私人学院，他自己任主管。这是英国有组织的私立师范教育的开始。巴特西师范学院是以裴斯泰洛齐的教育经验为基础、以普鲁士教师讲习所为蓝本、结合英国国情而创立的一所实验性师范学校。④ 学校设在农村，采用寄宿制，最初招收的学生主要是从贫民学校中选拔出来的 8 名 13 岁少年，学校不仅负责他们的饮食住宿，而且还免费发放给他们统一的校服。里奇（Rich R. W.）认为巴特西师范学院的创办是"英国师范学院发展史上最重要的事件"。⑤

到了 20 世纪，英国政府直接开始参与教师教育。1902 年，英国的《教育法》确立了英国公立教育由中央和地方两级政府管理的体制，地方政府有权拨款建立师范专科学校。1904 年，政府允许地方教育当局开办走读制师资训练学院。此时，英国形成了国家控制，大学、地方教育当局及教会团体三方直接参与的教师教育管理体系，并形成了由大学训练学院（系）、地方公立训练学院和地方

---

① Wragg E. C. , *Teaching Teaching*, Exeter：David and Charles, 1974.

② Tomas J. B. , *Victorian Beginning*, In：John. B. Tomas （ed.） British Universities and Teacher Education：A Century of Change, Lewes：Falmer Press, 1990, 1.

③ 尽管称为"师范学院"，但实际上属于中等师范教育性质。此类师范学院在 20 世纪 60 年代改称为"教育学院"并升格为高等院校。

④ 单中惠、杨捷：《外国中小学教育问题史》，山东教育出版社 2005 年版。

⑤ Rich R. W. , *The Training of Teachers in England and Wales during the Nineteenth Century*, Bath：Cedric Chivers, 1972：75.

私立训练学院三种不同性质的机构组成的教师教育体系。①

为了提高教师教育质量，在 20 世纪 80 年代以前，英国的师范教育完成了大学化的过程。教师教育的大学化过程主要有两种途径：其一是在 20 世纪 20 年代以前，大学在其内部设置教育系之类的师资培养培训机构；其二是 20 年代以后，大学对原来独立设置的师范学院的控制逐渐加强，使之成为整个师范教育的"领头羊"，到了 20 世纪 70 年代后，师范学院与大学脱离联系，其通过自身改组重建发展成为新的综合性大学。英国是世界上开展综合性大学办理师范教育较早的国家，为世界师范教育的发展做出了一定贡献，它促使英国的中小学教师学历在 20 世纪 80 年代初基本上达到了大学水平。因此，师范教育大学化的实质不是培养形式的变化，而是水平的提高。② 在英国，"大学在师范教育中的作用即使不是独特的，也是非常重要的"。③ 一方面，它满足了国家培养高素质高水平教师的需要，使师范教育出现了高学历化的趋势④，从而在一定程度上加强了师范教育的学术性，使培养的教师养成独立的精神品质并能够自由地探讨学问；另一方面，由于综合性大学本身具有学术自由的特征，因此大学化后的师范教育有利于教师的教育研究的开展，促进了教师的专业形成和发展。经过师范教育的大学化以后，单独建制的师范院校开始在英国师范教育中消失，到 20 世纪 80 年代初，英国基本上已不存在独立设置的师范教育机构。教师培养培训开始作为一种专业，以课程的形式在英国各高等院校之中出现。英国现行的教师培养体制是以综合性大学为主体的开放型师范教育体制。

---

① 肖甦：《比较教师教育》，江苏教育出版社 2010 年版。

② 顾明远：《论教师教育的开放性》，《高等师范教育研究》2001 年第 4 期。

③ Roth R. A., University as Context for Teacher Development, In Robert A. Rothe (ed.) The Role of the University in the Preparation of Teachers, Taylor & Francis: Falmer Press, 1999, 180.

④ Young M., "Rethinking Teacher Education for a Global Future: Lessons from the English", *Journal of Education for Teaching*, 1998, 24: 1.

　　英国对师范教育的发展是非常重视的，除了教育体制上实行大学化为主导的质量保障措施，在学费制度上以免费制度来吸引学生参与教师教育。国家规定，对注册学习师范教育课程的学生，如果学生是居住在英格兰和威尔士，他们的学费可从公共经费中支付，不用自己缴纳学费，学生的助学金由设立在师范生所在的地方教育当局的发放机构颁发。在苏格兰，师范生的学费由苏格兰教育署支付。新组建的"教育与就业部"所颁布的《学生助学金与贷款指南》之中负责刊登师范生的助学金的信息与要求。在当今时代，一般大学生已经不能享受助学金而只能以"学生贷款"的形式支付上大学费用的情况下，英国的师范生仍可享受助学金。这是刺激优秀学生报考师范专业的有力措施。此外，在教学实习期间，与之有关的交通费也能从地方教育当局那里得到报销。[1] 除了对师范生采取免费方式吸引优秀学生报考师范教育外，英国政府还利用财政刺激来吸引大学毕业生进入教师行业，特别是中小学短缺科目的教师。目前的政府采取的财政刺激主要有两类：一是支付给参加培训课程的学生，目的是让他们能进入教师培训；二是支付给进入教师行业的学生，目的是保证参加教师培训的学生能够从事教育教学工作。为了吸引更多的参加培训者能从事中小学短缺科目教学，伦敦采取了很多激励措施，其中非常有名的就是"金色问候"（Golden Hello），就是另外支付给从事短缺科目教学的研究生 4000 英镑。最近，政府又推出了新的激励措施，即在伦敦和威尔士帮助有能力从事短缺科目教学的新合格教师还清贷款。这个计划针对那些每周至少花一半的时间在教特殊科目上的教师，其中包括小学教师。本科生每年可借到 4000 英镑，以后还可以增多。无疑，这是一个很有吸引力的激励措施。[2]

---

　　① 陈永明：《国际师范教育改革比较研究》，人民教育出版社 2001 年版。
　　② 徐美娟、张民选：《教师提供：英国政府的挑战及应对策略》，《外国中小学教育》2006 年第 12 期。

（三）法国的免费师范生就业政策

师范教育在法国历史悠久，1681 年，法国创办了师范训练学校，首开世界师范教育之先河。随后，陆续出现教会办的小学教师培养机构。1795 年，法国第一所公立师范学校——巴黎高等师范学校在巴黎成立。法国共和国三年雾月九日（1794 年 10 月 30 日），根据议员拉卡纳尔的提议，共和国政府颁布了建立师范学校的法令。法令第一条即声明："在巴黎建立一所师范学校，召集全国各地受过应用科学的公民，由师范学校为他们提供各领域最出色的学者传授教育法。"[1] 1808 年，政府决定在中学设立培养小学教师师范班；1882 年，法国政府颁发法令，规定师范学校属学区长领导并首次把教育学列入教学大纲。随后，法国政府将师范学校学费制度改为免费。1931 年，政府规定，巴黎高等师范学校修业 4 年，学生在毕业后担任国立中学教师。学生一旦入学，除免交学费外还享有相当于普通中学教员的"津贴"，他们也就具有公职人员的身份。"从原则上讲，高师人必须为国家服务 10 年，违背者将受到严厉的警告处分。"[2] 如果中途退学，或毕业后不履行 10 年公职服务合同，或中途转业，就要追赔全部学费和津贴。[3]

20 世纪 90 年代以前，法国的师范教育一直沿袭着中、小学教师分级培养的传统，中学教师（包括初中、高中教师）由高等师范学校和综合大学培养；小学教师（包括幼儿园、小学教师）由师范学校培养。20 世纪后半期，法国对学前教育和小学教育的教师培养制度实行了三次重大改革。经过三次师范教育改革，师范毕业生的学历由 1946 年的高中毕业 +1 年，逐步过渡到 +2 年、+3 年、+4 年。师范生入学后，即为国家公务员，享受工资待遇，毕业时与国

---

① Alain Peyrefitte, Rue d'Ulm, Dates Fondatrice, Edition du bicentenaire, Fayard, 1994, 4.

② ［法］弗朗索瓦·杜赞、皮埃尔－贝特朗·杜福尔：《巴黎高师史》，程小牧、孙建平译，中国人民大学出版社 2008 年版。

③ 外国教育丛书编辑组：《师范教育的现状和趋势》，人民教育出版社 1979 年版。

家签订服务合同，服务期为 8 年。当然服务行业并不一定服务教育，也可以进入国家机关、企事业单位、科研机构和管理机构。1989年，政府为加强教师职业的吸引力，鼓励和吸引更多的大学生投身于中小学教育，政府为有意从教的大学生设置专门津贴，规定学生取得教师培训学院的学习资格后，第一学年可享受政府发给的每年7 万法郎的助学金补贴。第一学年考核合格升入第二学年学习，成为实习公务员，可以得到作为公务员教师正式工资的 80%，并享受社会保险等待遇。① 结业后，成为正式小学教师，可获教师全薪，享受国家公务员待遇，在学区内选择工作。因此，在法国，教师属于国家公务员，教师享有公务员权益并履行公务员义务，职业具有很强的稳定性，具有终身制的特点。因此，师范生之间的竞争异常激烈。以 2004 年为例，这一年参加小学教师资格考试人数是 61489人，录取人数是 12039 人，录取率仅为 19.6%；报考中等教师资格考试的人数是 56054 人，录取 15126 人，录取率仅为 26.9%。② 正是通过提供良好的教师的待遇、设置较高的教师资格准入门槛和优良的教师职业培养来提高教师质量，法国政府确保了教师的专业性。

（四）德国的免费师范生就业政策

德国也是世界上最早创办师范教育的国家之一，其有关教师教育的相关制度十分完善。2000 年，德国教师教育委员会发布了《德国教师教育展望》报告，报告认为在培训期限、场地和行政管理的精干性等方面跟其他国家相比，德国具有最高档次的教师教育制度。德国文化教育部长会议教育委员会主席爱瓦尔德·提尔哈尔德认为："在现代工业化国家，教师教育的发展是社会持续发展、经济增长取得重大成就的历史标志。"教师教育的发展是和西方目前

---

① 苏文锦：《法国教师教育考察综述》，《中国大学教学》2002 年第 3 期。

② Direction de la programmation et du developpement, Notes d' Information, 2005. 16 – 17.

以现代化、理性化和非国家化为标志的社会发展过程相联系的。[1]
由此可见德国政府对师范教育的重视。除了在理念上对教师教育足
够重视之外，德国对师范教育的重视还表现在免费制度和教师的优
厚待遇两个方面。

　　1697 年，教育家佛兰克（A. H. Franekee）用教会捐款和私款在
哈勒（Hall）首先创办了一所师资养成所，亦即中等师范专科学校。
招收对象为有志于担任教师或牧师工作的学生，学制 2 年，免缴学
费，供给膳宿，进行师范教育；1747 年，佛兰克学生赫克
（J. J. Heeker）又在柏林创办了柏林师范学校，训练神学和科学教
师。1753 年此校改为皇家学院。[2] 到 18 世纪，师范院遍及全国，师
范学校属州立，学生寄宿、免费，3 年修业期满后，通过第一次资
格考试者，可任小学预备教师，服务两年后，再通过第二次资格考
试，方可聘为正式教师。中学毕业生必须在大学修业 3—5 年，并初
步学习教育理论知识后，通过两次考试——普通考试（教育学科以
外的各科）和专业考试后，再经过两年实际训练，经审查合格，方
可取得中学教师资格证书。[3]

　　从 20 世纪 70 年代初开始，联邦德国高等院校一律免交学费，
私立大学除外，大学生还可以享受各种资助。作为高等教育重要组
成部分的师范教育专业同样享受免费和资助。这种资助主要有三种
形式：助学金、贷学金和奖学金。根据 1983 年发布、1986 年修订
的《联邦助学金法》，凡符合享受助学金条件的大学生每月可获 515
马克资助，外加 38 马克医疗保险补助和 195 马克住宿补助（居住
在父母处的住宿补助为 60 马克），共计为 748 马克。1991 年，助学
金最高额定为 890 马克。[4] 学生享受的贷学金是无息的，1988 年规

　　① Terhart E. （Hrsg. ）Perspektiver der Lehrerbildung in Deutschland, Bweinheim/Basel：
Beltz, 2000.
　　② 张燕镜：《师范教育学》，福建教育出版社 1995 年版。
　　③ 周毅然：《中国师范教育的历史、现状和未来》，《清华大学教育研究》2000 年第
3 期。
　　④ Peisert H. , Framhein G. , Das HochSchulsystem in Deutschland, 1994, S5：110.

定贷学金最高额为 823 马克。《联邦助学金法》规定贷学金须在毕业后 20 年内还清，每月至少偿还 120 马克。若学生能按规定时间毕业，并取得优良的毕业成绩，还可以减免偿还贷学金数额。奖学金是提供给学习成绩突出的学生的。师范生与其他专业大学生一样，他们的大学生活并不依赖唯一的费用来源。除上述资助外，他们的生活费来源还可能包括父母供给和打工收入，等等。①

在德国，教师是国家公务员，享有较高的社会地位，可以终身任职。"一战"前，德国中学教师地位等同于教士、律师和国家官吏，若非特殊情况，不得任意调迁、辞退教师。在经济合作和发展组织中，德国教师的工资待遇最高。德国联邦和各州政府通过建立完善的教师教育法律机制、进行严格的教师教育管理以及加大教师教育经费投入等措施促进教师教育的长足发展，保证教师队伍的质量。

（五）俄罗斯的免费师范生

俄罗斯的免费师范生政策沿袭苏联的免费师范生政策。苏联的师范教育在世界教育史上独树一帜，它以马克思列宁主义与劳动相结合的力量为指导思想，为全国各级各类学校培养了大批高水平的教师，在数量、质量和种类上保证了整个国民教育体系师资干部良性循环，从而确保了苏联整体教育水平处于世界领先地位。苏联解体以后，俄罗斯继承了其绝大部分主权，成为一个在社会制度和政治上和苏联有差异的独立国家。俄罗斯现阶段的教育体系也基本保持了苏联时期的体系的基本框架，其教育改革也是苏联解体前夕教育改革的延续。俄罗斯的师范教育经历了一系列变革和调整。顺应世界教育的总体发展趋势，俄罗斯的师范教育体系在不断朝着更高水平发展：中等师范教育职能越发减弱，中师在全国的覆盖率呈缩小的趋势，多级教育体制的实施使中等师范教育环节逐渐被中等完全普通教育和高等师范教育（或高专）所取代，后者所占比例日益

---

① 陈永明：《国际师范教育改革比较研究》，人民教育出版社 2001 年版。

增大，越来越成为师范教育体系的主体。

在苏联阶段，师范教育实行完全免费制度，同时也规定了毕业生服务内容。志愿从事教育工作且成绩优良的农村青年经农村中学和区教育局推荐，在师范学院入学考试中成绩及格即要录取，毕业后回原农村中学任教，不存在与城市青年的就业竞争。[①] 这些措施保证了教师培养质量。客观地说，教师职业在苏联是一个受社会尊敬、令人羡慕的职业。师范院校的生源比较稳定。[②] 苏联解体，俄罗斯联邦在立国之初（1992 年 7 月 10 日）就明确将教育领域确定为优先发展的领域，并将此载入《俄联邦教育法》总则，作为国家基本教育政策之一。在《俄联邦教育法》出台一系列有关教育的指示和决议以后，俄罗斯联邦教育部也先后颁布了与师范教育改革有关的法规，如与稳定师资队伍有关的依靠国家财政的师范生定向合作培养条例、有关加强师资队伍建设的决定、改革师范教育内容及确定教师职业标准等规定。在这个背景下，俄罗斯师范教育在继承优良历史传统的基础上不断地寻求创新，形成了具有特色的师范教育体系，在学费制度上，绝大多数师范院校的传统师范类专业仍保留着免费制度，以此来增强对考生的吸引力，保证师范教育在源头上的优秀。除此之外，俄罗斯还开始尝试实行教育贷款制度，由国家向师范院校的师范类专业学生发放贷款，如果师范生在毕业后从事教师职业，可以免除偿还其贷款，其贷款由国家支付，否则就由自己偿还。2006 年，由国家教育和科学部提议的国家支持教育贷款的方案得到国家的支持，并准备在 2007—2010 年试行该方案。由于实行免费师范生制度，即使是在俄罗斯经济下滑和教育拨款不足导致的教育机构经费短缺的情况下，俄罗斯的师范教育也一直得以相对稳定和正常发展。

（六）韩国的免费师范生就业政策

韩国属于儒家文化圈，一直以尊师重教闻名，重视教育和师范

---

① 肖甦、王义高：《俄罗斯教育十年变迁》，北京师范大学出版社 2003 年版。

② 同上。

教育。韩国的师范教育起步较晚。最早是美国传教士引入了近代学校的概念，随后在学制的设置上有意识地模仿了近邻日本。直到1895年，韩国才创立了以培养新制学校教师为目的的汉城师范学校。① 此后，随着日本对韩国的入侵，韩国被迫全盘接受殖民主义的教育制度。第二次世界大战以前，韩国中等学校教师培养制度还没有建立，没有正式的中等学校教师培养机构，第二次世界大战以后，韩国迎来了"8·15光复"，对师范教育制度进行了改革。韩国政府按照新学制设立小学教师临时养成所和教育大学，培养中小学师资。师范教育的发展在很大程度上受到美国等西方国家的影响。② 小学教师培养机构从高中水平的师范学校，升格为两年制的教育大学，20世纪80年代之前又全升格为四年制的教育大学。同时，正式建立了正规的中等学校教师培养机构——师范大学，并且为了满足战后对中等学校教师的需求，陆续设立了多种中等学校教师培养机构，形成了多元化的中等学校教师培养体系。目前，韩国中等教育培养机构有师范大学、一般大学教育科、一般大学的教育课程、教育大学院等。为了保证师范教育的质量，私立的师范教育机构必须被政府批准以后才有培养教师的资格。

韩国的国立师范院校在1990年以前是免收学费和入学费的，家长只需缴纳一定数量的赞助费即可。而自1990年起，免收学费和入学费的学生只占总数的30%，这些学生是农村学生、有特殊贡献者子女、生活困难户和成绩优秀的学生。③ 即便如此，师范院校的学费比非师范类院校低，尤其是在国立大学。国立大学的学费是私立大学的一半，而国立师范学院和国立教育大学的学费比国立大学要低。此外，国立师范学院和国立教育大学还向15%的具有教师资质

① 肖甦、王义高：《俄罗斯教育十年变迁》，北京师范大学出版社2003年版。
② 孙启林：《战后韩国教育研究》，江西教育出版社1995年版。
③ 李水山：《韩国中小学教师的职前培养和在职培训》，《高等农业教育》2004年第12期。

的学生发放师道奖学金。① 因此，在韩国通过免费制度来保障那些高考成绩非常优异但是家境经济困难的学生报考师范专业，确保优秀人才接受教师教育。

目前在韩国，大学生就业形势严峻，而教师职业正是以其特有的稳定性和丰富性，学费上的优惠政策，受到家长和学生的青睐。尤其对于家境困难的学生来说，师范院校非常具有吸引力，特别是对优秀人才的强大吸引力，这是韩国教师教育最大的优势。

此外，韩国政府还采取提高教师待遇和教师身份地位的做法来保证教师教育的高质量，从而使教师能够全身心投入到教师教育之中。1953 年，韩国政府考虑到教育公务员的职务与责任的特殊性，决定对他们实行一些不同的原则，并颁布了只适用教育公务员的《教育公务员法》，充分保障了教育公务员的身份。② 该《教育公务员法》在 1981 年进行了全文修改，到今天已经先后经历了 17 次部分修改。有关身份保障的规定也经历了部分修改或增加，形成了现行的《教育公务员法》的身份保障规定。这些规定与 1953 年相比，增加了许多内容。除了在法令上对教师身份进行保障以外，韩国政府还成立了一些教师社会保障组织对教师的地位进行保障，其中以"韩国教师共同基金会"（KTMF）最为著名。韩国教师共同基金会的主要职能有：向其成员提供贷款；管理其成员子女奖学金；管理福利规划和设施；为其成员和家属提供婚礼和葬礼抚恤金、酒店、医疗、带有折扣的婚礼礼堂和免费的法律诉讼服务等。同时，该组织也向全国的中小学教师提供各种培训和学习信息。③ 因此，韩国教师共同基金会自从 1971 年成立以来，其成员已从当初的 7 万人增加到 68 万人，资金已从当初的 18 亿韩元积累到 126552 亿韩元。④

---

① 李水山：《韩国中小学教师的职前培养和在职培训》，《高等农业教育》2004 年第 12 期。

② 肖甦：《比较教师教育》，江苏教育出版社 2010 年版。

③ 何茜、谭菲：《韩国教师教育的发展特色及变革趋势》，《比较教育研究》2009 年第 12 期。

④ 1 亿韩元大约相当于 600 万元人民币。

所有这些为提高韩国教师身份地位和福利待遇的保障做出了巨大的贡献。

1991 年，韩国通过《教师地位特别法》，从教师待遇、教师薪酬、教师规范等方面给予了教师特别保障。从 1995 年开始的教育改革中，有 80 多个关于教师政策的建议被提出，涉及了师资培训、在职教育、职位提升、参与决策等措施。2000 年，韩国教育部又颁布了《教师优惠待遇准则》。尊师重教的社会风气与依法保障的政府行为使教师地位尤为突出，师范教育保持了深厚的吸引力。[①]

二　国外免费师范生就业政策的经验与启示

发达国家在实行的免费师范生就业政策的过程中积累了丰富的可供借鉴的经验。第一，免费师范生是当今国际师范教育改革与发展的潮流。综观发达国家的师范教育学费制度，目前存在三种类型的学费方式，分别是高收费制度辅以配套相应资助如美国、低收费制度如法国、免费制度如英国，但是总体趋势是实行免费或者低收费的。即使是高收费的国家，如美国，在对学生进行收费的同时，也对学生实行十分完善的配套资助制度，特别是对师范生而言，他们有享受更多资助的机会和项目，来保证学业的顺利完成，特别是最近几年美国政府针对教师教育发展对师范生进行了更多的资助，从这个意义上讲，发达国家的师范教育的学费制度主要是免费为主的。第二，根据权利与义务对等关系，凡是享受了国家提供的免费教育或者是国家资助的师范教育专业学生，毕业以后都要到国家指定的地区或者范围进行服务，履行相应的国家规定的定向服务的义务。第三，通过免费或者各种经济手段来吸引优秀学生参与师范教育是一个带有普遍性的手段和方式，各国政府以此来吸引优秀人才参加教师教育，从而提高师范教育的质量。第四，提高教师的身份地位和福利待遇，来增强教师职业的吸引力是当今发达国家教师教

---

① 华丹、郑有真：《国以师为重：韩国教师政策的改革取向探析》，《上海教育》2005 年第 10 期。

育的一种行之有效的方法。如在德国和法国，教师属于国家公务员，享有较高的社会地位和福利待遇，而且具有很强的稳定性，可以终身任职。在韩国，国家从法律上对教师身份作出规定，教师属于教育公务员，享有很高的身份地位，福利待遇得到很好的保障。

这些经验给了我们有益的启示。第一，从发展历程来看，各国实施免费的师范教育，首先表明了国家对师范教育的重视程度，这跟国家的经济实力没有必然的联系。以俄罗斯为例，苏联解体后，俄罗斯经济困难，国家财政难以保证高等师范教育的财政投入。中小学对师范院校毕业生培养质量满意度仅达到25%，俄罗斯师资质量下降成为触目惊心的事实，俄罗斯的高等师范教育饱受诟病。① 俄罗斯政府为了提高教师教育质量，在财政经费极度紧张情况下，采取了多种措施发展师范教育，比如在师范院校增加公费生名额，提高师范生待遇等。另外，政府还出台诸如免服兵役、提供助学贷款等各种鼓励措施来吸引优秀生源参与教师教育。通过多方努力，俄罗斯的师范教育水平和师范教育质量得到较大提高，正是因为重视师范教育，在今天，俄罗斯的科技水平和教育质量依然位于世界前列。第二，免费师范生制度的实施需要配套和监管机制健全保障措施。从世界范围来看，免费师范生制度是一个庞大、系统的制度体系，不管采取什么样的免费方式，都需要健全的配套措施和监管机制，以保证免费师范生就业的顺利运行。在发达国家的免费师范生体系中，政府很重视免费师范生的经费监管，以确保资金的使用效率；与此同时，根据权利与义务对等原则，对享受免费教育的师范生进行严格的义务服务地区和年限的规定，以此来保证免费师范生制度目标的实现。例如，美国的"保尔·道格拉斯教师奖学金计划"，该计划是专门针对师范生而设立的，奖励对象是班级前10名且毕业后从事教师职业的师范生，在享受奖学金的同时也规定了相

---

① 王振波：《我国高等师范教育学费制度研究》，硕士学位论文，河南大学，2009年。

应义务，即如果获得一年奖学金一般要求在教师岗位上服务两年。如果师范生毕业后没有履行教师义务，除了必须偿还奖学金外，还要在个人的信用记录上记上不诚信这一笔。而对于其他没有享受奖学金的学生则可以通过"贷款"或"工读计划"来完成学业，因此也就没有相关从事教师职业义务的规定。[①] 由于拥有配套监管机制和健全的保障措施，美国的教师教育一直走在世界前列，成为世界各国比较学习的参照。因此，在我国的免费师范生制度的实施中，各师范院校要加强对教育经费的监管，提高经费的使用效率，建立健全免费师范生制度实施的保障措施，确保政府调控目标的实现。

第二节　免费师范生就业流向的引导策略模型

免费师范生就业流向是政策制度推动、用人单位吸引和免费师范生的教师信念与社会资本等综合作用的结果，因此，免费师范生的就业流向可以从上述三个途径着手解决。根据本书的前述研究，上述三个途径受到不同因素的影响，在考虑免费师范生就业流向引导策略时需要考虑这些影响因素对就业流向途径的影响作用，因此，针对免费师范生就业流向的影响因素提出相应引导策略，才能有效解决免费师范生的就业流向农村基础教育的政策目标问题。

引导策略的落实离不开相关的实施主体，在影响免费师范生就业区域流向的诸因素中，有的是政府能够改变的，有的需要通过社会的努力才能改变，有的需要师范大学进行改变，有的需要免费师范生个体进行改变，有的需要政府、社会、高校和大学生个人中的两者甚至三者综合努力才能改变。因此，根据各种影响因素的不同作用

---

① 王振波：《我国高等师范教育学费制度研究》，硕士学位论文，河南大学，2009年。

路径和不同的实施主体，提出免费师范生就业流向引导策略可以对就业和就业个体产生影响，进而影响免费师范生的就业流向，实现免费师范生就业流向的调控，最终解决免费师范生就业流向问题。

　　根据以上分析，得到免费师范生就业流向的引导策略模型，如图 8 - 1 所示。

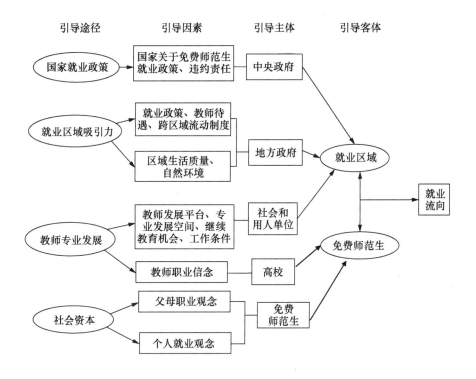

图 8 - 1　免费师范生就业流向引导策略模型

第三节　免费师范生就业流向的引导策略

　　根据政策要求，考生在录取前需要签订定向就业协议，承诺在毕业以后到基层基础教育从教 10 年，其中 2 年必须在农村中小学从教，以保证基层基础教育特别是农村的教育发展和免费师范生的成长。实施近 10 年以来，各政策主体从理念设计、招生培养和践约就业等环节认真落实和实施，基本实现了政策的预期绩效。然而，我们必须看到，在师范生免费教育政策制定过程中，由于一开始就围绕效率这一中心，以国家功利主义和实用思想为价值取向，过分注重政策的操作层面，缺乏对师范生免费教育政策本身伦理价值层面的探寻，在就业流向的调查中充分反映了这样的事实。需要我们从各个政策主体层面进行引导。

根据调查结果，影响免费师范生到基层教育机构就业吸引力的重要因素之一是地方的待遇、平台和发展机会，也就是说这些地方对免费师范生没有足够的吸引力，因此，有个别的免费师范生宁愿违约也不愿去这些地区就业。不同区域的学校的收入存在差距、不同地区的就业政策不一样、不同地区的自然环境以及生活质量等也不能满足免费师范生的要求。必须要改善地方区域的基本要素，需要地方政府和社会的共同努力，以达到提升基层学校就业吸引力的目的。

一　中央政府在就业政策的制定中加大有利于流向中西部基层的措施方法

这样政府主要在宏观政策的制定和决策方面对免费师范生的就业进行比较刚性的规定，比如服务年限问题、考研问题和违约问题的处置等，在下一步的就业政策调整中可以在这方面做一些调整和完善。

1. 适当调整学生服务年限

根据我国师范教育的发展历史，师范生在享受免费的权利同时必须履行相应的义务，但是对于服务年限并没有现在这么长，不同时期也存在差异，但是总体上一般在 4—6 年。作为一种教育的变革与发展，师范生免费教育政策的价值实现要纠正实施中的价值异化现象，回归真正的价值目标，这无论如何也无法摆脱与过去的联系，也不可能与过去的历史完全断裂。因此，师范教育的改革与发展是在原有基础上的继承和超越。德国哲学家狄尔泰曾说："我们这一代，要比以往受到更大的推动去试着探索生活的神秘面纱，这面孔嘴角上堆满了笑容，但双眼却是忧伤的。是的，允许我们努力奔向光明、奔向自由和美；然而却不是抛弃过去，完全去标新立异。我们必须带着旧神去进入每一户新居。"① 所以，我们要在传统的免费师范生就业政策的基础上建立起一套适合当今教育改革和发展的免费师范生就业的制度体系，建立免费与义务相匹配的体系。比如，中华民国南京临时政府时期实行的师范生免费教育就业政策规定的服务期限不等，一般在 4—6 年之间。而目前我国的免费师范生就业办法中规定了至少 10 年的服务期限，10 年的服务期把有意从教的优秀学子拒之门外，这已经被众多的相关研究证实。所以，中央政府可以根据学生自身经济状况和发展需要建立起让学生进行选择多样性的就业年限规定，充分体现以人为本，也为免费师范生的就业流向朝着既定的目标前行打下良好的基础。

2. 完善免费师范生的专业发展政策

首先，《教育部直属师范大学师范生免费教育实施办法》中规定免费师范生要在中小学从教至少 10 年，那么，10 年以后呢？如何让他们跟上时代的节奏，真正实现自身的教师专业发展，就需要中央政府在免费师范生的教师职业发展方面出台相应的规定，保障他们的职后教育，这就要求政府把职前培养和职后发展连续统领起来，才能为免费师范生的教师专业发展解除后顾之忧，也给他们成为未来教育家和优秀的教师打下基础。其次，虽然免费师范生能够继续攻读硕士，但攻读学位是必须自己缴费的，不享受免费教育，这对于那些地处偏远地区的免费师范生来说可能是不小的负担和压力，如何让这部分免费师范生也继续攻读硕士学位。出台政策让这些师范大学为这些免费师范生提供方便。比如是不是可以聘请专家或教授不定期来学校作讲座，要让他们在掌握教学技能的同时，也

---

① 柳海民、孙阳春：《中国教育改革的理性诉求》，《教育学报》2005 年第 3 期。

不断更新师范生教育前沿的思想，提升他们系统的教学理论知识。最后，《办法》中规定，免费师范生毕业前及在协议规定服务期内，一般不得报考脱产研究生。这是为了顺应大多数免费师范生要回到农村地区的要求而制定的，也是我们当前政策的初衷。但是，大多数免费师范生都有继续考研甚至出国的想法，且有一些免费师范生是具有科研潜力的，不让他们考研，他们心有不甘，势必会影响他们的工作。调查显示了这个问题。对免费师范生的访谈也反映了这个问题。

对此，政府是否可以采用激励的手段让少部分优秀的免费师范生攻读全日制硕士、博士，甚至出国，这或许是一个改进和提升现行政策的突破口。

3. 关于违约

就业中的自主选择的个人流动意愿与政策规定回生源地就业之间的冲突以及就业中的违约行为问题是师范生免费教育政策实施带来的直接后果。政策上要求免费师范毕业生必须回到生源地工作，以确保政策的实施绩效，但从伦理的角度来分析，政策的实施应该以个体的发展为核心，尊重个体的价值诉求，不应该设定各种硬性限定条件来限制个体的发展。但从政策实施结果来看，存在政策规定限定个人发展与个体发展需求的伦理冲突。"免费师范生的就业政策不利于高等教育的社会流动功能的实现，形成了个体流动意愿与政府政策期待之间的矛盾，这导致免费师范生就业偏离政策初衷。"[①] 根据有限理性理论，个人的行为都是趋向利益最大化的有限理性，政策设计的理念应该关照个人发展的人文关怀，反映政策的伦理意蕴。由于免费师范生就读的学校是教育部直属的重点高校，接受了高质量的培养教育，具有较高的素质和能力，具备向东部发达地区或者大城市流动的人力资本，但是按照政策规定，他们毕业

---

① 崔波：《免费师范生就业为何偏离政策初衷——基于社会流动的视角》，《现代教育管理》2012 年第 9 期。

后只能回到生源所在地工作，就业选择不如非免费师范生宽广。他们毕业后回到欠发达地区和农村地区定向就业，那里不能提供所需的发展平台，工作环境影响发展，而且工资报酬较低，在相当程度上限制了个体的发展。毕业于教育部直属"211 工程"大学的免费师范生按照协议在中西部地区和农村就业，这跟非教育部直属"211 工程"大学毕业生在东部发达地区城市就业产生了落差，从而导致部分免费师范毕业生产生"宁要城市一张床，不要农村一座房"的想法，不想履约就业，进行违约。[①] 根据师范生免费教育制度的就业规定，为保障免费师范生毕业后能够根据师范生免费教育的协议完成定向就业服务，采用惩罚性措施作为保障手段，即如果免费师范生在毕业后不能履行就业协议，将被视为违约，不但要一次性偿还免费教育费用，还要赔付 50% 的违约金，并计入诚信档案。从各个地方政府的免费师范生的就业实施办法中来看，无一例外都在执行惩罚性措施和记入诚信记录这一规定。制定惩罚性保障措施对免费师范生的就业实施有其必要性，享受了不交学费的权利，履行为国家"服役"的义务，这样的协议体现的是权利和义务的对等。然而，制定这样单一的惩罚性措施来实现履约保障，能够在多大程度上产生效果，是值得商榷的。因为以契约为约束的单一的惩罚性措施对学生行为的约束力是有限的。定向就业协议的履行，不仅需要惩治性的措施，更需要以适合的措施和适切的方式满足免费师范生的个人发展需求和意愿，尊重个人的意愿，以此来实现其主动、自愿地履约与执行。正像有人说的"要真正留住他们，仅有协议恐怕还不够"。[②]

师范生免费教育政策是基于国家意志的价值理念，以政府投资经费和确保就业的方式选拔和培养优秀教师，虽然以契约的形式对

---

① 崔波：《免费师范生就业为何偏离政策初衷——基于社会流动的视角》，《现代教育管理》2012 年第 9 期。

② 李曙明：《新闻快评》，http：//www.jcrb.com/n1/jcrb1298/ca603706.htm，2011 - 11 - 19。

职业选择加以限定，但应该是基于教育市场规律和尊重学生个人自主，就是要"以人为本"。因此，在对免费师范毕业生的毕业去向进行限定的同时，更需要为其未来的个人职业成长和个人的长远的发展进行规划与筹谋。正如教育部师范司相关人员所说的"我们要对每一名师范生的长远发展负责，要对他们的前途负责"。[①] 从这个角度看，师范生免费教育制度的就业措施在人性和开放性方面的策略显然不够。因此，有必要通过在关怀人性和开放的策略的基础上来兑现免费师范生就业承诺。正如有学者所言"一项政策出台后总会面临着各种新问题，一些具体实施方案要更加开放，以便及时调整"。[②]

4. 适当放宽跨省就业的条件限制

国家应该适当放宽免费师范生跨省就业的条件限制，每个省在《就业办法》精神的指导下，根据本省教育发展的需要，以及提供岗位的多少，结合学生个人意愿和职业发展需求，可以允许跨省就业或者放宽跨省就业的条件，只要他们愿意在中小学工作并长期从教，不管他们在哪里就业，都会为教育事业的发展贡献一份力量。因此，教育部、人力资源与社会保障部在国家政策中明确跨省就业、岗位提供等重要规定中，严格审查各省区制定的免费师范生就业政策，尽量保持各省区的就业规定相对一致。也可弱化免费师范生回生源省区就业的限制，允许免费师范生在全国范围内双向就业，建立西部省际跨省就业机制，保证免费师范生的岗位工作落到实处。放宽跨省就业政策的限制，使免费师范毕业生的求职积极性提高，求职成本降低，求职成功率增大，同时也增强免费师范生从教信心。

5. 建立健全的免费师范生合理准入与退出机制

退出机制不完善导致免费师范毕业生无法顺利向目的地流入是

---

① 赵秀红、翟帆：《免费师范生如何走向基层留在基层》，《中国教育报》2007 年 5 月 25 日。

② 同上。

就业政策冲突的表现形式。合理的退出机制是政策设计的重要环节，它能保证免费师范生的顺利就业。一方面，在合理的退出机制中使用淘汰方式，淘汰那些不愿意从事教师教育工作的学生，营造良好的学习氛围，提高免费师范生的教育质量，保证高质量的就业；另一方面，在合理的退出机制中，可以将那些由于自身生理或者心理等方面原因所引发的不适宜从事教师教育工作的学生进行合理安排。但《就业办法》对就业的退出机制只是一个原则性意见，对实施细则并不明确，致使不适合从事教师教育工作的免费师范毕业生无法找到适合自己的工作。因为根据协议，即使不适合从事教师工作，也不能违约，到最后只得由生源地政府进行分配。因此，师范生免费教育政策自身所隐含的道德伦理问题在我国欠发达地区和农村地区社会经济和教育发展的背景下便造成了现实中的伦理困境。

由于经济、信息不对称和报考志愿时的认识不清等因素，一些高中毕业生误入免费师范生队伍，还有一些师范生虽然进入了免费师范生队伍，却发现自己并不适合教师这一职业。《教育部直属师范大学关于师范生免费教育的实施办法》规定："免费师范生未按照协议从事中小学教育工作的，要按规定退还已享受的免费教育费用并缴纳违约金。省级教育行政部门负责履约管理，并建立免费师范生诚信档案。确因特殊原因不能履约的，需报经省级教育行政部门批准。"很显然，此规定过于原则，且要等免费师范生毕业时候才可以考虑落实，造成事实上的免费师范教育难以退出和非师范专业学生中愿意从教和能够从教的优秀学生难以进入师范生免费教育的行列。因此，建立健全的免费师范生合理准入与退出机制，不但有利于人才资源的合理配置，也有利于当地吸引优秀人才，还可以实现市场经济条件下人才的自由流动。

（1）合理设计准入机制。免费教育政策运行的首要环节就是免费师范生的择取，因此，对免费师范生的选拔至关重要。首先，免费师范生的招收对象是高中生，笔者从调查中了解到他们大部分来自农村地区。一方面，家长自己对政策了解不够，政策信息本身存在不对称，为了能够节约成本就让子女报考免费师范生；另一方面，高中生还不十分了解社会对人才的要求与标准，不能很好地确定自己未来所要从事的职业，他们认知水平不高，职业选择随意性大。因此，高中毕业生填报志愿存在很大的盲目性，为了充分利用教育资源，体现教育公平，政府应加大免费师范生政策的宣传，尤其是多开展免费师范生就业政策正确解读的报告、讲座等。其次，改变单一依靠高考选拔免费师范生的入学方式，适当扩大培养院校的自主招生的权利，可采取提前录取的方式选拔符合条件、有志当教师的准师范生。也可根据各师范院校的办学理念，用笔试和面试相结合的方式选拔拥有教师素质的人才。最后，可以根据东北师范大学学生就业指导服务中心副主任刘海滨提出的建议，学生入学后，在适应大学环境的同时，经过学校的培养，学生自愿报名结合学校考核选拔免费师范生，具备资格的学生可以与学校、生源地省份签署《师范生免费教育协议书》，享受政策待遇、履行相关义务。建立淘汰奖励制度。周期性地对免费师范生的能力与学业进行考核，奖优劣汰，让免费师范生产生危机意识，从而有效解决学习动力不足的问题。①

（2）细化退出机制。国家实施免费师范生教育政策的初衷是要进一步形成尊师重教的浓厚氛围，培养大批优秀的教师，鼓励优秀青年从教，但现行的免费师范教育政策并未详细规定免费师范生的退出机制，然而在例行的新闻发布会上时任教育部师范教育司司长许涛透露：因为首届免费师范毕业生全部到中小学任教，90%以上的毕业生到中西部中小学任教，39%的免费师范毕业生到县镇及以下中小学任教。这些免费师范生并不都适合当老师，应建立免费师范生的退出机制，就是希望使这个制度呈现出比较开放的状态，让

---

① 刘海滨、王智超：《免费师范生就业中的政策障碍及对策思考》，《国家教育行政学院学报》2011 年第 5 期。

一切有志于当教师、特别是当农村教师的青年学生，加入到这个行业中。① 具体怎样建立师范生的退出机制，我们不妨借用一下华南师范大学公共管理学院教授王红的思想，她认为：在高等教育毕业生自主择业的制度环境下，为了避免重复计划经济时期的定向培养、定向分配，要在对师范毕业生进行就业约束的同时适当增加与市场经济制度相适应的师范专业毕业生择业的自由度。退出机制和惩罚机制在理念上的不同在于，退出机制是在承认学生就业自主选择权合理性基础上的一种制度，充分体现了对市场经济条件下自主择业制度的一种认可和尊重，并不把学生的自主选择认为是一种违约。②

二　各地政府提高就业吸引力的措施

1. 加速经济社会的发展

经济发展水平较低导致欠发达地区尤其是农村地区的教师和教育工作者的工资水平较低，是影响免费师范生前往这些地区就业的重要原因。因此，这些地区要想吸引免费师范生前往就业，必须加快当地的经济发展速度，以缩小与经济发达地区的差距。党的十八大和十八届五中全会提出了继续深化综合领域改革，提出"创新、协调、绿色、开放、共享"五大发展理念，实施国家经济社会发展新的战略，促进区域经济协调发展的战略。这些战略的实施，为提高欠发达地区经济发展水平提供了契机。欠发达地区应该借力国家区域发展战略，加速欠发达地区经济发展水平，提高区域吸引力。

2. 创新欠发达地区的人才吸引策略

人力资本具有的产权不仅只能属于人且非"激励"难以调度的

---

① 《教育部宣布将建立免费师范生录用和退出机制》，http：/lwww. edu. cn/shi fanes news_ 409/20110907/t20110907 _ 680686. shtml。

② 王红：《师范教育免费政策的合理性、政策目标及制度设计》，《教育理论与实践》2008 年第 7 期。

特点，使得人力资本要被合理利用，必须有一套有效的激励机制。[1]
因此，针对免费师范生就业流向的地区不均衡的现象，通过构建优质教师激励机制，优化就业环境，吸引免费师范生到基层或农村进行基础教育，也是十分有必要的。

根据马斯洛的需求层次理论，生理需求是最基本的需求，只有在上一个需求得到满足以后，才会有追求实现下一个需求层次的欲望，如果中西部地区的经济社会发展不能让免费师范生的基本的物质生活条件得到满足，还谈什么高层次追求。相关研究表明，免费师范生当初报考教育部直属师范大学接受免费高等教育的动机中排在第一位的就是经济因素，教师信念并不是他们的首选。因为超过60%的免费师范生来自农村，目前城乡差距的加大，使免费师范生在就业方面可能将经济要素放在重要的位置，在这种情况下，需要我们的政府和社会创新人才吸引制度，尽可能在满足物质生活条件的情况下，筑巢引凤，给免费师范生解决后顾之忧，试想，如果免费师范生到学校任教、成家都存在一定困难的话，怎么可能谈自我实现呢？因此，基层地区政府及相关部门要最先解决的，就是加快提高教师待遇，以满足他们最基本的生活方面的低层次需求，从而能够吸引其前来就业。在此基础上，加大对教师的职业发展平台建设，在社会形成尊师重教的良好氛围，使他们有成就感，感觉到被认可、被尊重，从而满足他们更高层次的需求，使免费师范生有动力为农村地区教育的发展作贡献。

三　各基层地区社会主体提高区域就业吸引力的措施

农村等基层地区往往拥有经济发达地区所不具有的良好的自然景观和良好的人文环境。随着国家现代化进程的加快和人们认识的改变，人们在满足基本的生活需求之后，越来越重视自然人文环境的建设和生活质量的提高。这些地区可以发挥区域人文环境特色，强化区域经济发展水平以外的其他优势，提高区域吸引力。

---

① 潘晨光：《中国人才前沿 No. 2》，社会科学文献出版社 2006 年版。

1. 以生态环境优势提高欠发达地区的就业吸引力

经济欠发达的中西部地区占全国总面积的 70% 以上，这些地区的历史民族文化、生态环境包括地理气候等极具多样化，能满足现代社会人们对自然的亲近价值取向。青藏高原区在世界上是一个独特的生态地理区域，是世界上面积最大、海拔最高的高原，现代冰川作用广泛，是我国最为重要的固体淡水资源库，长江、黄河即发源于此。华南湿润区属于我国的亚热带区域，包括陕西秦岭以南、四川、重庆、云南、贵州、广西区域，年降雨量多在 800 毫米以上。欠发达地区由于开发较晚，许多地方的生态环境保持得较好，许多地方达到了人与自然和谐相处的发展新境界，甚至成为观光旅游的胜地。比如贵州省，现在还保存相当的原生态的自然景观，省内有 30 多个民族聚集在这里。在这些地区积淀了中华民族几千年来丰富多彩的历史文化遗存，古老文明与民俗风情的巧妙结合产生了无法抗拒的魅力，它充满了神秘与诱惑。另外，西部山川巍峨雄险，沙漠地貌奇幻无比，旖旎迷人的湖光山色，幽深奇特的峡谷地貌更是得天独厚，欠发达地区在发展过程中应该承担加快发展和保护环境的双重任务，立足比较优势，抢抓发展机遇，全面跨入人与自然和谐相处的发展新境界。

改革开放以来，我国东南沿海地区依托良好的区位优势和国家的政策优惠，在市场经济发展进程中一路领跑，大踏步向率先基本实现现代化的目标迈进。相形之下，广大中西部欠发达地区尽管拥有丰富的矿产资源、广袤的土地资源和丰厚的人文环境资源，但由于区位封闭，思想保守，资金、技术、人才等要素缺乏，在越来越激烈的市场竞争中总是处于劣势。资源型欠发达地区要实现又好又快发展，必须按照科学发展观的要求，矫正发展思路，转变增长方式，找准加快开发发展和保护生态环境的结合点，在发掘"金山银山"的同时，实现"碧水蓝天"。欠发达地区首先必须坚决摒弃过去以牺牲资源环境为代价换取一时经济增长的错误做法，坚持把环境承载能力作为确定发展速度、规划布局项目的首要前提，在资源开发中落实环境保护，在环境保护中促进经济发展，坚持走科学发展的新路，这样才能充分放大资源优势，尽快缩小差距，后来居上。具体工作中，要着眼于绿色发展、可持续发展目标，坚持环境保护与经济发展综合决策，科学规划，预防为主，努力从源头防治污染和生态破坏；着眼于实现增产减排、节能增效目标，坚持将环境容量作为开发和发展的大前提，把环境准入作为调节经济的硬手段，把环境管理作为转变增长方式的严措施。因此，欠发达地区可以充分发挥其人文和生态环境上的比较优势，以良好的生态环境和厚重的人文资源弥补经济发展水平的不足，使所在区域舒适宜居，以提高对免费师范毕业生的吸引力。

2. 以生活质量优势增强欠发达地区的就业吸引力

随着人们生活水平的提高，人们在物质、文化生活的需要得到满足后，对于生活质量的要求越来越重视。生活质量又被称为生存质量或生命质量，生活质量虽然以生活水平为基础，但其内涵具有更大的复杂性和广泛性，它更侧重于对人的精神文化等高级需求满足程度和环境状况的评价。生活质量评价指标既有人口出生率和死亡率、居民收入和消费水平、居住条件、环境状况、教育程度、卫生设备和条件、社会安全和社会保障等客观条件指标，也包含由某些人口条件、人际关系、社会结构、心理状况等因素决定的生活满意度和幸福感等主观感受指标。"生活水平"主要是指与人们的收入水平或消费水平相关的物质和精神生活的客观条件或环境的变化，通常通过人们的衣、食、住、行以及健康、教育、文化、娱乐、社交等反映人们生活条件或环境的客观指标来进行测量与评估。而"生活质量"主要是指人们对生活的适应状态和主观感受，通常通过人们对工作、生活、婚姻家庭等领域的态度和满意度等主观指标来测量与评估。

欠发达地区在生活水平上与发达地区有一定差距，但在生活质量上并非比发达地区差，甚至有些地区的生活质量高于发达地区的生活质量。如淳朴的民风、相对舒缓的生活节奏均是一些经济发地区不具备而又被许多受过高等教育的人才所看重的。因此，欠发达地区可以通过良好的区域生活质量来弥补经济发展水平的不足，以对免费师范生产生更大的就业吸引力。

总之，欠发达地区全社会都应该保持和发扬自身在生态环境、人文环境中的比较优势，保护和传承本地区的人文、环境优势，继续提高区域生活环境和生活质量，建设一个人与自然和谐相处、舒适宜居的社会环境，为免费师范生到该区域就业和发展提供更强的吸引力。

四　师范大学在免费师范生就业流向中的引导策略：加强教师职业信念教育

从调查问卷可以反映出目前在免费师范生中对教师的职业信念不强。前面的调查显示，在即将毕业的免费师范生中有教师信念的比例不高，为71.08%，还有近1/3的免费师范生的教师信念不强，在已经毕业的免费师范生中这个比例还要低，选择愿意成为教师的只有67.82%，这意味着如果有可能他们会考虑离开教师这一职业，同时，正是教师信念不强在选择就业时候一些免费师范生就做了违约准备，也在一定程度上影响了就业流向。诚然，这与中西部地区教师的社会地位和福利待遇较低、生活压力大、教学要求高和管理难度大、专业发展等维度上得不到强有力的保障直接有关，也与当初选择免费师范生的动机有关。一些免费师范生当初报考并不是基于强烈的教师职业信念而是诸如免费、就业不用担心等因素。教师职业信念是成为一名优秀教师的前提和基础，教育的发展需要大量且有强烈的教师专业信念的优秀教师。

习总书记在北大考察时指出："教师承担着最庄严、最神圣的使命。教师要时刻铭记教书育人的使命，以人格魅力引导学生心灵，以学术造诣开启学生的智慧之门。"根据免费师范生群体中存在的教师信念问题，我们要对其进行引导，学校要善于运用各种实践活动和教育情感关注与沟通来增加免费师范生对教育教学工作的感情和对学生的热爱，在教育教学实践活动中探寻自身职业发展的优势，唤起他们的激情，让他们主动树立终身从教，成长为教育家的教师信念，坚定他们的职业信念，增强其职业认同感。

五　提高教师专业发展的引导策略

根据 2012 年《中国教育报》一项关于教师压力源的调查研究，教师专业发展已经跃居教师职业新增压力的第 4 位。前三位新增压力分别是班级管理难度加大、高房价带来的生存压力和各类评比、竞赛的压力。[①] 中西部地区免费师范毕业生同样面临教师专业发展的压力。所谓教师专业发展，是指教师在终身学习理念下，通过专业训练使自己成为优秀教育者的专业成长过程。在民族地区，教师的专业发展处于比较滞后的状态中，异化了免费师范生的教师专业发展。从访谈和问卷调查中可以发现，学校在注重对教师的教学任务和学生的成绩以外，对教师各种素质的提升方面如职称晋升、教师外出培训学习、攻读学位等职业发展关注不够，如大多数学校对免费师范生的在职攻读教育硕士的学费方面不予以报销；他们普遍认为，在专业发展方面的一个比较大的压力就是职称问题。调查显示，近一半免费师范生认为未来几年的压力是职称评定。因为最近 4 年引进的免费师范生人数较多，学校的职称晋升指标有限，而职称评聘、攻读教育硕士学位等是事关免费师范生切身利益的发展问题。

已经毕业的免费师范毕业生都是最近 4 年毕业的青年教师，他们还是中学二级教师，处于教师系列的底层。他们在教学班级选择、参与优质课和外出学习培训等分配方面处于劣势地位，按照政策规定他们可以免试攻读教育硕士，但是攻读教育硕士学位是不免费的。在提升教师专业发展上我们应该有所作为：第一，建议加大对教师专业发展的经费投入，例如，政府可以为免费师范生报销攻读学位的学费，让他们有专业发展的优越。第二，改善管理制度，加大对教师外出培训学习和教育科研的资助力度。

[①]　徐晓虹：《教师职业压力之源何在》，《青春岁月》（学术版）2012 年第 4 期。

让更多的免费师范生外出学习培训，鼓励他们在教改和教育科研方面大胆创新，取得优秀的教育科研和教改成果。第三，在职称评定方面，由于最近引进的免费师范生比较多，可能会形成较大的竞争，如果到了职称评定年限而得不到晋级的话，可能会影响免费师范生的工作积极性。建议完善向免费师范生适度倾斜的绩效评价、职称评定体系。

附　　录

附录1　免费师范毕业生就业流向情况调查问卷

亲爱的同学：

　　您好！感谢您抽出宝贵的时间完成这份调查问卷。这是一项旨在了解有关免费师范毕业生就业情况的调查。请您填答本问卷，提供相应的个人基本资料。我们将根据这些材料进行研究分析，以便为下一步的政策部门改进和管理提供依据和建议。您的回答对我们十分重要，对于我国师范生免费教育政策的下一步发展和改革，有重要的参考价值。我们衷心希望能得到您的支持，共同为我国的师范教育贡献一份力量。

　　我们向您郑重承诺，对您的个人信息严格保密，收集资料只做研究之用。学校人员及其他资料使用者将无从知悉您的身份，请放心填写。非常感谢您的支持与合作！

　　　　　　　　　　《免费师范生就业流向与引导策略研究》课题组

第一部分　个人基本资料
【填答说明】请您根据自己的情况在_____中进行填写。每题请务必填答。

　　1. 性别_____

　　①男　　　　　　　　②女

　　2. 专业：_____

3. 政治面貌_____

①中共党员　　②共青团员　　③民主党派　　④群众

4. 我是学生干部（班干部或学生会干部）_____

①是　　　　　　② 不是

5. 我参加过学生社团活动_____

①是　　　　　　② 不是

6. 我经常参加老乡会_____

①是　　　　　　② 不是

7. 我参加高考的省份：_____

8. 家庭所在地属于：_____

①直辖市或者省会城市　　　　②地市级城市

③县城及乡镇　　　　　　　　④农村

9. 我父母的工作性质：

父_____

①国家公务人员　②私营企业　　③个体工商业

④务农　　　　　⑤其他_____

母_____

①国家公务人员　②私营企业　　③个体工商业

④务农　　　　　⑤其他_____

10. 我家庭的人均收入大约_____（请注意：填写的是家庭人均收入）

①500 元以下　　②501—1000 元　③1001—2000 元

④2001—5000 元　⑤5001 元以上

第二部分　免费师范毕业生就业基本情况调查

【填答说明】下面是对免费师范毕业生就业情况的一些描述，请您根据自己的实际情况在横线上作答。

1. 我愿意回到生源地就业_____

①是　　　　②否

2. 我愿意回生源地就业是因为_____

①政策规定必须回去就业　②回到家乡做贡献

③在哪里就业都差不多　　④不回去要违约，我交不起违约金

3. 我不愿意回生源地就业是因为_____

①生源地是西部地区，我想去东部发达地区就业

②不回生源地就业选择机会多

③对政策规定必须回去就业有点反感，其实就算不签协议我也可能回去就业

④其他

4. 我已经签订了就业协议_____

① 是　　　　　②否

5. 我签订就业协议的单位属于我本人高考的省份_____

① 是　　　　　②否

6. 我所签订的就业单位类型是_____

①普通高中　　②完全中学　　③职业中专或职业高中

④初中　　　　⑤ 小学

7. 我所签订的工作单位的地点属于_____

① 省会城市　　② 地市级城市　③县城　④乡镇　⑤ 农村

8. 我在大学期间是否参加过社会实践活动_____

①从不参加　　②偶尔参加　　③经常参加

9. 我的英语水平_____

①六级以下　　②六级　　　　③专业四级　　④专业八级

10. 我的毕业综合成绩优秀_____

① 是　　　　　②否

11. 我签约的途径是_____

①自己参加人才招聘会应聘　② 父母亲戚帮忙联系

③学校推荐　　　　　　　　④地方教育行政部门安排

⑤其他

12. 我对毕业后工资的期望值是多少_____

①1000 元以下　　　　　　②1001—1999 元

③2000—2999 元　　　　　　　　④3000 元以上

第三部分　免费师范毕业生就业流向影响因素调查

【填答说明】下面是对免费师范毕业生就业流向的影响因素的一些描述，请您根据自己的实际情况在横线上作答。

1. 我认为影响免费师范生就业的最重要的因素是国家规定免费师范生只能回生源地就业_____

①完全不符合　②不符合　③基本符合　④比较符合　⑤完全符合

2. 我认为影响免费师范生就业的最重要的因素是各地规定的就业政策_____

①完全不符合　②不符合　③基本符合　④比较符合　⑤完全符合

3. 教师是我理想的职业_____

①完全不符合　②不符合　③基本符合　④比较符合　⑤完全符合

4. 我毕业后最想去的工作地方是直辖市或省会城市_____

①完全不符合　②不符合　③基本符合　④比较符合　⑤完全符合

5. 我毕业后最想去的工作地方是地市级中等城市_____

①完全不符合　②不符合　③基本符合　④比较符合　⑤完全符合

6. 我毕业后最想去的工作地方是县城及以下_____

①完全不符合　②不符合　③基本符合　④比较符合　⑤完全符合

7. 我对所签约的就业单位的满意情况_____

①十分不满意　②不满意　③基本满意　④比较满意　⑤非常满意

8. 我当初选择签约现在的单位工作主要是因为我喜欢教师这一职业_____

①完全不符合　②不符合　③基本符合　④比较符合　⑤完全符合

9. 我当初选择签约现在的单位工作主要是因为单位发展平台好_____

①完全不符合　②不符合　③基本符合　④比较符合　⑤完全符合

10. 我当初选择签约现在的单位工作主要是因为单位待遇好_____

①完全不符合　②不符合　③基本符合　④比较符合　⑤完全符合

11. 我当初选择签约现在的单位工作主要是因为单位所在城市的位置_____

①完全不符合 ②不符合 ③基本符合 ④比较符合 ⑤完全符合

12. 我当初选择签约现在的单位工作主要考虑的是城市的经济发展水平_____

①完全不符合 ②不符合 ③基本符合 ④比较符合 ⑤完全符合

13. 我当初选择签约现在的单位工作主要是因为单位所在城市的气候条件和空气质量_____

①完全不符合 ②不符合 ③基本符合 ④比较符合 ⑤完全符合

14. 我当初选择签约现在的单位工作主要是因为父母的期待_____

①完全不符合 ②不符合 ③基本符合 ④比较符合 ⑤完全符合

15. 我当初选择签约现在的单位工作主要是因为父母的支持_____

①完全不符合 ②不符合 ③基本符合 ④比较符合 ⑤完全符合

16. 我认为我的家庭社会联系网非常广泛_____

①完全不符合 ②不符合 ③基本符合 ④比较符合 ⑤完全符合

17. 我认为我的个人社会联系网非常广泛_____

①完全不符合 ②不符合 ③基本符合 ④比较符合 ⑤完全符合

18. 我在找工作过程中动用过周围的社会关系_____

①完全不符合 ②不符合 ③基本符合 ④比较符合 ⑤完全符合

19. 在我就业过程中社会关系人提供的帮助方式是提供就业信息_____

①完全不符合 ②不符合 ③基本符合 ④比较符合 ⑤完全符合

20. 在我就业过程中社会关系人提供的帮助方式是向有关方面打招呼_____

①完全不符合 ②不符合 ③基本符合 ④比较符合 ⑤完全符合

21. 在我就业过程中社会关系人提供的帮助方式是帮助解决找工作中的具体问题_____

①完全不符合　②不符合　③基本符合　④比较符合　⑤完全符合

22. 我非常想攻读硕士研究生学位_____

①完全不符合　②不符合　③基本符合　④比较符合　⑤完全符合

23. 我认为政策规定免费师范生不能报考脱产研究生限制个人发展_____

①完全不符合　②不符合　③基本符合　④比较符合　⑤完全符合

对于免费师范生就业，我还有话要说：

_____

_____

_____。

我们也许需要进一步与您联络，若您愿意，请留下资料：

姓名：　　　　您最常用的 E - mail 信箱：

QQ：　　　　其他：

问卷到此结束，最后再次感谢您的合作与支持！

预祝您工作顺心！祝您开心幸福！

附录 2   免费师范毕业生就业情况调查问卷

尊敬的老师：

您好！感谢您抽出宝贵的时间完成这份调查问卷。这是一项旨在了解有关免费师范生毕业以后工作情况的调查。请您填答本问卷，以便为下一步的政策部门改进和管理提供依据和建议。您的回答对我们十分重要，我们衷心希望能得到您的支持，共同为我国的师范教育贡献一份力量。我们向您郑重承诺，对您的个人信息严格保密，收集资料只做研究之用。非常感谢您的支持与合作！

《免费师范生就业流向与引导策略研究》课题组

第一部分   个人基本资料

【填答说明】请您根据自己的情况在_____中进行填写。每题请务必填答。

1. 性别_____

①男　　　　②女

2. 专业：_____

3. 毕业学校_____

①北师大　　　②华东师大　　　③华中师大　　　④东北师大

⑤西南大学　　⑥陕西师大

4. 我参加高考的省份：_____

5. 我是回到生源地就业_____

① 是　　　　②否

6. 我工作前家庭所在地属于_____

①直辖市或省会城市　　　　　②地市级城市

③县城及乡镇　　　　　　　　④农村

7. 我工作单位类型是_____

①普通高中　　②完全中学　　③初中

④职业中专或职业高中　　　　　⑤其他

8. 我工作单位所在地_____

①省会城市　　②地市级城市　　③县城　　　　④乡镇及以下

9. 我工作地点与家庭所在地二者的关系是_____

①同一地市级范围工作　②省内不同地市级工作　③跨省工作

第二部分　免费师范毕业生工作情况调查

【填答说明】下面是对免费师范毕业生工作情况的一些描述，请您根据自己的实际情况在横线上作答。

1. 我认为影响免费师范生就业的最重要的因素是国家规定免费师范生只能回生源地就业_____

①完全不符合　②不符合　③基本符合　④比较符合　⑤完全符合

2. 我认为影响免费师范生就业的最重要的因素是各地规定的就业政策_____

①完全不符合　②不符合　③基本符合　④比较符合　⑤完全符合

3. 教师是我理想的职业_____

①完全不符合　②不符合　③基本符合　④比较符合　⑤完全符合

4. 我对目前的工作满意情况_____

①十分不满意　②不满意　③基本满意　④比较满意　⑤非常满意

5. 我对单位安排的各项工作任务满意情况_____

①十分不满意　②不满意　③基本满意　④比较满意　⑤非常满意

6. 我当初选择现在的单位工作主要考虑的是我喜欢教师这一职业_____

①完全不符合　②不符合　③基本符合　④比较符合　⑤完全符合

7. 我当初选择现在的单位工作主要是考虑到发展平台好_____

①完全不符合　②不符合　③基本符合　④比较符合　⑤完全符合

8. 我当初选择现在的单位工作主要是考虑到单位待遇好_____

①完全不符合　②不符合　③基本符合　④比较符合　⑤完全符合

9. 我当初选择现在的单位工作主要是考虑到城市的位置_____

①完全不符合 ②不符合 ③基本符合 ④比较符合 ⑤完全符合

10. 我当初选择现在的单位工作主要是考虑到城市的经济发展水平_____

①完全不符合 ②不符合 ③基本符合 ④比较符合 ⑤完全符合

11. 我当初选择现在的单位工作主要是考虑到城市的气候条件和空气质量_____

①完全不符合 ②不符合 ③基本符合 ④比较符合 ⑤完全符合

12. 我当初选择现在的单位工作主要是因为父母的期待_____

①完全不符合 ②不符合 ③基本符合 ④比较符合 ⑤完全符合

13. 我当初选择现在的单位工作主要是因为父母的支持_____

①完全不符合 ②不符合 ③基本符合 ④比较符合 ⑤完全符合

14. 我认为教师职业信念是影响工作满意度的最重要因素_____

①完全不符合 ②不符合 ③基本符合 ④比较符合 ⑤完全符合

15. 我认为报酬薪水是影响工作满意度的最重要因素_____

①完全不符合 ②不符合 ③基本符合 ④比较符合 ⑤完全符合

16. 我认为教学的激励机制是影响工作满意度的最重要因素_____

①完全不符合 ②不符合 ③基本符合 ④比较符合 ⑤完全符合

17. 我认为单位发展平台是影响工作满意度的最重要因素_____

①完全不符合 ②不符合 ③基本符合 ④比较符合 ⑤完全符合

18. 我已经按照协议安排到农村中学支教_____

①完全不符合 ②不符合 ③基本符合 ④比较符合 ⑤完全符合

19. 我非常想攻读硕士研究生学位_____

①完全不符合　②不符合　③基本符合　④比较符合　⑤完全符合

20. 我认为政策规定免费师范生不能报考脱产研究生限制个人发展_____

①完全不符合　②不符合　③基本符合　④比较符合　⑤完全符合

对于免费师范毕业生就业，我还有话要说：

_____

_____

_____。

问卷到此结束，最后再次感谢您的合作与支持！

预祝您工作顺心！祝您开心幸福！

附录3 用人单位对免费师范毕业生满意度情况调查问卷

尊敬的老师：

您好！感谢您抽出宝贵的时间完成这份调查问卷。这是一项旨在了解贵单位对免费师范毕业生工作情况的调查，这是我们承担的一项教育部有关免费师范教育社科课题的重要内容。您的回答对我们十分重要，我们衷心希望能得到您的支持。我们向您郑重承诺，对您的个人信息严格保密，收集资料只做研究之用。

非常感谢您的支持与合作！

《免费师范生就业流向与引导策略》课题组

【填答说明】请您根据自己的情况在_____中或在您认为的选项空格中打"√"进行填写作答。

1. 职务_____

①校领导　　②中层干部　③普通教师

2. 职称_____

①中学高级　②中学一级　③中学二级　④其他

3. 政治面貌_____

①中共党员　②共青团员　③民主党派　④群众

4. 所在学校类型_____

①省级示范校（一）　　　　②省级示范校（二）

③省级示范校（三）　　　　④普通中学

5. 学校所在区域_____

①省城　　　②地级市　　③县城

6. 对近三年的免费师范毕业生工作满意情况_____

①非常不满意　②不满意　　③基本不满意

④基本满意　　⑤满意　　　⑥非常满意

7. 请您对贵单位录用的近四年的免费师范毕业生的工作实际作

出评价（请您在选项空格中打"√"）

序号	评价内容	非常满意	比较满意	不太满意	不满意
1	敬业精神				
2	自觉履行教师职业道德规范				
3	教师教育所具备的教育教学（包括教育学、心理学和学科教学论）基本素养				
4	学科专业知识				
5	教研教改能力（包括校本教研、教学科研能力等）				
6	教学效果				
7	沟通与合作				
8	表达能力				
9	教学评价能力				
10	实践创新能力				
11	组织管理能力				
12	健康的心理				

对于免费师范毕业生的工作，我还有话要说：

_____

_____

_____ 。

问卷到此结束，最后再次感谢您的合作与支持！
预祝您工作顺心！祝您开心幸福！

参考文献

一 著作

[1] 常导直：《师范教育论》，北平和济书局 1933 年版。

[2] 陈元晖：《中国现代教育史》，人民教育出版社 1979 年版。

[3] 陈向明：《质的研究方法与社会科学研究》，教育科学出版社 2000 年版。

[4] 陈信泰、宁虹：《师范教育的发展与改革》，山东教育出版社 1986 年版。

[5] 陈永明：《国际师范教育改革比较研究》，人民教育出版社 2001 年版。

[6]《传统文化与现代化》，中国人民大学出版社 1987 年版。

[7] 邓小平：《邓小平文选》，人民出版社 1983 年版。

[8] 戴文礼：《公平论》，中国社会科学出版社 1997 年版。

[9] 董光璧：《中国近现代科学技术史》，湖南教育出版社 1997 年版。

[10] 方福前：《福利经济学》，人民出版社 1994 年版。

[11] 丰子义：《发展的呼唤与回应》，北京师范大学出版社 2009 年版。

[12] 高力：《公共伦理学》，高等教育出版社 2006 年版。

[13] 郭志鹏：《公平与效率新论》，解放军出版社 2001 年版。

[14] 郭彩琴：《教育公平论——西方教育公平理论的哲学考察》，中国矿业大学出版社 2004 年版。

[15] 顾明远：《制度的构建与超越——北京师范大学与 20 世纪的

中国师范教育》，北京师范大学出版社 2005 年版。

[16] 华桦、蒋瑾：《教育公平论》，天津教育出版社 2006 年版。

[17] 黄济、王策三：《现代教育论》，人民教育出版社 1996 年版。

[18] 何怀宏：《伦理学是什么》，北京大学出版社 2002 年版。

[19] 洪明：《教师教育的理论与实践》，福建教育出版社 2002 年版。

[20] 黄延复、马相武：《梅贻琦与清华大学》，山西教育出版社 1995 年版。

[21] 教育部师范教育司：《教师专业化的理论与实践》，人民教育出版社 2003 年版。

[22] 康永久：《教育制度的生成与变革——新制度经济学论纲》，教育科学出版社 2003 年版。

[23] 乐嗣炳、程佰群校订：《近代中国教育实况》，上海世界书局 1935 年版。

[24] 李岚清：《李岚清教育访谈录》，人民教育出版社 2004 年版。

[25] 李桂林：《中国现代教育史》，吉林教育出版社 1991 年版。

[26] 李连科：《价值哲学引论》，商务印书馆 1999 年版。

[27] 李德顺：《新价值论》，云南人民出版社 2004 年版。

[28] 李从军：《价值体系的历史选择》，人民出版社 2006 年版。

[29] 李德顺、马俊峰：《价值论原理》，陕西人民出版社 2002 年版。

[30] 联合国教科文组织：《教育——财富蕴藏其中》，教育科学出版社 1996 年版。

[31] 联合国教科文组织：《学会生存——教育世界的今天和明天》，教育科学出版社 1996 年版。

[32] 梁启超：《变法通义·学校总论》，中华书局 1989 年版。

[33] 梁漱溟：《中国文化要义》，香港集成图书公司出版社 1963 年版。

[34] 林本：《世界各国师范教育制度》，开明书店 1974 年版。

[35] 凌兴珍:《清末新政与教育转型——以清季四川师范教育为中心的研究》,人民教育出版社 2008 年版。

[36] 刘复兴:《教育制度的价值分析》,教育科学出版社 2003 年版。

[37] 刘大海、李宁:《SPSS 15.0 统计分析从入门到精通》,清华大学出版社 2008 年版。

[38] 刘捷、谢维和:《栅栏内外——中国高等师范教育百年省思》,北京师范大学出版社 2002 年版。

[39] 卢现祥:《西方新制度经济学》,中国发展出版社 1996 年版。

[40] 马啸风:《中国师范教育史》(1897—2000),首都师范大学出版社 2003 年版。

[41] 马斯洛:《人类价值新论》,河北人民出版社 1988 年版。

[42] 毛泽东:《毛泽东选集》(第五卷),人民出版社 1977 年版。

[43] 毛崇杰:《颠覆与重建——后批评中的价值体系》,社会科学文献出版社 2002 年版。

[44] 庞元正等:《发展理论论纲》,中共中央党校出版社 2000 年版。

[45] 邱皓政、林碧芳:《结构方程模型的原理与应用》,中国轻工业出版社 2009 年版。

[46] 瞿葆奎、郑金洲:《中国教育研究新进展》(2001),华东师范大学出版社 2003 年版。

[47] 乔玉全:《21 世纪美国高等教育》,高等教育出版社 2000 年版。

[48] 田汝康、金重远:《现代西方史学流派文选》,上海人民出版社 1982 年版。

[49] 单中惠、杨捷:《外国中小学教育问题史》,山东教育出版社 2005 年版。

[50] 司马云杰:《文化价值论》,山东人民出版社 1990 年版。

[51] 司马云杰:《价值实现论——关于人的文化主体性及其价值实

现的研究》，陕西人民出版社 2003 年版。

［52］孙伟平：《价值哲学方法论》，中国社会科学出版社 2008 年版。

［53］孙正聿：《属人的世界》，吉林人民出版社 2007 年版。

［54］孙启林：《战后韩国教育研究》，江西教育出版社 1995 年版。

［55］苏真：《比较师范教育》，北京师范大学出版社 1991 年版。

［56］汤玉奇：《社会公正论》，中共中央党校出版社 1990 年版。

［57］藤人春：《美国教育史》，人民教育出版社 2002 年版。

［58］万光侠：《效率与公平》，人民出版社 2000 年版。

［59］王玉梁：《追寻价值：重读杜威》，四川人民出版社 1997 年版。

［60］王玉梁：《价值哲学新探》，陕西人民出版社 1993 年版。

［61］王天一、夏之莲、朱美玉：《外国教育史》（修订本上册），北京师范大学出版社 1993 年版。

［62］吴康宁：《教育社会学》，人民教育出版社 1990 年版。

［63］外国教育丛书编辑组：《师范教育的现状和趋势》，人民教育出版社 1979 年版。

［64］夏文斌：《走向正义之路：社会公平研究》，黑龙江教育出版社 2000 年版。

［65］肖甦、王义高：《俄罗斯教育十年变迁》，北京师范大学出版社 2003 年版。

［66］袁贵仁：《价值学引论》，北京师范大学出版社 1991 年版。

［67］周世中、黄竹胜：《法的价值及其实现》，广西师范大学出版社 1998 年版。

［68］张燕镜：《师范教育学》，福建教育出版社 2000 年版。

［69］张达善：《师范教育的理论与实际》，商务印书馆 1946 年版。

［70］苑书义：《张之洞全集》（第三册），河北人民出版社 1998 年版。

［71］中共中央马克思恩格斯列宁斯大林著作编译局：《列宁选集》，

人民出版社 1995 年版。

[72] 中共中央马克思恩格斯列宁斯大林著作编译局：《马克思恩格斯选集》，人民教育出版社 1995 年版。

[73] 朱旭东、胡艳：《中国教育改革 30 年——教师教育卷》，北京师范大学出版社 2009 年版。

[74] 朱志凯：《逻辑与方法》，人民出版社 1995 年版。

[75] 邹诗鹏：《生存论研究》，上海人民出版社 2005 年版。

[76] 蒋馨岚：《传统与超越：师范生免费教育的价值研究》，中国海洋大学出版社 2015 年版。

[77] ［德］H. 李凯尔特：《文化科学和自然科学》，商务印书馆 1986 年版。

[78] ［德］赫舍尔：《人是谁》，贵州人民出版社 1994 年版。

[79] ［德］马克思：《1844 年经济学—哲学手稿》，人民出版社 1979 年版。

[80] ［德］马克思：《哥达纲领批判》，人民出版社 1965 年版。

[81] ［德］尼采·查拉斯图拉：《如是说》，文化艺术出版社 2003 年版。

[82] ［德］沃尔夫冈·布列钦卡：《教育科学的基本概念——分析、批判和建议》，华东师范大学出版社 2001 年版。

[83] ［德］雅斯贝尔斯：《什么是教育》，三联书店 1991 年版。

[84] ［法］埃德加·富尔：《学会生存——教育世界的今天和明天》，上海译文出版社 1979 年版。

[85] ［法］法拉格：《思想起源论》，三联书店 1963 年版。

[86] ［法］弗朗索瓦·杜赞、皮埃尔—贝特朗·杜福尔：《巴黎高师史》，中国人民大学出版社 2008 年版。

[87] ［法］让·雅克迪贝卢、爱克扎维尔·普列多：《社会保障法》，法律出版社 2002 年版。

[88] ［古希腊］亚里士多德：《尼各马科伦理学》，中国人民大学出版社 2003 年版。

［89］［古希腊］亚里士多德：《政治学》，商务印书馆 1965 年版。

［90］［加］富兰：《变革的力量——深度变革》，教育科学出版社 2004 年版。

［91］［罗马尼亚］S. 拉塞克、［伊朗］G. 维迪努：《从现在到 2000 年教育内容发展的全球展望》，教育科学出版社 1996 年版。

［92］［美］埃德加·博登海默：《法理学——法律哲学与法律方法》，中国政法大学出版社 2004 年版。

［93］［美］埃利诺·奥斯特罗姆等：《制度激励与可持续发展》，上海三联书店 2000 年版。

［94］［美］德尼·古莱：《残酷的选择》，社会科学文献出版社 2008 年版。

［95］［美］杜威：《民主主义与教育》，王承绪译，人民教育出版社 1990 年版。

［96］［美］莱斯特·R. 布朗：《建设一个持续发展的社会》，科学技术文献出版社 1988 年版。

［97］［美］迈克尔·沃尔泽：《正义诸领域——为多元主义与平等一辩》，褚松燕译，译林出版社 2002 年版。

［98］［美］培里等：《价值和评价——现代英美价值论集萃》，中国人民大学出版社 1989 年版。

［99］［美］威廉·F. 派纳、威廉·M. 雷诺兹、帕特里克·斯莱特里、彼得·M. 陶伯曼：《理解课程——历史与当代课程话语研究导论》（上），教育科学出版社 2003 年版。

［100］［美］约翰·罗尔斯：《正义论》，中国社会科学出版社 1988 年版。

［101］［日］牧口常三郎：《价值哲学》，中国人民大学出版社 1989 年版。

［102］［苏］E. A. 瓦维林、B. N. 弗法诺夫：《历史唯物主义与文化范畴》，河北人民出版社 1987 年版。

［103］［英］阿诺德·汤因比：《历史哲学》，中国社会科学出版社 1999 年版。

［104］［英］阿诺德·汤因比：《文明经受着考验》，浙江人民出版社 1988 年版。

［105］［英］麦金太尔：《谁之正义？何种合理性》，当代中国出版社 1996 年版。

［106］［英］R. 科斯、A. 阿尔钦、D. 诺斯：《财产权利与制度变迁——产权经济学派与新制度学派译文集》，上海人民出版社 1994 年版。

［107］［英］威廉·葛德文：《政治正义论》，商务印书馆 1980 年版。

［108］［英］约翰·密尔：《论自由》，商务印书馆 1959 年版。

［109］［英］托尼·比彻等：《学术部落及其领地：知识探索与学科文化》，北京大学出版社 2008 年版。

［110］［英］约翰·格雷：《自由主义的两张面孔》，江苏人民出版社 2002 年版。

［111］［印］阿马蒂亚·森：《以自由看待发展》，中国人民大学出版社 2002 年版。

二　期刊

［1］别敦荣、吴国娟：《论大学制度的公正性》，《教育研究》2006 年第 7 期。

［2］安心、张建锋：《近代中国高师教育理念论争的回顾与反思》，《西北师范大学学报》（社会科学版）2008 年第 4 期。

［3］蔡继明：《进一步改进现行免费师范教育》，《教育与职业》2008 年第 10 期。

［4］曹成刚：《问题和出路——从国外教师教育发展趋势看我国高等师范教育》，《教育理论与实践》2004 年第 2 期。

［5］陈明远：《六十多年前的大学学费》，《文史博览》2006 年第 1 期。

［6］蒋馨岚:《贵州省免费师范毕业生的满意度调查研究》,《黑龙江高教研究》2015年第11期。

［7］狄多华:《30%的教师想改行》,《中国青年报》2006年10月25日。

［8］房喻:《师范生免费教育:回眸与省思》,《中国高等教育》2010年第19期。

［9］范雷:《我国中小学教师过剩吗?》,《教师博览》2004年第7期。

［10］樊彩霞:《稳定西部农村教师队伍的对策研究》,《西安联合大学学报》2004年第4期。

［11］方增泉、李进忠:《美国教师教育改革新趋势对中国的启示》,《北京师范大学学报》(社会科学版)2010年第5期。

［12］方增泉、孟大虎:《师范生免费教育中的招生与就业制度设计》,《教育研究》2007年第4期。

［13］冯晓霞:《努力促进幼儿教育的民主化——世界幼儿教育改革与发展的重要趋势》,《学前教育研究》2002年第2期。

［14］冯传亭:《中西部农村教师队伍建设与对策探讨》,《教育理论研究》2007年第8期。

［15］葛军:《对我国教师教育改革发展的若干思考》,《中国行政管理》2009年第4期。

［16］顾明远:《论教师教育的开放性》,《高等师范教育研究》2001年第4期。

［17］顾明远:《落实尊师重教的重大举措——师范生免费教育需要细致的制度设计》,《江西师范大学学报》(哲学社会科学版)2007年第3期。

［18］顾明远:《谈谈我国教师教育的改革和走向》,《求是》2008年第7期。

［19］江泽民:《在庆祝建党80周年大会上的讲话》,《科学决策》2001年第7期。

[20] 管培俊：《以师范生免费教育为契机，推进教师教育创新》，《教师教育研究》2009 年第 2 期。

[21] 何茜、谭菲：《韩国教师教育的发展特色及变革趋势》，《比较教育研究》2009 年第 19 期。

[22] 何岫芳：《师范生免费教育的原因》，《科技咨询导报》2007 年第 10 期。

[23] 何中华：《论作为哲学概念的价值》，《哲学研究》1993 年第 9 期。

[24] 胡丁慧、袁鲁宁：《师范生免费教育的历史渊源与现状》，《华商》2008 年第 2 期。

[25] 胡娇：《我国师范生免费制度考略（1902—1949 年）》，《河北师范大学学报》（教育科学版）2008 年第 5 期。

[26] 胡劲松：《论教育公平的内在规定性及其特征》，《教育研究》2001 年第 8 期。

[27] 胡艳：《当前中国师范专业招生问题及对策探讨》，《教师教育研究》2007 年第 3 期。

[28] 胡艳：《清末、民国时期的免费师范生制度》，《中国教师》2007 年第 6 期。

[29] 华丹、郑有真：《韩国教师政策的改革取向探析》，《上海教育》2005 年第 10 期。

[30] 黄静宜、傅琼：《高等教育领域中的公平问题剖析》，《交通高教研究》2004 年第 1 期。

[31] 黄崴：《从"师范教育"到"教师教育"的转型》，《高等师范教育研究》2001 年第 6 期。

[32] 黄小莲：《"师范生免费教育"政策的利益与风险》，《全球教育展望》2009 年第 1 期。

[33] 黄勇荣：《发达国家教师教育发展对我国高师院校的启示》，《平原大学学报》2007 年第 6 期。

[34] 蓝浪：《论公共财政下师范教育收费制度改革的必要性》，

《嘉应大学学报》（哲学社会科学版）2003 年第 4 期。

［35］黎宁：《师范院校招生改革值得商榷》，《中国改革报》2005
年 4 月 29 日。

［36］黎婉勤：《关于师范生免费教育的若干思考》，《教师教育研
究》2007 年第 3 期。

［37］李高峰：《免费师范生的报考动机的调查研究——以陕西师大
为例》，《黑龙江高教研究》2010 年第 6 期。

［38］李慧：《教育公平与教育效率关系再探》，《教育与经济》
2000 年第 3 期。

［39］李化树、佘正松：《免费师范生教育的理性思考与新制度设
计》，《大学：研究与评价》2008 年第 6 期。

［40］李黎：《论促进人的全面而自由发展》，《教育研究与实验》
2010 年第 5 期。

［41］李淑妍、张爽：《博弈与对策：我国师范生免费教育问题浅
析》，《沈阳师范大学学报》（社会科学版）2007 年第 6 期。

［42］李水山：《韩国中小学教师的职前培养和在职培训》，《高等
农业教育》2004 年第 12 期。

［43］李之国：《教育公平辨析》，《江西教育科学》1997 年第 5 期。

［44］李政涛：《静悄悄的文化变革》，《中小学管理》2004 年第
7 期。

［45］李星云：《我国师范教育收费历史与思考》，《南京理工大学
学报》（社会科学版）2008 年第 3 期。

［46］李喆：《中国高等师范教育体制变迁：论争、根源及启示》，
《聊城大学学报》2005 年第 6 期。

［47］练玉春：《师范生免费教育制度设计要先行》，《光明日报》
2007 年 4 月 16 日。

［48］梁军：《高校师资队伍中不公平感现象透析》，《社会科学家》
2000 年第 5 期。

［49］柳海民、孙阳春：《中国教育改革的理性诉求》，《教育学报》

2005 年第 3 期。

[50] 刘干：《试论师范生免费教育政策执行的有效性》，《世界教育信息》2008 年第 6 期。

[51] 刘婕：《经验与启示：高师教育百年回眸》，《课程·教材·教法》2001 年第 10 期。

[52] 刘平秀：《师范生免费与创新师范教育培养模式》，《思想政治工作研究》2008 年第 2 期。

[53] 刘霄、谢长坤等：《免费师范生政策实施中存在的问题与对策研究——基于西部九省市的调查》，《现代教育科学》2009 年第 6 期。

[54] 刘新玲：《我国高等师范教育体制演变的历史回顾与思考》，《高等师范教育研究》2001 年第 1 期。

[55] 陆道坤、吴小玮：《20 世纪前半叶我国高等师范教育学费与服务期制度研究及启示》，《中国高教研究》2008 年第 3 期。

[56] 蒋馨岚：《西部民族地区免费师范毕业生发展现状研究——以黔东南苗族侗族为例》，《贵州民族研究》2015 年第 7 期。

[57] 汪伟、蒋馨岚：《公平、发展、有效性：师范生免费教育政策的价值》，《现代教育管理》2013 年第 8 期。

[58] 蒋馨岚：《免费师范生就业研究：进展与趋势——基于文献的分析》，《中国教师》2013 年第 7 期。

[59] 卢乃桂、王夫艳：《当代中国教师教育改革与教师专业身份之重建》，《教育研究》2009 年第 4 期。

[60] 吕国光：《中西部农村小学布局调整及教学点师资调查》，《教育与经济》2008 年第 3 期。

[61] 罗红艳：《教师教育变革背景下我国高师院校发展的战略选择》，《现代教育管理》2009 年第 10 期。

[62] 罗娴、何妹女：《高等师范教育收费制度的嬗变分析》，《理论界》2008 年第 6 期。

[63] 罗云、赵明仁：《高等师范教育付费主体变更的政策诉求及逻

辑》,《高等教育研究》2008 年第 4 期。

[64] 孟引变:《历史的演进与现实的走向——论改革开放三十年来我国教师教育的发展与趋势》,《课程·教材·教法》2009 年第 3 期。

[65] 明庆华:《实行师范生免费教育的意义及面临的问题》,《湖北大学学报》(哲学社会科学版)2007 年第 3 期。

[66] 马飙:《我国高等师范教育学费政策的嬗变分析》,《煤炭高等教育》2007 年第 5 期。

[67] 庞丽娟、韩小雨:《我国农村义务教育教师队伍建设:问题及其破解》,《教育研究》2006 年第 9 期。

[68] 秦克铸:《"师范生免费教育"政策回归:新时期教师教育政策的重大调整》,《当代教育科学》2007 年第 8 期。

[69] 曲铁华、马艳芬:《师范生免费教育政策实施的障碍分析》,《教育发展研究》2009 年第 7 期。

[70] 单春艳:《国外教师教育政策——凸显教师阳光职业》,《中国教育报》2007 年 3 月 19 日。

[71] 申国昌:《关于师范生免费教育回归的思考》,《全球教育展望》2007 年第 6 期。

[72] 石中英:《教育公平与正义》,《教育参考》2001 年第 6 期。

[73] 宋永刚:《首届免费师范毕业生就业保障政策出台》,《教育与职业》2010 年第 8 期。

[74] 沈曦:《国外师范教育收费制度及其对我国的启示》,《湖北大学学报》(社会科学版)2007 年第 3 期。

[75] 苏君阳:《论教育公正的本质》,《复旦教育论坛》2004 年第 5 期。

[76] 苏文锦:《法国教师教育考察综述》,《中国大学教学》2002 年第 2 期。

[77] 孙锦明:《师范生免费教育政策设计建议》,《教育发展研究》2007 年第 6A 期。

[78] 陶万辉:《公平观与公平的概念界定》,《哲学研究》1996 年第 4 期。

[79] 万光侠:《公平范畴的社会哲学审视》,《探索》2001 年第 1 期。

[80] 王传瑜:《"师范生免费教育"政策的实效性评价》,《高教发展研究》2009 年第 5 期。

[81] 王克勤、马建峰:《师范教育的转型与教师教育发展》,《教育研究》2006 年第 4 期。

[82] 王海明、孙英:《几个价值难题之我见》,《哲学研究》1992 年第 10 期。

[83] 王立科:《我国教师教育政策发展三十年回顾与展望》,《国家教育行政学院学报》2009 年第 1 期。

[84] 王茹:《理性面对免费师范教育》,《西安社会科学》2008 年第 6 期。

[85] 王玉樑:《论价值本质与价值标准》,《学术研究》2002 年第 2 期。

[86] 魏峰、张乐天:《师范教育免费政策的历史考察:1897——1949》,《教育与经济》2007 年第 4 期。

[87] 温家宝:《提高认识,统一思想,牢固树立和认真落实科学发展观》,《人民日报》2004 年 2 月 21 日。

[88] 吴潜涛:《社会主义核心价值体系的科学内涵》,《道德与文明》2007 年第 1 期。

[89] 夏文斌:《建立社会主义公平观——学习邓小平社会公平的理论》,《北京大学学报》(哲学社会科学版)1999 年第 2 期。

[90] 谢志贤:《政府绩效评估有效性问题初探——内涵、逻辑与维度》,《长春大学学报》2009 年第 3 期。

[91] 许小平、马和民:《论教育平等的制度基础》,《杭州师范学院学报》2000 年第 1 期。

[92] 徐辉、袁潇:《改革开放三十年来中国高等师范教育学费政策

研究》，《辽宁师范大学学报》（社会科学版）2009 年第 2 期。

[93] 许美德：《师范教育与大学：比较分析及其对香港的启示》，《北京大学教育论》2003 年第 2 期。

[94] 徐美娟、张民选：《教师提供：英国政府的挑战及应对策略》，《外国中小学教育》2006 年第 12 期。

[95] 姚云、董晓薇：《全国师范生免费教育政策实施认同度调查》，《教育研究与实验》2009 年第 1 期。

[96] 杨聚鹏：《免费师范生退出机制设计研究》，《黑龙江教育》（高教研究与评估）2009 年第 7、8 期。

[97] 杨天平：《中国教师教育制度改革的战略审思》，《中国教育学刊》2009 年第 6 期。

[98] 杨曾宪：《论自然价值两重性》，《学术研究》2005 年第 8 期。

[99] 叶飞：《师范生免费教育政策的价值追求及其落实的思考》，《国家教育行政学院学报》2008 年第 11 期。

[100] 叶澜：《转变观念，开拓发展空间：论当代中国高等师范教育的发展》，《高等师范教育研究》1995 年第 5 期。

[101] 喻本伐：《师范教育体制的变化与师范生免费政策的存废》，《华中师范大学学报》（人文社会科学版）2008 年第 4 期。

[102] 袁贵仁：《价值与认识》，《北京师范大学学报》1985 年第 3 期。

[103] 袁振国：《从“师范教育”向“教师教育”的转变》，《中国高等教育》2004 年第 5 期。

[104] 袁锐锷：《世界师范教育的过去和未来》，《高等师范教育研究》1997 年第 1 期。

[105] 杨德广：《我国教师教育的发展走向》，《中国高等教育研究》2002 年第 7 期。

[106] 翟博：《中国基础教育均衡发展实证分析》，《教育研究》2007 年第 7 期。

[107] 赵秀红、翟帆：《热点透视：免费师范生如何走向基层留在

基层》,《中国教育报》2007 年 5 月 25 日。

[108] 张斌贤、李子江:《改革开放 30 年来我国教师教育体制改革的进展》,《教师教育研究》2008 年第 6 期。

[109] 张岱年:《论价值的层次》,《中国社会科学》1990 年第 2 期。

[110] 张绘:《从人力资本积累的角度看师范生免费政策》,《中国高教研究》2007 年第 10 期。

[111] 张曙光:《价值的哲学思考:价值及其超越》,《新华文摘》2002 年第 1 期。

[112] 蒋馨岚:《师范生免费教育政策的伦理困境》,《高教探索》2014 年第 6 期。

[113] 章毛平:《论教育公平与公平教育》,《江苏社会科学》1997 年第 5 期。

[114] 张彤:《隐性契约和显性契约:师范生免费教育政策分析的新视角》,《教育发展研究》2008 年第 Z1 期。

[115] 郑淮:《略谈我国的社会分层变化及其对教育公平的影响》,《华南师范大学学报》(社会科学版)1992 年第 2 期。

[116] 郑晓鸿:《教育公平界定》,《教育研究》1998 年第 4 期。

[117] 周以侠:《论社会主义核心价值体系的构建》,《唯实》2007 年第 8 期。

[118] 周挥辉:《师范生免费教育实践的矛盾分析与政策调适》,《教育研究》2010 年第 8 期。

[119] 周钧:《美国政府在教师教育中的作用》,《中国教师》2007 年第 6 期。

[120] 周伟:《对部属院校师范生免费教育政策的分析与思考》,《现代教育科学》2008 年第 3 期。

[121] 周毅然:《中国师范教育的历史、现状和未来》,《清华大学教育研究》2000 年第 3 期。

[122] 朱旭东:《为"师范生免费教育"疏通航道》,《中国教育

报》2007 年 4 月 14 日。

[123] 朱旭东：《论我国后师范教育时代的教师教育制度重建》，《教育学报》2005 年第 4 期。

[124] 朱旭东：《我国现代教师教育制度构建》，《北京师范大学学报》（社会科学版）2007 年第 4 期。

[125] 朱静：《教育公平的界定及其特点》，《上海教育科研》1999 年第 12 期。

[126] 朱超华：《教育公平的本质及其社会价值分析》，《中国高教研究》2003 年第 7 期。

[127] 朱武卫：《师范生免费教育的四个理由》，《教育与职业》2008 年第 5 期。

[128] 崔波：《免费师范生就业为何偏离政策初衷——基于社会流动的视角》，《现代教育管理》2012 年第 9 期。

[129] 彭兴蓬、邓猛：《免费师范生的合同研究》，《教师教育研究》2012 年第 6 期。

[130] 赵宏玉、齐婷婷等：《免费师范生的教师职业认同：结构与特点实证研究》，《教师教育研究》2011 年第 6 期。

[131] 商应美、王香丹、周冰等：《首届免费师范生就业与政策执行现状及其对策研究——以一所部属师范大学首届免费师范生和用人单位调研为例》，《国家教育行政学院学报》2014 年第 6 期。

[132] 王乃一、何颖：《免费师范生就业满意度调查及其思考——以华东师范大学为例》，《教师教育研究》2014 年第 3 期。

[133] 何颖、刘继亮：《免费师范生就业政策的实施情况调查》，《上海教育科研》2012 年第 6 期。

[134] 潘小春：《首届免费师范生就业政策实施情况研究》，《教育理论与实践》2014 年第 1 期。

[135] 何颖、王乃一：《免费师范生就业状况与求职心态对比研究——基于华东师范大学 2011 届、2012 届免费师范生的调查》，

《上海教育科研》2014 年第 3 期。

[136] 李心悦：《关于免费师范生就业政策的问题分析及对策研究》，《佳木斯学院学报》2015 年第 2 期。

[137] 周维华、王峰涛：《免费师范生就业个体选择与政策目标一致性实证调查》，《教育教学论坛》2016 年第 1 期。

[138] 王智超：《师范生免费教育政策执行状况调研与思考》，《东北师范大学学报》（哲学社会科学版）2015 年第 4 期。

三 学位论文

[1] 裴海：《利益相关者视角下的免费师范生就业政策问题研究》，硕士学位论文，西南大学，2015 年。

[2] 车丽娜：《教师文化的嬗变与重建》，硕士学位论文，山东师范大学，2007 年。

[3] 陈巧云：《免费师范生政策制定过程分析》，硕士学位论文，苏州大学，2008 年。

[4] 杜静：《英国教师在职教育发展研究》，硕士学位论文，西南大学，2007 年。

[5] 胡俊：《免费师范生政策探讨》，硕士学位论文，四川师范大学，2009 年。

[6] 缴润凯：《师范生教师职业成熟度研究》，博士学位论文，东北师范大学，2009 年。

[7] 康红：《高等教育评价标准的价值反思》，博士学位论文，华中科技大学，2010 年。

[8] 李方安：《论教师培育研究》，硕士学位论文，华东师范大学，2008 年。

[9] 李晓云：《基于科学实践观的教师教育培养模式构建》，硕士学位论文，湖南师范大学，2009 年。

[10] 李兴桥：《师范生免费教育政策的价值取向研究》，硕士学位论文，西南大学，2009 年。

[11] 刘红梅：《我国当前师范生免费教育问题及政策研究》，硕士

学位论文，陕西师范大学，2008 年。

[12] 刘琳琳：《我国企业文化建设的实效性问题研究》，硕士学位论文，哈尔滨工程大学，2006 年。

[13] 刘欣：《由教育政策走向教育公平——我国基础教育政策的公平机制研究》，博士学位论文，华中师范大学，2008 年。

[14] 米俊魁：《大学章程价值研究》，博士学位论文，华中科技大学，2005 年。

[15] 曲香：《新中国成立以来我国师范生资助政策的回顾与反思》，硕士学位论文，南京师范大学，2008 年。

[16] 沈甸：《收费制度对高等师范院校生源结构和质量的影响》，硕士学位论文，华东师范大学，2001 年。

[17] 王春梅：《免费师范教育问题研究——免费师范生成长的角度》，硕士学位论文，东北师范大学，2009 年。

[18] 王春光：《反思性教师教育研究》，博士学位论文，东北师范大学，2007 年。

[19] 王凤玉：《美国师范教育机构的转型：历史视野与个案研究》，博士学位论文，华东师范大学，2007 年。

[20] 王立国：《基于教师专业发展的教师素质标准研究》，博士学位论文，西北师范大学，2007 年。

[21] 王晓宇：《英国师范教育机构的转型：历史视野与个案研究》，博士学位论文，华东师范大学，2008 年。

[22] 吴亚林：《价值与教育——价值教育基础理论研究》，博士学位论文，华中师范大学，2006 年。

[23] 谢金涌：《"免费师范生"政策的法律解读——以其凸显的教育权为基点》，硕士学位论文，华中师范大学，2009 年。

[24] 徐建华：《从封闭走向开放——历史视野下的中国教师教育改革研究》（1978—2008），硕士学位论文，浙江师范大学，2009 年。

[25] 徐颖：《基于学生利益的我国高校收费问题研究》，博士学位

论文，华东师范大学，2006 年。

[26] 荀振芳：《大学教学评价的价值反思》，博士学位论文，华中科技大学，2005 年。

[27] 伊继东：《云南高等师范教育发展战略研究》，博士学位论文，华中科技大学，2004 年。

[28] 于江：《新制度经济学视角下的免费师范生政策》，硕士学位论文，南京师范大学，2008 年。

[29] 杨公安：《免费师范生学习积极性问题研究——基于人力资本产权视角分析》，硕士学位论文，西南大学，2009 年。

[30] 赵乐：《免费师范生就业政策研究》，硕士学位论文，东北师范大学，2013 年。

[31] 张晓骏：《基于师范生免费教育的化学教育改革》，硕士学位论文，华中师范大学，2008 年。

[32] 朱红：《公费师范教育的历史、现状及制度设计》，硕士学位论文，东北师范大学，2009 年。

[33] 邓廷云：《免费师范生就业政策问题研究》，硕士学位论文，西南大学，2012 年。

四 外文类

[1] A. L. Kroeber, C. Kluckhohn, *Culture: A Critical Rewiew of Concepts and Definitions*, Cambridge, Papers of the Peabody Museum of American Archeology and Ethnology, Harvard University, 1952.

[2] Bill Boyle, David While, Trudy Boyle, "A Longitudinal Study of Teacher Change: What Makes Professional Development Effective?", *The Curriculum Journal*, Vol. 15, No. 1, Spring 2004.

[3] Altenbaugh R. J. K. Underwood, "The Evolution of Mormal Schools. In Places Where Teachers Are Taugh", ed. J. I. Goodlad, R. Soder, and K. A. Sirotnik. pp. 136 – 186. Samfrarisco: Josseg – Bass. p. 150.

[4] Barnett Nerry, "Assessing and Supporting New Teacher", *South-*

east Center for Teaching Quality, 2002.

［5］ Bennett M. B. Berger, *An Essay on Culture*: *Symbolic Structure and Social Struture*, University of California Press, 1995.

［6］ Diane Holt – Reynolds, "What Does the Teacher Do? Constructivist Pedagogies and Prospective Teachers' Beliefs About the Role of a Teacher", *Teaching and Teacher Education*, 16, 2000.

［7］ D. North, *Institutions*, *Institutional Change and Economic Perform-ance*, Cambridge University Press, 1990.

［8］ Donald W. , *American Teaehers*: *History of a profession at work*, New York: Teachers College Press, Columbia, Univesity, 1898.

［9］ E. C. Wragg, *Teaching teaching*, Exeter: David and Charles, 1974.

［10］ E. Freistritzer, *The Making of a Teacher*: *A Report on Teacher Preparation in the U. S. Washington*, D. C. , Center for Education Information, 1999.

［11］ G. Teny Page, J. B. Thomas, *International Dictionary of Educa-tion*, London: Page, G. Terry, 1977.

［12］ Gerald Grant and Christine E. Murray, *Teaching in America*: *The Slow Revolution*, Harvard University Press, Cambridge, Mass-cthustts London, England, 1999.

［13］ Grace G. , *School Leadership*: *Beyond Education Management*, London: Falmer Press, 1995, 5.

［14］ Greenawalt C. E. , *Educational Innovation*: *An Agenda to Frame the Future*, Lanham: University Press of America, 1994.

［15］ Griffin, Gary A. , *The Education of Teachers*, The University of Chicago Press, 1999.

［16］ H. Peisert, G. Framhein, Das Hoch Schulsystem in Deutschland, 1994, S5.

［17］ Joha B. Thomas, *British Universities & Teacher Education*: *A Cen-tury Change*, London: The Falmer Press, 1990.

[18] John I. Goodlad, "An Ecological Approach to Change in Elementary – School Settings", *The Elementary School Journal*, Vol. 78, No. 2, Nov. , 1977.

[19] John I. Goodlad, *Curriculum Inquiry: The Study of Curriculum Practice*, New York: McGraw – Hill, 1979.

[20] John I. Campbell, *Insititutional Change and Globalization*, UK. Princeton University Press, 2004.

[21] Leslie, L. L. , Slaughter, S. A, "The Development and Current Status of Market Mechanisms in United States Posts Econdary Education", *Higher Education Policy*, 1997.

[22] Le systèmeéducatif en France Paris: La Documenta – tion Francaise, 2003.

[23] Levinson B. A. U. & Sutton, Margaret, *Policy as Praetiee: Toward a Comparative Socio – cultural Analysis of Educational Policy*, London: Ablex Publishing, 2001.

[24] Marginson S. , *Markets in Education*, Sydney: Allen & Unwin, 1997.

[25] Micheal Young, "Rethinking Teacher Education for a Global Future: Lessons from the English", *Journal of Education for Teaching*, 1998, 24 (1) .

[26] Murray F. B. , "From Consensus Standards to Evidence of Claims: Assessment and Accreditation in the Case of Teacher Education", *New Directions for Higher Education*, 2001.

[27] Maura Ross, Andrew P. Jaciw, "Intial Teach Certification Testing: Preservice Teachers' Experience and P Ruth Childs", *Canadian Journal of Education*, 2002.

[28] Miehael J. Dunkin, *The International Encyclopedia of Teaching and Teacher Education*, Oxford: Pergamon, 1987.

[29] Robert A. Roth, University as Context for Teacher Development, In RobertA. Rothe (ed.) The Role of the University in the Prepara-

tion of Teachers, Taylor & Francis: Falmer Press, 1999.

[30] Rowntree, Derek, *A Dictionary of Education*, London: Page, Harper & Row, 1981.

[31] R. W. Rich, *The Training of Teachers in England and Wales during the Nineteenth Century*, Bath: Cedric Chivers, 1972.

[32] Samuel P. Huntington, "The Clash of Civilizations?", *Foreign Affairs*, Summer 1993.

[33] Hall P. & Tay, R., "Political science and three institutionalism", *Political Studies*, 1996.

[34] Teacher Certification Reform Much Needed. Human Events, Vol. 58, 2002.

[35] Teichler U., "Recent Research in Higher Education Policy in Europe", *Higher Education Policy*, 1996: 9.

[36] Terhart, E. (Hrsg.), *Perspektiver der Lehrerbildung in Deutschland*, Bweinheim/Basel: Beltz, 2000.

[37] T. Husen, *The International Encyclopedia of Education: Volume*, Pegramon Press, 1985.

[38] Webster: New Dictionary of American English, 3th College Edition, New York, 1988.

[39] Yin Cheong·Cheng, King Wai Chow and Magdalena Mo Ching Mok, *Reform of Teacher Education in the Asia—Pacifiic in the New Millennium—Trends and Challenges*, Hong Kong: Kluwer Academic Publishers, 2004.